全圖解

肩、肘、腰、下肢鍛鍊術

矯正姿勢×提升技巧×預防傷害

# 棒球選手科學化訓練指南

間瀨泰克、坂田淳／著
運動醫學醫療法人社團 八王子運動整形外科／編
吳天立／譯

# 前言

我在運動門診，會遇見各領域的運動選手前來看診，程度從頂尖運動員到業餘運動愛好者都有，其中父母陪同就診的小學、國中和高中棒球選手佔大多數，有些甚至是由擔任棒球教練的父親帶來的。這反映了在日本，家長對棒球的深厚情感，同時也讓人重新認識到，棒球是日本最主流的運動。

門診過程由於時間和空間有限，要確實檢查動作正確度和身體運用方式是有難度的。對於已經被身體記憶下來的錯誤動作，僅透過門診中的幾點建議能夠矯正到什麼地步，以及改善身體僵化或脆弱部分的伸展運動或訓練，患者是否都能持之以恆地進行，一直是我門診執業時所擔憂的狀況。

另一方面，針對教練所做的調查顯示，許多人表示「不確定目前的指導方法是否真能使選手進步」、「當選手因運動傷害無法上場，不知道應該如何處置」，而在第一線，教練和指導者僅能依賴自身經驗進行指導，卻還總是感到不放心，能夠基於科學理論對選手進行強化或訓練的案例似乎是少數。

這次有幸接到這本書的企劃後，我逛了一般書店，發現幾乎沒有醫學專家從科學角度撰寫的科普書籍，這讓我更加感受到這本書的必要性。本書將科學化解釋棒球選手為什麼會出現「肩、肘、腰」的疼痛問題，以及如何「徹底治癒」這些疼痛。我們希望透過淺顯易懂的解說，幫助更多選手能夠無痛，並在不降低競技水準的情況下，長久地享

受棒球運動的樂趣。

我們是一群集結了運動領域專業人士的團隊，即使在日本也並不多見。我們認為，理想的選手支援體系應該是各領域的專家通力合作，並提供全方位的支持。這次我們團隊能夠出版這本以一般大眾為受眾的書籍，真的很令人高興，也非常感謝給我們這個機會的出版業者。

對運動選手來說，以運動技術、能力和天賦決定優劣勝負，是可以理解的事情。然而，要是因為外傷或慢性內傷而被迫退場，對選手來說是非常不甘心的。作為選手支援團隊，我們的使命就是盡量減少這種令人遺憾的情況，讓選手能夠回到比賽場，堂堂正正地一較高下。

棒球在日本擁有非常龐大的運動人口，其中也不乏天賦異稟的選手。然而，由於不當的練習或訓練導致內傷，因而結束選手生涯的案例也時有所聞。運動的世界在某方面來說，就像是一場生存競爭，我們希望本書能夠盡量減少這種情況，並最終提升日本棒球運動的水準。

**間瀨泰克**

# Contents

# Prologue

# 對運動傷害的基本認知

八王子運動整形外科／間瀨泰克
豐田紀念醫院復健科／坂田淳

# 了解棒球運動的特徵（競技特性）

在了解運動傷害前，必須先了解該運動的特徵(競技特性)。

## 棒球是偏重個人競技的團隊運動

棒球是日本最受歡迎的運動之一。這雖然是九對九的團隊運動，但若由比賽過程來看，說是一對一的個人競技也不為過。在進攻方面，重點在於如何擊出投手的球；在防守方面，則是考驗如何三振對面打者。投手與打者間的對決是棒球最吸引人的部分，而這或許正與日本人的感性相契合。除此之外，再加上團隊整體的攻擊或防守策略等元素，更是讓參賽者和觀眾都為之著迷。

棒球比賽的成績，很大一部分取決於投手的表現。相較於足球或橄欖球等運動，棒球的團隊運動相對較少，選手個別的心理狀態則非常重要，甚至能夠直接影響比賽的勝負。基於以上原因，棒球可以稱為是偏重個人競技成分的團隊運動。

## 在棒球運動中，慢性傷害比外傷更為常見

運動所帶來的各種傷害大致可分為兩大類：由一次性衝擊造成的「急性運動傷害（※外傷）」，以及由反覆的壓力逐漸引發的「慢性運動傷害（※內傷）」。

在棒球中，可能造成外傷的接觸性比賽動作，如本壘上的短兵相接、野手之間的碰撞等，在一場比賽中並不常發生，而全力奔跑或全力揮棒時的肌肉拉傷、滑壘時的扭傷等也相對罕見。

要說棒球最大的特色，毫無疑問是投手的投球，比賽尤其考驗投手的極致發揮。投球是由下肢—軀幹—上肢的一連串運動連鎖，若當中哪個環節出了問題，都會導致該部位無法全力發揮，其他部位則會為了彌補不足的表現而加重負擔，進而形成各種慢性運動傷害。

對國中生而言，不良的投球姿勢周而復始，往往使得身體正值發育期的脆弱部分逐漸累積壓力，從而導致慢性運動傷害的發生。

## Column 現今的少棒環境

跟過去相比，現代人能夠打棒球的空間已經大不如前，特別是在都市裡，幾乎找不到土地或草地，或者即使有，也不見得能讓人自由地練習投球及接球。

此外，當前的青壯世代在年幼時玩尪仔標、爬樹、戲水，並在與大自然接觸的過程裡，不知不覺鍛鍊出體力。但現代兒童由於缺乏遊戲空間，加上平時大多待在補習班或是玩電玩遊戲，到了週末假日才突然進行大量訓練，因而傷及肩、肘、腰等部位的案例時有所聞。

生活環境的西化也是其中一個因素。蹲式廁所漸漸式微，舒適的坐椅和彈簧床成為生活一部分，使得以往從榻榻米起身的動作極度減少，特別容易導致髖關節周邊的柔軟度和支撐度下降。

這樣的環境變化是不得已的時代潮流，並不是孩子們的錯。然而在這樣的環境裡，我們必須思考如何幫助那些純粹想打棒球的孩子，使他們能夠持續投入在喜愛的運動裡，而不必承受運動帶來的傷害。

棒球造成的運動傷害以慢性運動傷害居多
內傷≒慢性傷害
外傷≒急性傷害

慢性運動傷害最具代表性的有「投手肩」以及「投手肘」，但這些實際上並不見得只是患處的單一問題，根本原因往往來自髖關節僵硬、肩胛骨或軀幹活動不良。

# 棒球算是安全的運動嗎？

若由肢體接觸程度來看，
棒球或許稱得上安全，但還是有其危險的一面。

## 日本人從小就只專精棒球？

在過去，棒球曾是最深入日本人生活的運動，男性大多從小就有打棒球的經驗。

而相較之下，好比說在美國，學生們在求學期間通常會接觸各種運動，如棒球、籃球、美式足球等。

從小只專注於單一運動的日本人，在身體尚未發育完全的成長期，反覆進行相同的動作（尤其是左右不對稱的動作），導致身體特定部位承受過度壓力，進而容易出現成長期特有的慢性傷害。

此外，日本體育界至今仍殘留著傳統的、相信只要有毅力忍受痛苦終會成功的精神論和根性論，這也助長了慢性運動傷害的發生。

## 棒球是傷肩、傷肘、傷腰的危險運動嗎？

許多家長認為棒球不像橄欖球或柔道那樣是接觸性的運動，因此沒有危險性。

的確，棒球鮮少發生脊髓損傷等重度傷害，但若從運動傷害的角度來看，尤其是肩膀和肘關節方面，棒球卻是遠比其他運動更容易形成慢性傷害的（危險的）運動。

之所以會這樣，原因來自關節的結構特徵。肩肘關節原本就不是負重關節（支撐身體重量的關節），因此與膝蓋和腳踝等負重關節不同，在結構上相對脆弱。

一旦投手採取不當的投球姿勢或過度投球，便會對肩肘造成巨大的壓力，最終導致無法復原的傷害。

此外，打擊和投球這兩大棒球基本動作，都是透過同一方向扭轉軀幹來進行，而一再重複的負荷，將會對腰部造成疲勞性損傷，因此有統計數據顯示，棒球選手的腰部疲勞性損傷發生率也高於其他運動選手（參見Part3）。

## Column 只要手肘別放低就沒問題了嗎？

投球帶來的慢性傷害，幾乎都跟不良投球姿勢脫不了關係，而當中最常見的，則是肩膀和肘部的毛病。

教導孩子們「投球時保持肘部不低於肩線」是非常重要的一點。然而，即使疼痛發生在肩膀或肘部，只針對這些部位進行矯正，往往只是治標不治本。因為根本原因可能出在「重心轉移」未落實，或者投球時未充分運用軀幹所導致。

確實，只要能從高點揮出肩膀和肘部，就能利用位能來減輕肩膀和肘部的負擔，並減少疼痛。但這樣同時也會增加髖關節的負擔，甚至可能傷及髖關節，進而降低髖關節的活動性，最終又會導致肩肘受傷。

即使曉得問題出在姿勢不良，但要只憑運動門診，或者在球場上的幾次投球來精確指出問題並加以矯正，也並非容易的事。最重要的是，選手本身要能夠掌握自身缺陷與弱點，並在身體出狀況時提早發現。

因此，選手不能只被動地接受指導，而要主動學習解剖學和運動生理學，並努力理解自己的身體。這種積極態度不僅能幫助選手避免投球傷害，也能延長運動員的生涯。

**對運動的熟悉程度，美日兩國大不相同**

# 投球是一連串全身性的「運動連鎖」

棒球的投球動作，堪稱是全身運動連鎖的極致演出。
身體任何一個環節出問題，都可能導致慢性運動傷害。

## 投球動作是下肢↓軀幹↓上肢的一連串運動連鎖

每當棒球選手投球時，一定會先抬起腳，藉由這個動作獲得的能量，通過軀幹傳遞到上肢，最後從指尖釋放球。坐在椅子上的人幾乎不可能將球快速投向捕手，而要是投球時加上助跑，就能夠投得更高更遠。

這就是所謂的「運動連鎖」理論。

利用下半身從地面取得反作用力，然後通過軀幹傳遞這股力量，再由肩胛帶往肩關節，利用整個上肢將力量注入指尖上的球，形成所謂的運動連鎖。

因此，我們可以說投球是一種「透過腳掌從地面汲取能量，並將能量儲存在下肢、髖關節、骨盆，再透過軀幹、胸廓、肩胛骨將力量放大，最後沿著肩關節、肘部、手腕、指尖完美傳遞，無任何浪費地將能量注入棒球」的極致演出。

這樣的過程中要是有哪個部分功能失常，就會導致表現不盡理想，而要是勉強身體繼續運動，則會增加其他部位的負擔，最終導致慢性運動傷害。

## 機能低下的部分會由其他部位彌補

即使身體有哪個部位機能降低，要是沒有疼痛，則當事人一般不會察覺。然而，機能低下的部位通常會由其他部位來彌補，而隨著日積月累，過度負荷的部位就會出毛病。這是最常見的慢性運動傷害形成模式。

因此，僅針對疼痛部位醫治是不夠的，因為毛病很快就會再次復發，導致惡性循環。因此正

確的治療方式，應是診治疼痛患部的同時，揪出機能低下的部位並進行重點治療，以修復該部位的機能。

## Column 限制球數是必要之舉嗎？

在最容易發生慢性運動傷害的成長期階段，我認為有必要對投手的投球數設限。

美國的小聯盟早在 2006 年就規定了球數限制（日本亦於 2007 年引進），而 2014 年，美國職業棒球大聯盟（MLB）公布了投手保護規則（Pitch Smart，即針對球數限制和必要休息日的相關報告）。作為棒球界最高殿堂的 MLB 對各世代選手的健康做出具體建議，本身即具有重大意義。另一方面，日本也在 2019 年對小學軟式棒球設下每日 70 球的投球數限制，高中棒球全國大會則是規定一週內不得超過 500 球。儘管有第一線的意見認為這限制可能阻礙選手實力的提升，強調不增加關節負擔的正確投球姿勢才是更重要的，但針對投球數建立明確的通則，對保護各世代選手的健康，以及維護容易遭受批評的教練立場，都是有其必要性的。

而選手在投球時一旦感到任何不適或疼痛，不論球數如何，都必須有立刻中止投球的自我管理能力，並且周遭也應建立起能夠接納這種狀況的健康環境。

### 下肢、軀幹的柔軟度與機能一旦下降……

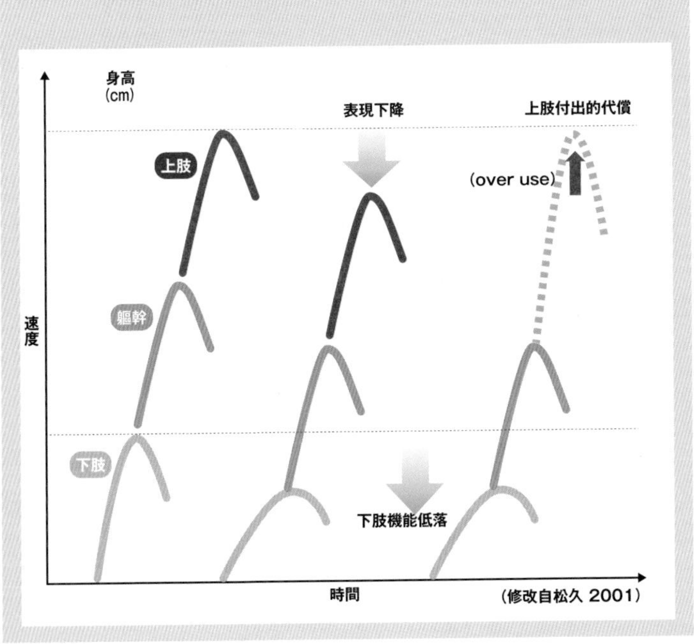

# 受傷出毛病必有其原因

小學、國中時受的內外傷，
會一路影響高中、大學甚至職業選手生涯。

## 三歲受的傷會跟隨一輩子

棒球造成的各種運動傷害裡，最容易傷及肘部的時期是在小學階段。針對小學生進行的傷害調查顯示，一年裡每四人就有一人會傷到肘部。這是一個令人震驚的數字。其中，每十人有一人的肘部會留下後遺症，在升上高中或大學後有很高的機率必須接受所謂的「TJ手術」（肘部手術）。換句話說，每四十名小學生裡，就有一人得面對未來可能需要動手術的風險。這顯然是不容小看的數字。

此外，「椎弓解離症」這種腰部疲勞性傷害也值得關注（請參閱Part3）。對中學生棒球選手進行檢查後發現，有自覺症狀且確認患有腰椎疲勞性骨折的選手高達四分之一。當事人的腰椎疲勞性骨折若未接受完整治療，升上高中、大學後受訓時出現腰痛症狀的機率將會提升為三倍，即使想要持續下去，也可能無法跟上其他人的訓練步調。

## 除了球數之外，體力下降也是導致運動傷害的隱患

棒球運動的運動傷害必定有其原因。除了前述的球數和投球姿勢問題外，體力低落也是危險因子之一。其中，最危險的因素是姿勢不良（如駝背）。駝背會導致投球時胸部無法挺起，進而增加肩肘的負擔。根據我們的調查結果顯示，駝背的選手比沒有駝背的選手肘部受傷的風險高出二．五倍。

髖關節柔軟性降低也是一大問題。當髖關節的柔軟度下降時，會導致投球和打擊時過度使用上半身，進而增加腰、肩、肘的負擔。

從小學到國中時期，正是骨骼快速發育、身高和體重迅速增加的階段，但骨骼在生長的同時，肌肉卻不會跟著一起生長，導致下肢的柔軟度降低，而體幹和肩胛骨的肌肉力量也無法跟上，使得身體失去協調。體格的變化也會影響棒球表現——這是教練在指導小學、中學階段的選手時，必須特別注意的一點。

## Column 骨骼在成長過程裡，會經歷一段脆弱期？

肘部和肩部的損傷，會因骨骺線閉合前後而有所不同。骨骺線閉合後，韌帶或肌腱的損傷較為常見，而骨骺線閉合前，則是以骨骼或軟骨的損傷為主。此外，骨軟骨損傷的發病時期，也和骨骺線的變化時期一致。也就是說，小學正值肘部骨骼的發育關鍵期，國中則是肩部骨骼的發育關鍵期，這時骨骼處於轉化為成人骨骼的階段，會像正在改建的房屋一樣變得脆弱，可說是危險時期。

### 成長曲線（男女）

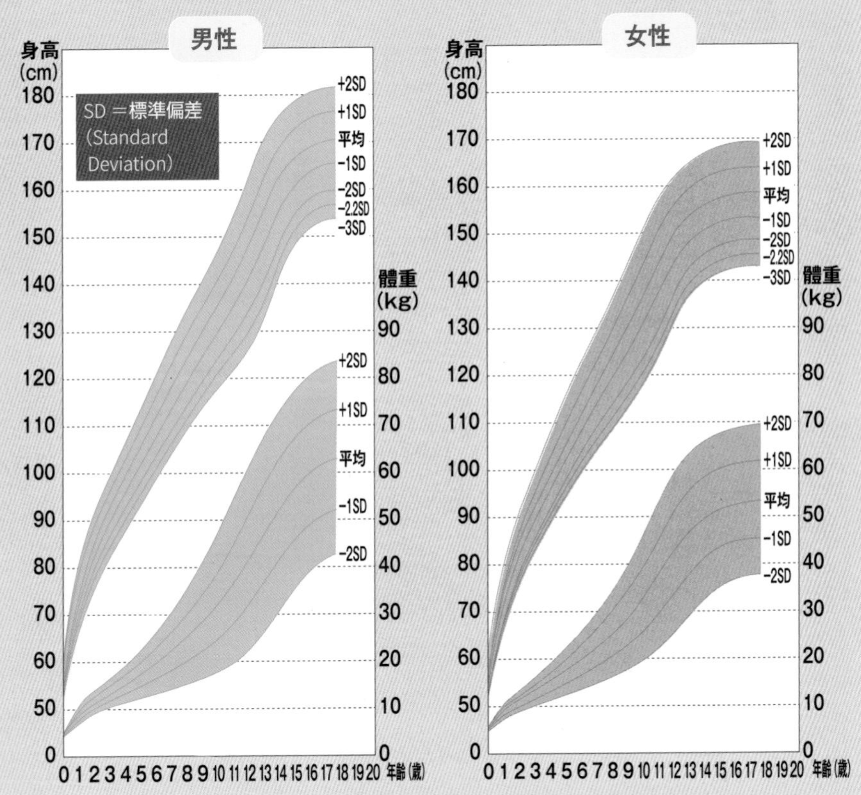

# 預防是最佳的治療

強健體魄不僅有助於避免身體受傷，
也是增進棒球實力的捷徑。

## 把身體練好，就能預防運動傷害

近年的研究顯示，小學生每週進行十五分鐘的肩關節、髖關節伸展運動、肩胛骨和胸廓運動，以及單腿平衡訓練，就能改善姿勢，使肩關節和髖關節更加靈活，同時將肩部和肘部的慢性運動傷害風險降低至三分之一（參見第24至25頁）。而高中生也一樣，能透過做肩胛骨、軀幹和髖關節運動來減少腰痛的發生。

此外，研究也發現，進行軀幹平衡或者深蹲之類能讓人學習正確運用髖關節的運動，不僅可減少肩、肘、腰的運動傷害，對提升球速和揮棒速度亦有幫助。

日積月累地打造強健的體魄，就能夠預防傷害，同時也有助於提升棒球技術。

所謂預防勝於治療。在下一個章節，我們將介紹有助於預防肩、肘、腰部傷害的運動。

## 外傷和內傷是生活習慣病嗎？

值得一提的是，有研究發現，每天打內部

**為了將來著想，每天花 15 分鐘做體操！**

賽超過一小時的選手，相較於不打比賽，或是每天比賽時間控制在一小時內的選手，受內外傷的風險要高出大約一倍。日常的生活習慣也會反映在訓練中。請每天騰出十五分鐘，為自己的未來做投資。

## Column 首先，得了解如何正確握球

學會正確的棒球握法，是避免內傷並提升棒球技巧的第一步。

首先，食指和中指壓住球縫線，使其與縫線成直角交叉。

接著，由於中指比食指更長，請確保兩根手指都壓在相對位置的球縫線上。

接下來最重要的，是兩根手指對面負責夾球的拇指不該以指腹，而是必須以拇指側面夾住球。在小學低年級，許多學生都是以拇指的指腹部分握球（拇指指腹握法），而這種握法有可能導致投球姿勢不良。

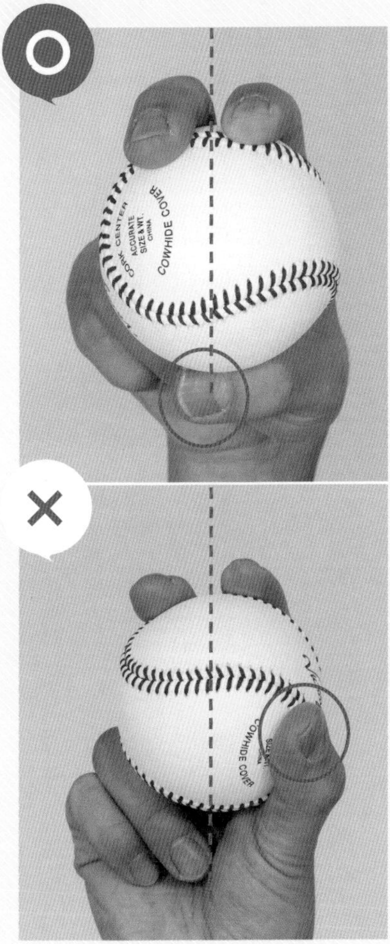

**拇指指側握法**

拇指以朝向食指的側面部分抵住棒球的中心線下方

**拇指指腹握法**

拇指的指腹抵住遠離棒球中心線的下方

# 棒球運動的必要能力

在棒球運動中，根據不同的位置，所需的能力亦會有所不同。

## 投手的必要能力

投手要想戰勝上場的打者，必須具備足夠的球速、轉速，以及將球投向希望位置的控球能力。

球速和軸心腳的穩定性高度相關，轉數則與提升握球能力的胸廓柔軟度和手指握力有關，而控球能力則與跨步腳的平衡性和力量有關。由此可見，投手的能力與身體機能密切相關。

而除了身體機能，持續力對投手來說也同樣重要。「持續」包含多種含義，而能夠在嚴苛訓練裡堅持下去的意志力，當然也是其中之一。除此之外，還有能夠重複執行相同動作的再現性。擁有再現性意味著投手能夠發揮得更加穩定。耐力和恢復力也是持續力的一部分。先發投手需要間歇性持久力，以便能夠連續投出強球；如果是中繼或終結者，還需要能夠連續出賽的恢復力。

最後，還有一種能力對投手同樣重要，也就是放鬆的能力。要想盡可能節約體力，放鬆投球其實是非常重要的。一旦能夠做到即使放鬆也能投出好球，對於避免受傷和內傷，就能起到關鍵的效果。而要讓肩膀和手臂的肌肉放鬆，則需要核心肌群和肩胛骨的配合。

## 野手的必要能力

野手不僅要會傳球，還需要具備接球時的反應速度、從接球姿勢迅速進入投球動作的敏捷性，以及在姿勢不穩的情況下也能投球的平衡能力。此外，捕手由於需要不斷蹲下和起身，因此特別需要髖關節的柔軟度和肌肉力量。

## 打者的必要能力

打者需要能夠應對投手投出的各種球路，包括快速球、慢速球和各種變化球，並將球擊出。具體來說，打者需要能夠應對快速球的力量和速度，應對變化球的動態視力，面對慢速球下也能保持姿勢並揮棒的平衡能力，擊球後能夠迅速跑壘的敏捷性和速度。

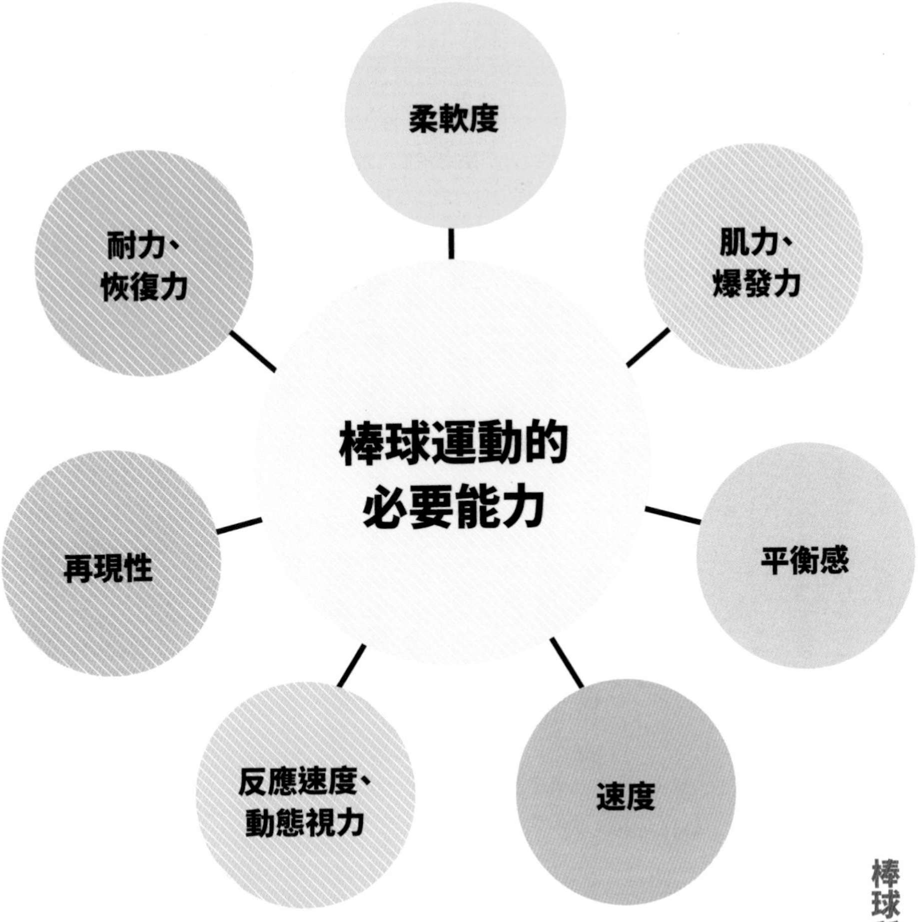


## 棒球所需的體能要素

正如上述，棒球需要柔軟度、肌力、爆發力、平衡感、速度、反應速度、動態視力、再現性、耐力和恢復力等眾多體能要素。

僅僅進行棒球練習並不能培養這些體能，透過各種運動體驗各類訓練形式是非常重要的。均衡地鍛鍊這些體能要素，才是讓棒球技巧更加精進的捷徑。

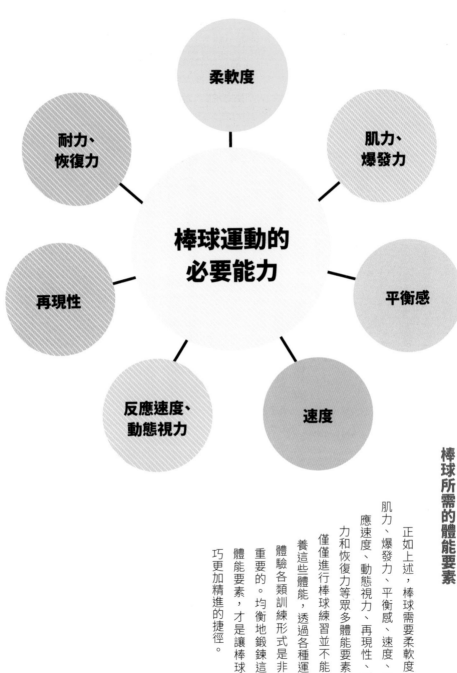

# 對治療的基本認知

投球造成的慢性運動傷害，主要以非手術的「保守療法」為主，即使需要動手術，也只進行最低限度的治療。

## 幾乎所有投球造成的慢性運動傷害都能透過保守療法根治

慢性運動傷害的治療方法有很多，但大致可分為手術治療和非手術治療兩大類，其中非手術治療被稱為「保守療法」。

投球造成的慢性運動傷害如前述，通常和不良的投球姿勢、過度訓練導致的局部功能下降有關，而這類投球障礙多數能透過保守療法治癒。因此在治療方面，應該以保守療法為首選，手術治療則是做為最終手段。

然而，像手肘剝脫性骨軟骨炎之類的慢性運動傷害，依其病程階段，僅靠保守療法效果有限，因此像這類毛病，需要先仔細進行診斷，再來制定治療方針。

## 體能狀態的重要性

在替棒球選手做診療（尤其是肩關節門診）時，兒童和成人的症狀往往大不相同。

處於成長期的兒童，檢查中發現關節內損傷的情況極為罕見；而發育停止的成年人，卻經常能診斷出關節內部的損傷，甚至有選手並未主訴疼痛，肩部卻已經受損。像這類已成年的患者，關節內部損傷通常是很難自然康復的。

承以上經驗，希望讀者能夠了解，症狀的輕重會受身體狀態影響，以及損傷就算一度痊癒，將來也有復發的可能。

## 若必須動手術

即使透過體能調適改善全身功能，但要是關節結構已損傷至無法透過身體機能彌補，或者不改善結構破壞就無法進行物理治療，那麼就可以考慮進行手術。

棒球選手動手術時需要注意的是「不應過度治療」。有些手術會交由患者做選擇，例如是否對關節唇進行清理或修復，是否對肩旋轉肌袖關節面進行清理或修復……等等。

而技術水準越高的選手，越該盡量保持最小限度的治療，這樣更有助於維持選手的身體特性（例如肩部的柔韌性）。

# Part 1

# 預防、體能訓練

豐田紀念醫院復健科／坂田淳
豐田紀念醫院、VERSATR 代表／橘內基純

# 例行運動

四肢撐地，單手貼後腦杓並扭身，看是否能看到天花板

雙臂交叉，單腳站立，看另一隻腳是否能接觸到三步遠的地面

**3** 兩腿分別往前方和後方張開至極限，並且壓低臀部，手肘放至前腳旁。接著，將碰地的手高舉向天。動作重複 10 次後，換邊進行

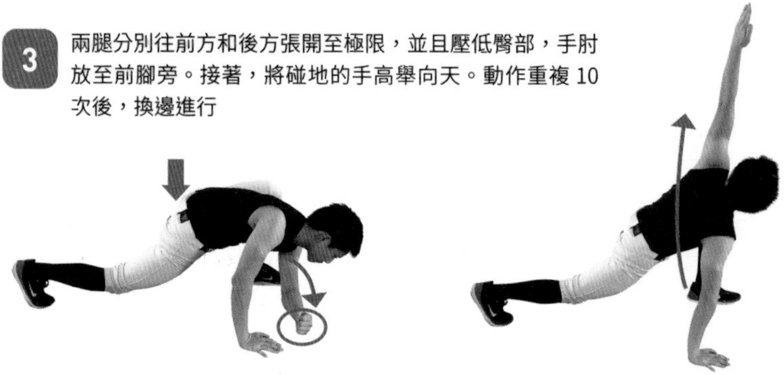

**7**

單手撐住後方地面，並將臀部向上挺起，空出的另一隻手伸向遠方（交互做 10 次）

**8**

手抱單膝並向上拉抬。（交互做 10 次）

## 運動前的暖身，你有做確實嗎？

# Let's TRY! 棒球開打前的

Check!

身體前屈，看雙手掌心是否能貼地

身體後仰，看是否能看見後方地面

## 訓練

1

兩腳張開至比肩更寬，雙肘收進膝蓋內側，然後抓住腳尖

使膝蓋和手臂緊貼，臀部確實地往下蹲（重複 10 次）

2 蹲下並抓住腳尖，然後將臀部往上翹起（重複 10 次）

4 將雙臂繞向膝蓋外側，手碰觸外側地板，同時臀部向後推（維持 10 秒）

5 保持手臂和膝蓋交叉的姿勢，靠外側的手離開地板，並高舉向天（維持 10 秒）

6 單腳跨向前方，同側的手撐在地上，另一邊的手則高舉向天（維持 10 秒）

# YOKOHAMA BASEBALL 9

## 4 腋下伸展運動

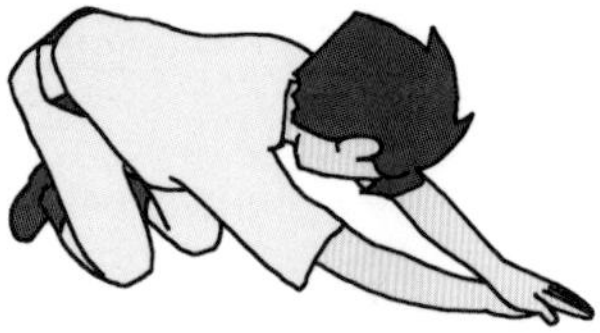

四肢撐地，一隻手伸向前並以另一隻手壓住。上半身傾向投球側，同時骨盆向後挪移（維持 10 秒）

## 5 髖關節後方伸展運動

骨盆橫向挪動，直到感覺臀部緊繃，接著將骨盆向後挪移（維持 10 秒）

## 進階版：軀幹平衡

### Level 1 手腳交叉抬舉運動

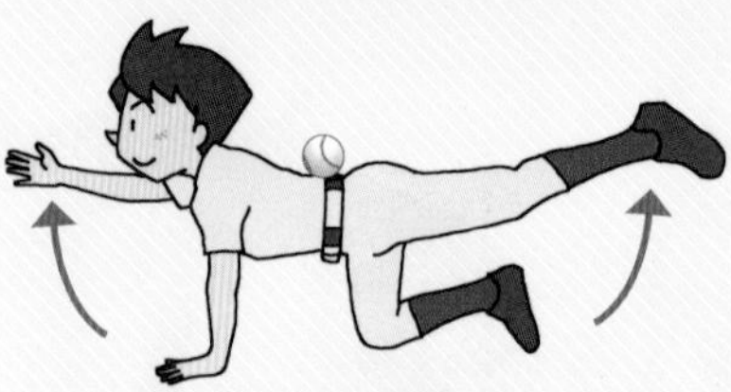

右手和左腳同舉至骨盆高度，再切換至左手和右腳做相同動作（交互做10次）

### Level 2 臀部鉸鏈運動

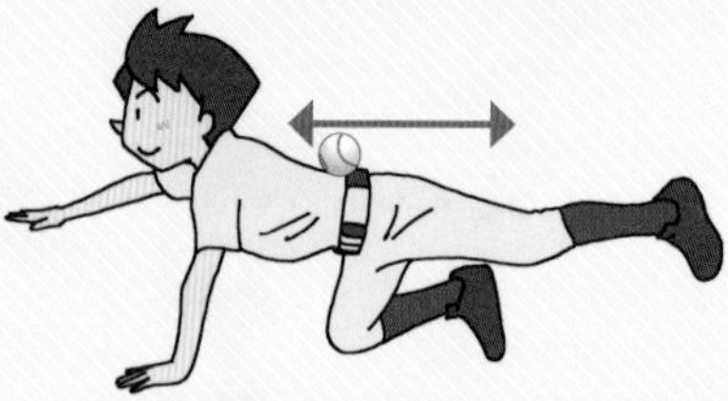

保持手腳交叉抬舉的姿勢，身體前後水平移動（重複 10 次）

### Level 3 同側抬舉運動

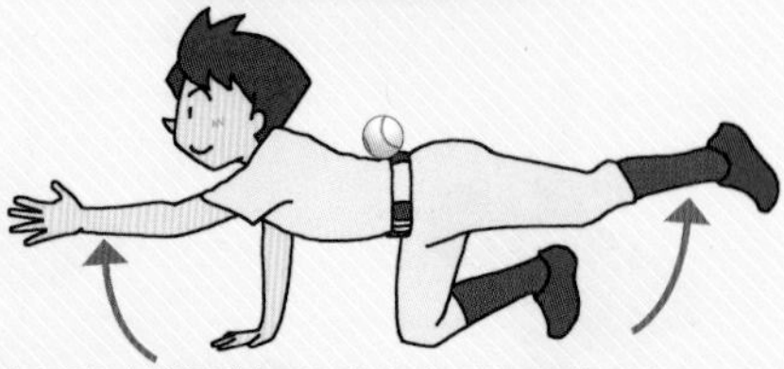

右手和右腳同舉至骨盆高度，再切換至左手和左腳（交互做 10 次）

**四肢撐地並將球放在脊椎上，小心運動以免掉落。要是能完成 10 次運動而不掉球，則進入下一個訓練階段！本訓練可以提高軀幹的穩定性和髖關節的使用技巧，建立更穩定的軀幹軸心。**

## 小學生練球之前先騰出十分鐘！

# 小學生外傷、內傷預防體操

### 1 肘部外側肌肉按摩

握住二頭肌，慢慢彎肘後再伸直，重複 10 次

### 2 大魚際肌伸展運動

將手掌朝上，向下拉伸拇指（維持 10 秒）

### 3 肩部前側伸展運動

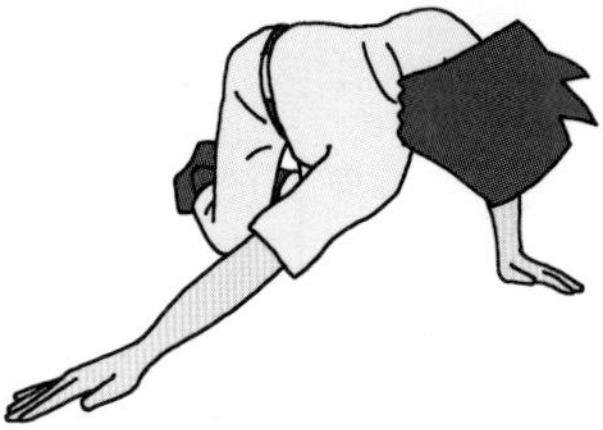

四肢撐地，單手伸向遠處，並將上半身扭向另一側，使肩部靠近地面（維持 10 秒）

### 6 犬貓式伸展

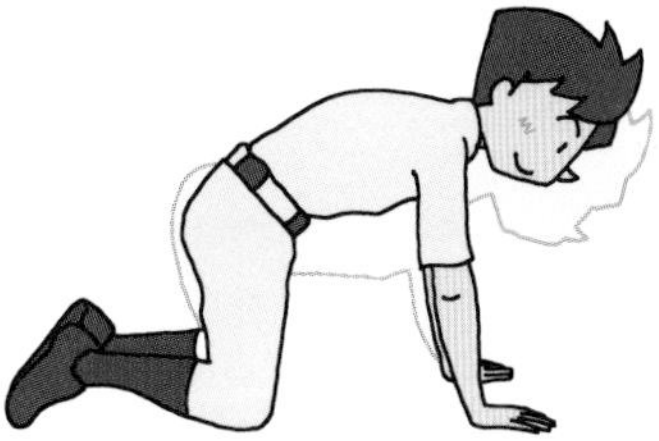

保持肘部伸直，試著將胸部貼近地面，再將胸部抬高（重複 10 次）

### 7 軀幹旋轉運動

手掌貼住腦側並挺胸，同時轉動上半身，試著望向天花板（重複 10 次）

### 8 軸心腳平衡訓練

以單腳站立，另一隻腳伸向側方再收回，過程不可接觸地面（重複 10 次）

### 9 肘膝接觸運動

雙手放在肩上並向前跨步，從骨盆開始轉動身體，並將肘部靠近前膝（重複 10 次）

# 為何指力如此重要？

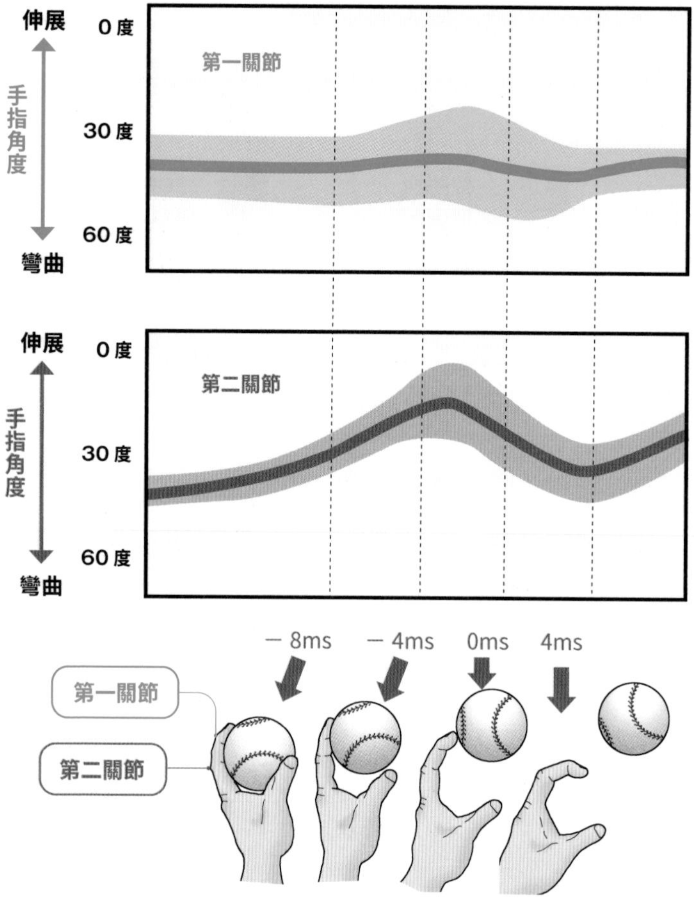


## 投球時手指的作用

根據對投球時手指動作的研究分析，發現手指的第一關節在投球過程中幾乎不動，而第二關節則會在球即將離手時伸直，然後立即彎曲。這種現象稱為「伸展收縮循環」，原理類似於利用反作用力使跳躍能跳得更高，是肌肉能夠發揮強大力量的重要機制。此外研究也顯示，手指對球的旋轉方向施加力量可以增加球的轉速。實際上，第二關節屈指肌的力量夠強，則球的轉速和球速也會越高，可見手指的力量非常重要。

## 第二關節的屈指肌能保護肘部

第二關節屈指肌位於前臂內側，負責彎曲手指的第二關節。近年的研究顯示，第二關節屈指肌也是保護肘部的重要肌肉。無論是為了提升運動表現，還是為了保護肘部，鍛鍊手指力量都很重要。

## 鍛鍊手指力量

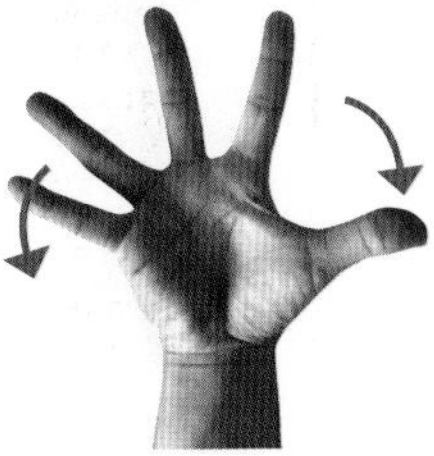

徹底張開手掌，直到拇指和小指呈一直線（重複 10 次）

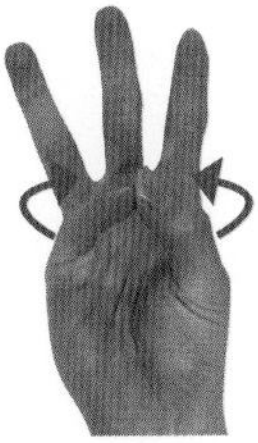

使拇指和小指在食指和中指之間相碰（重複 10 次）

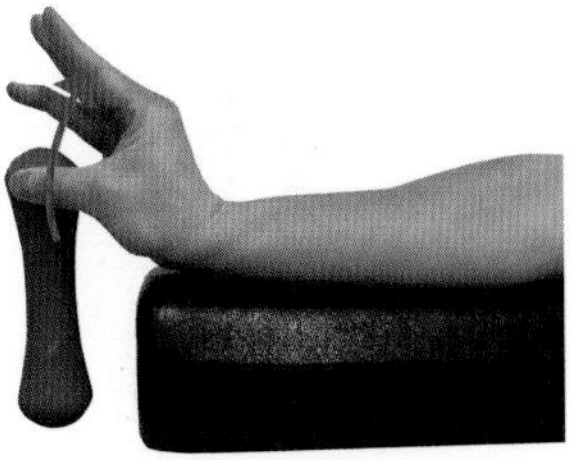

以拇指和小指夾住重物（1 ～ 2 公斤）不讓其掉落，同時抬起手腕舉起重物（重複30次）

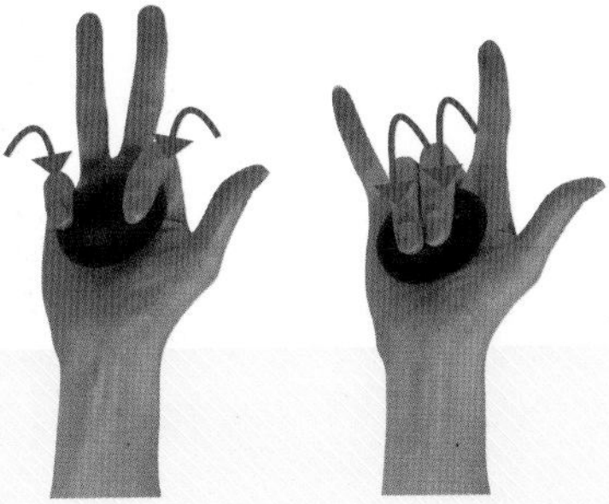

彎曲食指與小指／中指與無名指的第二關節並握住海綿，做的時候避免其他手指跟著彎曲（各做 30 次）

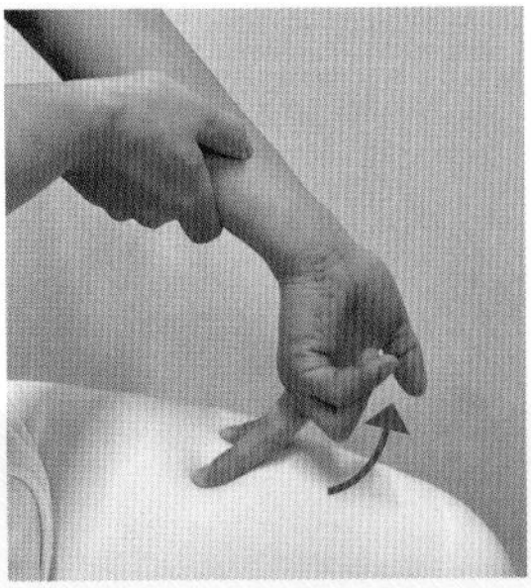

保持食指和中指伸直，同時彎曲無名指和小指的第二關節（重複 30 次）

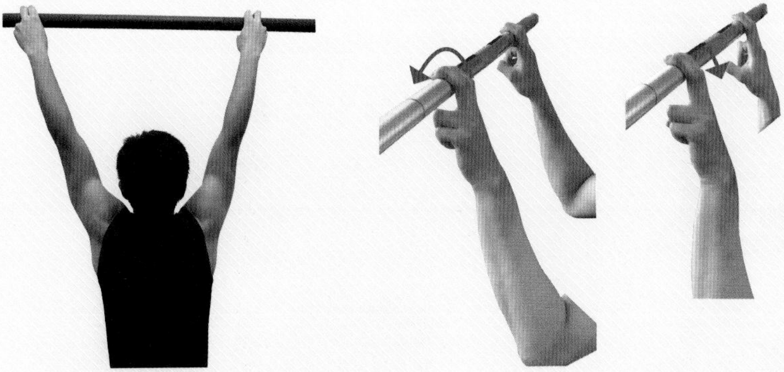

將食指和中指掛上單槓，使第一關節保持彎曲，同時進行第二關節的彎曲和伸展運動。一開始只將體重搭上單槓，等適應後才嘗試採用斜身懸垂或是垂直懸垂（重複 10 次 × 3 個循環）

※ 除了食指和中指，也可以嘗試用中指和無名指的狐狸手勢，或無名指和小指的勝利手勢，進行相同的運動。

# 肩胛骨力量的重要性

## 肩胛骨的穩定性對投球力量的影響

投球時，肩胛骨不僅可以讓胸部伸展，更肩負著將雙腳和另一隻手產生的力量傳遞到肩膀、手臂、手指，最終注入棒球的重要任務。在這個過程中，菱形肌、斜方肌和前鋸肌扮演著重要的角色。研究發現，不容易受傷的選手通常具有較佳的菱形肌功能，而投球力道強勁的投手則擁有發達的前鋸肌。鍛鍊肩胛骨周圍的肌肉，並在投球時有效運用，對於提升投球表現和預防運動傷害至關重要。

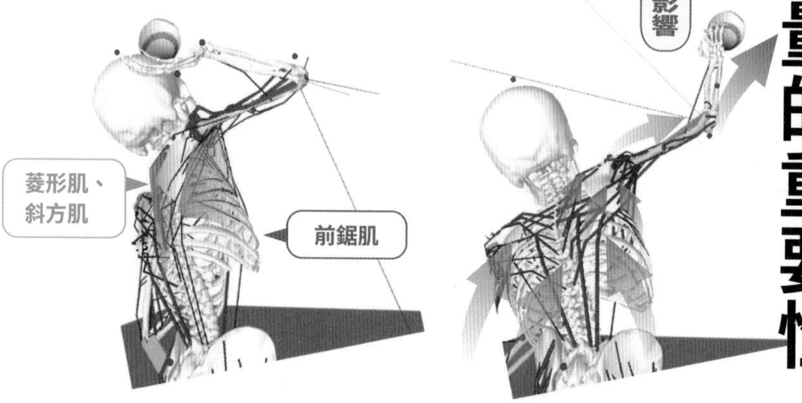


### 前鋸肌訓練

Level 1

仰躺並手持重物（5～10公斤）舉向上方，接著重複高舉至頭、返回原位的動作，並持續保持將重物推向天花板的力量（重複10次×3個循環）

### 菱形肌、斜方肌訓練

Level 1

手持彈力帶，舉至與肩同寬，接著橫向拉扯，同時放低肩膀，將力量集中於肩胛骨內側（重複 10 次 × 3 個循環）

Level 2

挺起肩胛骨並轉動肩膀，以單隻手臂上下揮動重物，過程需確保腋下（前鋸肌）有確實施力（重複 10 次×3 個循環）

Level 3

模擬投球時的跨步姿勢，握住身後的彈力帶，挺胸的同時向前拉扯。若動作確實，會感受到腋下（前鋸肌）有在施力（重複 10 次×3 個循環）

## 提升球速

Level 2

將雙臂伸到身前，讓慣用手貼在身側，拉動彈力帶將肩胛骨內收。放回時，伸展至超越另一隻手的長度（重複 10 次 × 3 個循環）

Level 3

肩胛骨向內收緊，接著離地懸垂，保持手臂伸直，僅使用肩胛骨的力量進行引體向上（重複 10 次×3 個循環）。

## 預防外傷和內傷

# 對體能調適的基本認知

## 體能調適是決勝關鍵

想要在重要的比賽中達到最佳狀態，就必須對練習、比賽和訓練的強度、量和內容做適度調整，來提升日常的狀態和表現。這種做法稱為「週期化訓練」。

為了在重要的比賽中保持最佳的體能和身體能力，需要長期且循序漸進的規劃。

其中，特別重要的是「體能調適」，也就是透過調節和控制體能、精神、技術、營養和環境等所有可能影響表現的因子，讓選手能夠均衡發揮所有潛力。

這裡的體力指的不只是體格、肌力、速度和耐力等行動體力，還涵蓋了免疫力和身體狀況等防禦體力，以及意志、動機、精神壓力等精神（心理）層面的廣範圍要素。

單純的重複練習只能提升行動體力，卻會累積精神和肉體上的疲勞。因此，必須均衡調整睡眠、營養、生活環境等所有與棒球和身體相關的要素，不僅僅關注短期結果，而是長遠地規劃鍛鍊，才能預防運動傷害，並在重要的比賽中發揮最佳表現。

## 提升棒球實力的金字塔

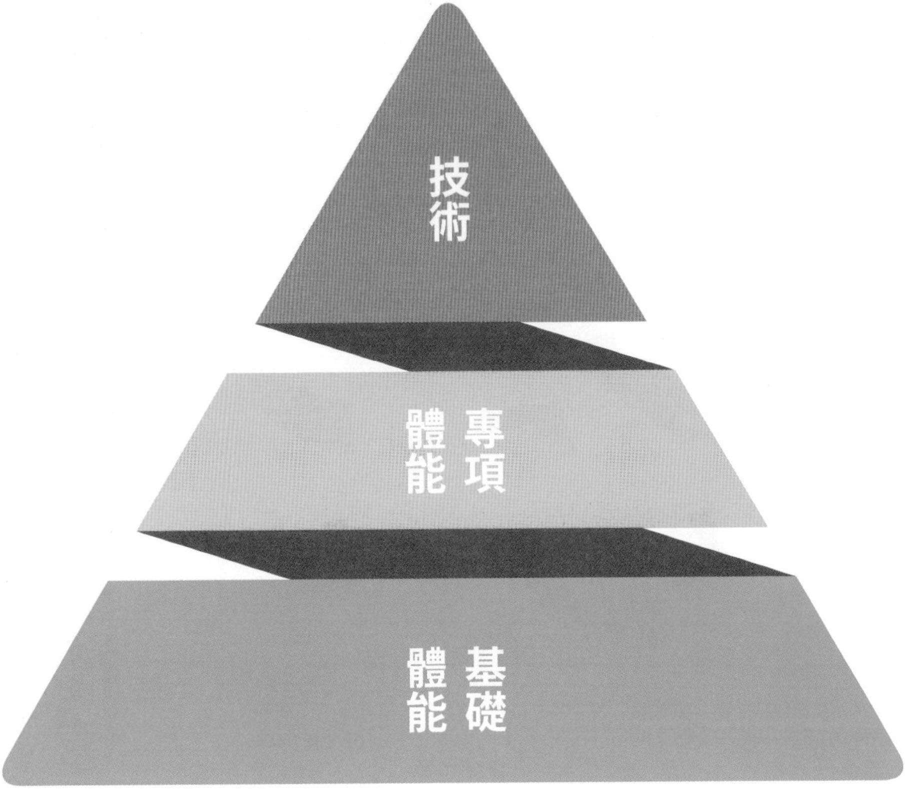


### 不同年齡層的差異

身高的發展、體重的增加、體型的變化等，成長的速度和內容會因年齡和性別而有很大差異。特別是在被稱為第二次成長期的九至十五歲階段，會發生身高、體重、體型、運動能力等變化，這些都是成為成人的各種變化。

自然地，提高能力的訓練也需要根據年齡階段進行。在「運動員長期發展」(Long Term Athlete Development) 的概念中（參見第214至215頁），建議在六至十二歲的小學生階段學習基礎運動能力和動作，國中生階段進行專業體能和能力提升以提高運動水準，高中生階段則逐漸提升運動和肌力水準，並轉向競爭。在提高基礎運動技能和體能要素之後，進一步獲得更專業的速度、力量、耐力，並致力於獲得更高的棒球技能，從而確保動作學習、技能提升和精神培養的穩步進行。

# 從「遊戲」到運動&棒球

## 從遊戲中學習的運動技能足以改變未來

在小學階段，讓孩子們盡情玩耍和體驗各種運動，是培養運動素養和養成良好運動習慣的最佳方式。這段時期也是中樞神經系統發育最快的時期，因此透過玩耍和運動，可以有效提升速度、敏捷性、平衡感和協調性等運動能力，為將來的訓練打下堅實的基礎，並預防運動傷害。

### 1 T字平衡

單腳站立並保持平衡，同時雙手伸向前方，單腳向後伸展（維持10秒）

### 2 Y字平衡

單腳站立並保持平衡，同時雙手伸向兩側，單腳向後伸展（維持10秒）

### 3 手部爬梯

維持四肢撐地、膝蓋懸空或伏地挺身姿勢不動，只頻繁改變手撐位置，並嘗試提升動作速度

### 4 多點踩步

在聽到指定的顏色或數字後以腳尖輕點，藉此學習維持平衡

**5** **單人拋接**

將球向上拋投或使其彈跳，同時在身前身後拍手或者轉身，並將球接住

**6** **雙人接球**

採取各種姿勢或投法，進行彈跳球或滾地球的接球練習

## COLUMN 何謂協調性？＝根據情況妥善控制身體的能力

### 專業協調性訓練

- 在十二歲以前開始進行
- 和棒球表現直接相關
- 使投球更安全、更高效的動作訓練（投球協調性）
- 使防守和打擊更加精確的手部、視覺連動（手眼協調性）
- 同時採取軀幹穩定性和下肢柔軟度訓練，以奠定選手的體能基礎，使其能夠全力發揮，並意識到身體軸心，進而自由掌控身體

### 基礎協調性訓練

- 主要在十歲以前獲得能力
- 學習多樣化的身體運用方式（≒運動要素）
- 透過玩鬼抓人、爬樹等戶外遊戲和運動來獲得經驗
- 嘗試各種動作組合
- 不斷改變遊戲內容
- 不斷調整遊戲難度
- 在身心狀態良好的情況下進行訓練

# 有效提升基本體能

## 透過遊戲提升基礎體能，再從基礎體能到專項體能

國中階段是透過訓練為身體奠基的時期，應從遊戲的延續當中提升基礎體能，並逐步切換至獲取運動所需的特定體能與技能。這個階段的孩子正處於第二性徵期，骨骼、肌腱、韌帶、肌肉的形態和血液循環都會發生顯著變化，訓練應以提高關節活動範圍、心肺功能和速度為重點，以增強基礎體能，為下一階段打下堅實的基礎。

### 1 靠牆深蹲

雙手和膝蓋貼牆，向下深蹲，以提升胸廓和髖關節的靈活度（重複 10 次）

### 2 T 字臂部旋轉

雙手貼到牆上，同時轉動髖關節和胸廓（重複 10 次）

## 直線速度的進階訓練

利用牆壁進行的速度訓練：學習腳步姿勢和可動範圍

Level 1

面對牆壁做出頂膝的動作，並用力踩向地面（重複10次）

一邊交叉擺動腳，同時用力踩向地面（重複10次）

Level 2

將重點擺在踩地（踏壓）動作上，並左右換腳，試著加快踩踏速度（每次踏2或3步×3個循環）

短跑（5至10公尺）

Level 3

提醒自己在最初的3到5步裡加速

加入接球的全力衝刺

Level 4

全力衝刺，並接住後方的飛球

# 提升實力的專業訓練

## 激發潛能的專門訓練

成為高中生之後，隨著成長趨於穩定，可以開始進行更具專門性、競技性的訓練和練習。這包括增強肌力的舉重訓練、多方向速度、敏捷性、力量發揮等與棒球動作相關的高強度訓練。其中，加強髖關節、臀部肌群和背部肌群對於提高動作穩定性和力量效率，是非常重要的一環。

### 1 反向弓步蹲

一步步向後踏出蹲步，藉此強化臀部肌群和髖關節（可持約 10 公斤的重物進行訓練）

### 2 抗力球投擲

朝後方、前方、側方瞬間投擲抗力球（1～5公斤）。過程中比起在意上半身，更應將重點擺在全面伸展下半身

## 橫向動作的進階訓練

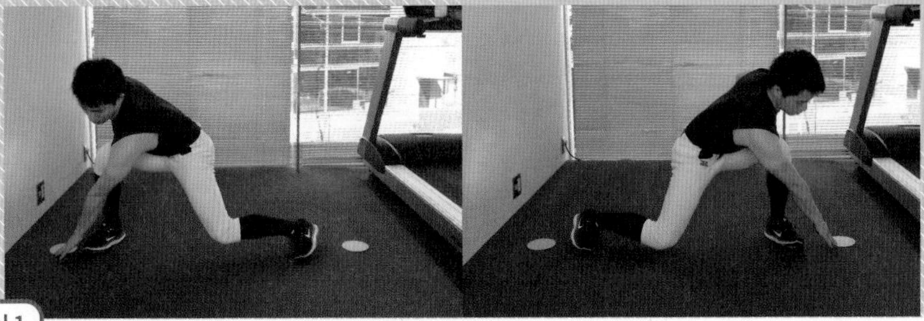

Level 1

放低腰部，同時轉動腰桿，
來回碰觸左右兩側的標記點（來回 10 次）

Level 2

擴大兩點的間距，左右跨步並提升速度，
來回碰觸左右的標記點（來回 10 次）

Level 3

進行左右跨步的動作，
同時接下投擲而來的球（來回 10 次）

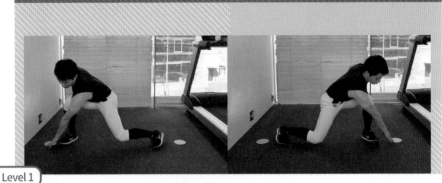

# 給教練們的叮嚀

八王子運動整形外科 間瀨泰克

## 觀察選手的體態！

首先，「留意每個選手的身體變化」是至關重要的。若您指導的是正值成長階段的學生，為了量身訂製訓練計劃，掌握每位選手的成長過程，就變得非常重要。

最簡單的方法是在訓練時，觀察選手的體態。透過全面檢視身體，檢查上半身和下半身的肌力均衡，身體左右兩側是否比例失調。從背後觀察時，也應檢查肩胛骨的位置與左右差異。

## 了解選手的背景！

要進一步了解選手的身體，定期進行體檢也是個好方法。只要整理出選手的個別數據，掌握每個選手的特點和癥狀，對於預防受傷與和慢性運動傷害也會很有幫助。

當選手因表現不佳而陷入低潮時，得先清楚知道選手原先的狀態，才能夠找出原因。

例如：為什麼原本柔軟靈活的身體變得僵化？這些背後潛藏的問題，都是身為教練必須要深入了解的。

為了驗證訓練方法、訓練時間、訓練前後的照護、睡眠、營養、壓力等各種背景因子，教練需要對每位選手進行個別化的分析。

## 點出問題所在，幫助選手建立自覺！

將體檢的結果反饋給每位選手，指出問題使選手有所自覺，是很重要的一件事。

特別是面對正值發育期的選手，更應將重點擺在如何提升身體協調度和靈活性，讓選手意識到一旦身體產生疼痛，就代表自己身體的運用方式不當，藉此培育出懂得自我管理的選手。

# Part 2
# 肩、肘的運動傷害

橫濱市運動醫科學中心／鈴川仁人
豐田紀念醫院復健科／坂田淳

※ 肩膀和肘部受的傷，慢性運動傷害佔了大多數

肩、肘 1

# 首先思考「為何會受傷」

## 選手和教練的煩惱

面對上門求診的棒球選手，每當問到為何病情惡化了才來就醫，常常會得到以下回答：

**「不想錯過練習。」**

**「以為就算不管它也會好起來。」**

有些選手甚至被指導者或教練告知：

**「受一次傷就會越挫越勇。」**

**「都怪你表現差，接下來要多加練習。」**

甚至還有選手找了鄰近的整形外科或接骨院（注：類似台灣的國術館），卻被告知**「你投球投太多，只要休息就會好」**，**「休息一段時間後復訓，卻仍然感到疼痛」**，只好再次尋求醫療協助。

即使努力投入練習，卻被教練或領隊評為實力差，到了醫院也只得到多加休息的建議，休息完開始投球卻疼痛依舊——許多選手就像這樣，不知該如何是好。

那麼從教練的角度來看又是如何呢？他們管理眾多選手，不可能每個人都兼顧，有些選手接受指導並打出好成績，但肯定也有些選手不管怎麼教，表現一樣差強人意。

哪些傷勢能夠硬撐？哪些是撐不得的？若不能硬撐，需要休息多久才能康復？會留下後遺症嗎——這些教練雖然能夠傳授棒球技術，對運動傷害卻並不熟悉。

這或許可說是某種和選手的未來息息相關的競賽……。

## 選手的身體狀況人人不同

每位選手的身體狀況都不相同，這點在柔軟度和肌力方面亦然。身體一旦僵硬，就無法隨心所欲地控制身體。同樣地，一旦協調能力差或肌肉乏力，也會使得身體難以隨心所欲地運動，或是承受不了投球的負荷。

這就是為什麼面對相同的教學，有的選手能夠實踐，有些選手卻做不來。

**「為什麼我沒辦法照著預想的方式投球？」**

**「為什麼這個選手跟不上指導內容？」**

## 3者的平衡很重要

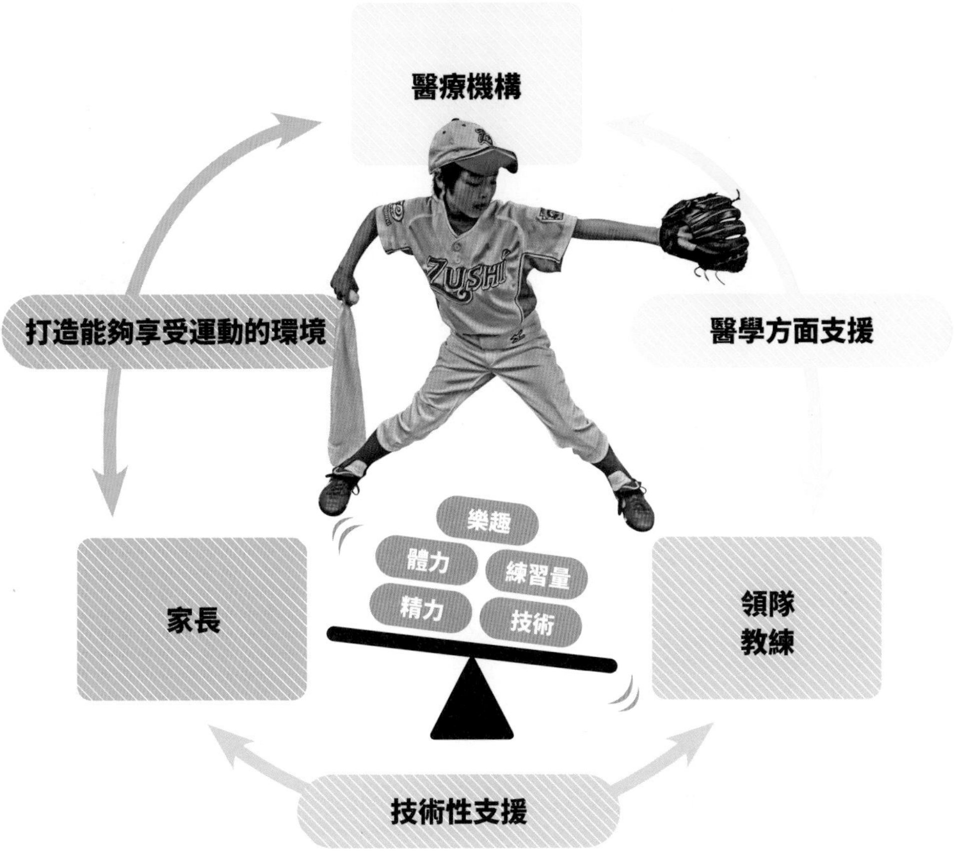


這並不是因為自己（選手）表現不佳，而有可能是身體狀態不允許。

### 獲得知識並應用於實戰中

本章的目的，是讓讀者了解有關受傷、身體狀況、投球姿勢，以及它們之間的關聯性。

並讓讀者在深入理解後，使自己（若你是運動員）成為一位不容易受傷報銷的選手，從此以正確的姿勢投球。要達成這一目標，**關鍵在於每天自發性地執行必要的訓練和伸展運動，使其成為日常習慣。**

無論是納悶自己為何會受傷的選手、希望孩子好好表現卻又擔心他們受傷的家長、嘗試各種指導方法但還是無法降低選手受傷情況的教練、甚至是負責治療這類選手的醫療機構工作人員……我們希望接下來的講解內容，能夠為上述讀者提供啟發和行動方針，讓選手們能夠盡情享受棒球運動。

肩、肘 2

# 年齡層與部位會帶來不同的結論

## 年齡帶來的差異

就算是同年級的小學生，成長階段也各不相同，而且根據成長階段，容易造成的傷害也會有所差異。

下圖是橫濱市運動醫科學中心診所診治過，主訴肩膀或肘部疼痛的棒球選手的年齡分布圖。

根據這些數據可看出，**肘部傷害在十三歲時達到高峰，而肩部傷害則在十五歲時達到高峰**。因此，根據選手的年齡，應該注意的傷害類型是不同的。

**肘部內側的骨骼，會在十五歲前後發育為接近成人的形狀**，而在此階段之前，肘部是一個非常脆弱的結構，特別容易受傷。

### 各學年的肩、肘部傷害

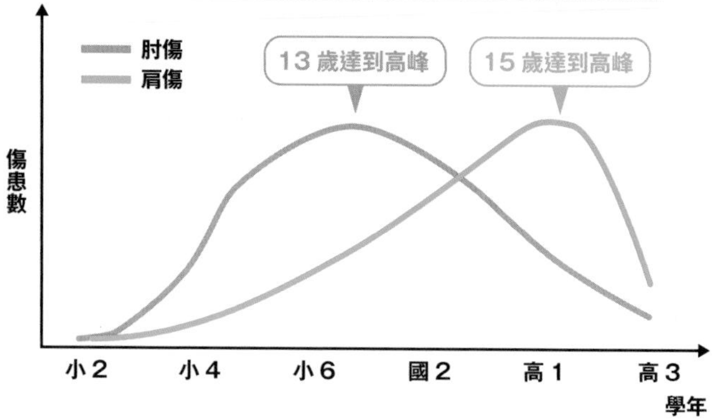


### 這個時期的肘骨（上腕骨）

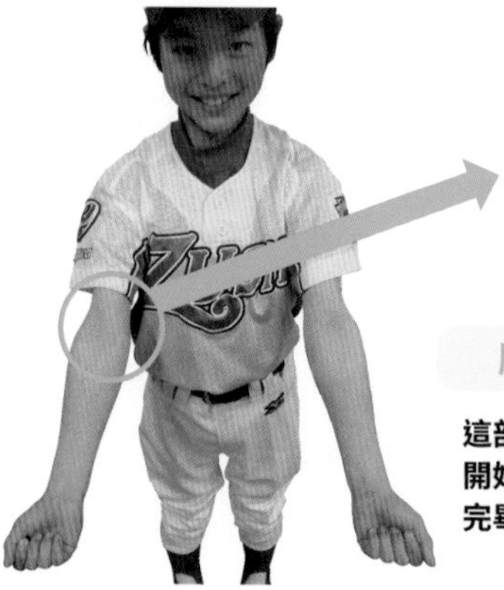

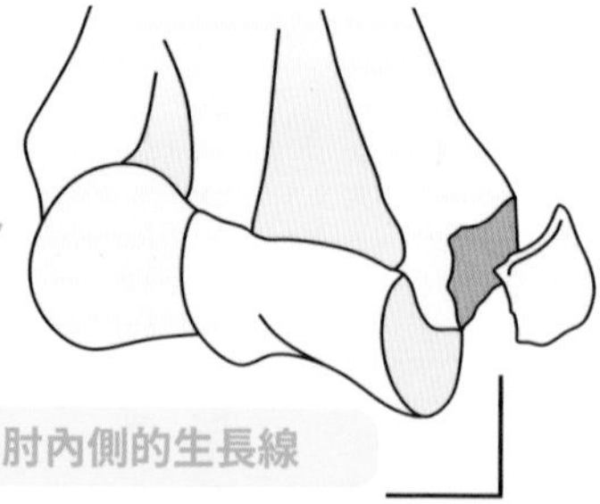


**這部分依然是軟骨狀態。從小學六年級開始閉合，到國中三年級時才幾乎閉合完畢。**

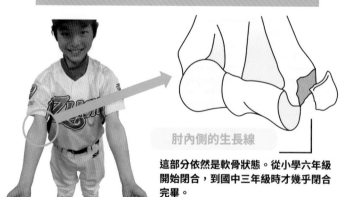

## 受傷部位差異

即使同樣是關節受傷，傷及的有可能是骨骼（軟骨）、韌帶、肌肉、神經等不同組織。

而隨著每個不同的案例，關於後續是否可以繼續活動，若不行的話需要休養多久，是否會留下後遺症……評估標準都會有所不同。

一般來說，**若只是肌肉疼痛，通常一至三週就能康復，而韌帶損傷則可能需要五到八週的時間恢復**。

而以肘內側剝離性（撕裂性）骨折為代表的骨骼（軟骨）損傷，要是**在骨骼剝離的狀態下繼續投球，可能會導致肘部變得鬆弛**。

若是神經損傷的話，要是**對初期的麻木症狀掉以輕心並繼續投球，可能會導致肌肉無法正常施力**，因此神經損傷可說是最不能夠硬撐的運動傷害之一。

### 肌肉、韌帶痊癒的過程3步驟

**發炎期**

造成疼痛與發熱

需要適度休養

**修復期**

恢復強度的時期

只要謹慎小心，可以稍做運動

**改變期**

復原至初始狀態的時期

可以重返運動場

### 肌肉、韌帶痊癒時期差異

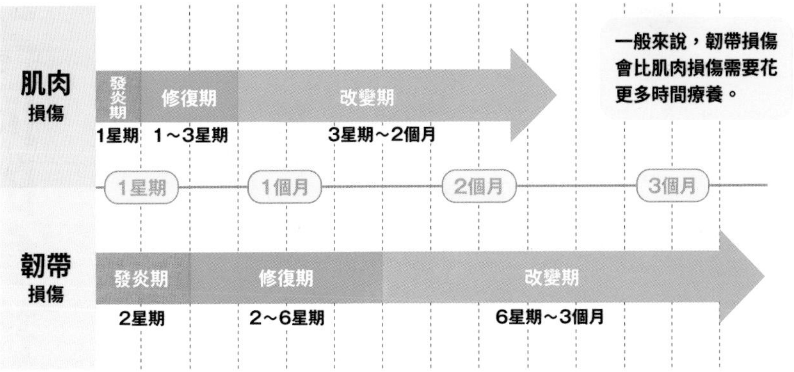

肘 1

投球時肘部承受的壓力

# 投球姿勢會對肘部帶來截然不同的負擔

## 肘部受力的情境和壓力大小

對一百名患有肘部疼痛的棒球選手進行調查，發現「**擴胸時**」以及「**球出手時**」是投球時肘部疼痛最常發作的兩大瞬間。國外的研究報告也指出，在這些場面下，肘部外側會承受最大的拉力（外翻力）。據說**職棒選手的肘部在當下會承受一百五十顆棒球的重量，而少棒選手也會承受相當於六十顆球的重量**。

此外，如果**投球姿勢不良，例如身體過早撐開，肘部所受的壓力會增加至約兩倍**。對於小學生和國中生來說，由於體格尚未發育完全，要是肘部在這階段承受了和職棒選手相當的負荷，就很容易受傷。因此，建立安全投球姿勢至關重要。

## 投球時肘部的負擔

**如果將投球時肘部的負荷換算為硬式棒球的數量並進行比較，可以看出少棒選手的投球姿勢好壞，帶來的影響截然不同。**

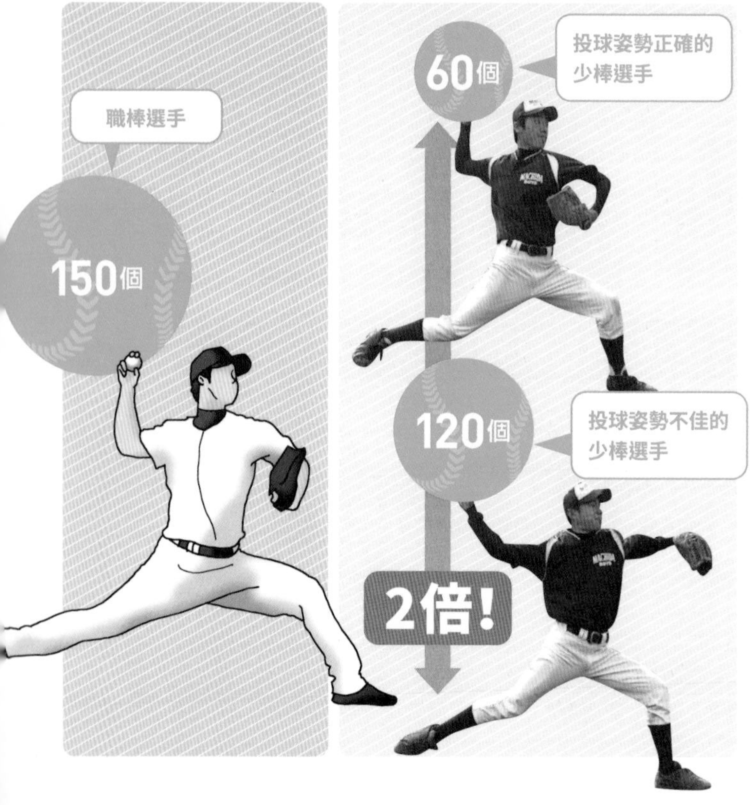

## 承受壓力的部位與特徵

肘部周圍有許多組織協同作用，以抵禦反覆的壓力。

首先，投球時肘部會承受外翻（將肘部向外拉扯的力量），導致內側組織（內側副韌帶、旋轉肌群）承受拉伸的力道，肘部外側和後側則會同時承受壓迫和摩擦力，並且骨骼相互碰撞，以防止肘部過度外翻。

此外，肘部後側由於有負責伸展肘部的肌肉（肱三頭肌），投球時亦會對該部位產生拉伸力。

關於上述情況，在下一頁將會介紹此類傷害的具體特徵，以及自我診斷的方法。

一如前述，投球時肘部的各個部位都會承受壓力。「投手肘」這一術語看似單純，其症狀卻是千差萬別的。

### 投球時肘部所承受的力量

**當肘部被向外側拉扯時，肘部的內側和外側也都會承受負荷。**

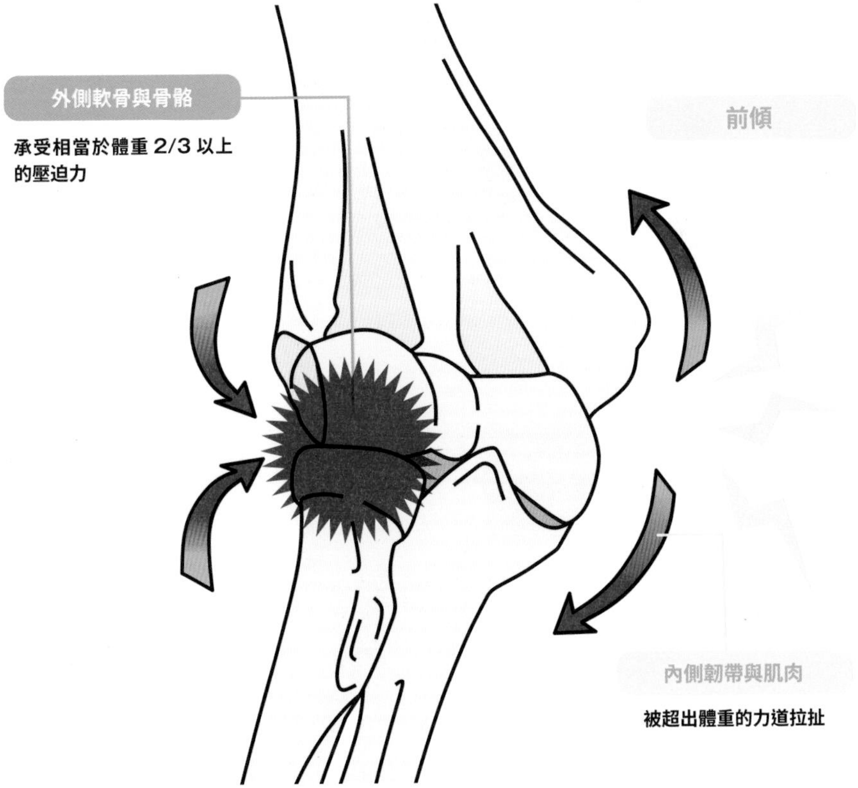

肘 2

# 肘部自我檢查！

這是一張用於檢查肘部疼痛情況的自我診斷表。請循表確認疼痛的部位和症狀。

> 症狀

> 疼痛位置

疼痛位置

按壓手肘內側的骨骼突起時會感到疼痛

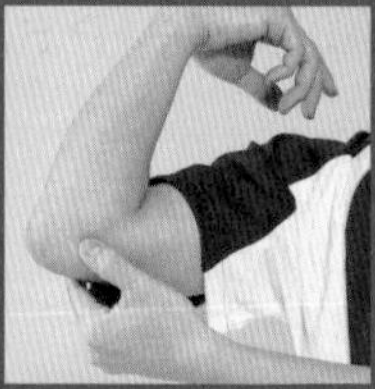

投球時會經感到小指漸漸發麻

→ 手肘內側

按壓手肘外側的骨骼突起時會感到疼痛

→ 手肘外側

過去會經感到手肘內側疼痛

球出手時疼痛

→ 手肘後側

可能的疾患

比較左右側手肘：
彎肘的角度差距大於 10 度
伸肘的角度差距大於 10 度
詳細診斷法➡P.64

**內側型投手肘**
➡P.48～53

一彎手肘內側就會疼痛，手腕上抬則疼痛加劇

**尺神經麻痺**
➡P.60～P.61

比較左右側手肘：
彎肘的角度差距大於 15 度
伸肘的角度差距大於 15 度
有可能需要動手術
詳細診斷法➡P.64

**外側型投手肘**
**（剝脫性骨軟骨炎）**
➡P.54～P.55

手肘完全伸直時，後側感到疼痛

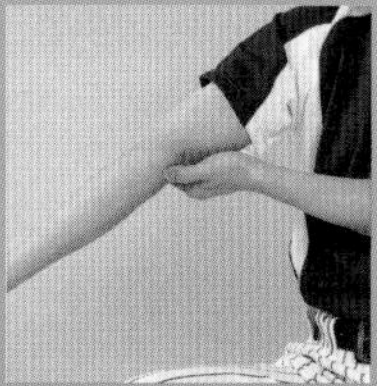

**後側型投手肘**
**（碰撞型❶）**
➡P.56～P.57

手肘完全彎曲時，後側感到疼痛

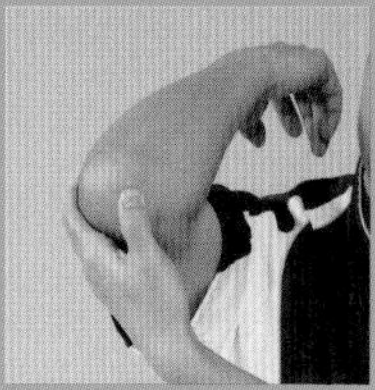

**後側型投手肘**
**（碰撞型❷）**
➡P.58～P.59

# 內側型投手肘

由於投球時肘部外翻，導致內側的韌帶或肌腱被拉伸，或是骨骼剝脫。這些會造成肘部內側疼痛。

## 症狀為何？

一開始，患者可能會感到肘部內側傳來不適，而要是繼續勉強投球，就會漸漸轉化為疼痛。有極少數案例，患者可能會在一次投球後突然出現疼痛。

投球時的疼痛通常會出現在**擴胸或球出手後不久的肘部內側**。一旦症狀惡化，患者可能會無法完全伸展肘部，甚至在進行日常活動（例如進食）也感到疼痛。

## 發生了什麼問題？

在投球時肘部外翻（向外拉扯的力量），導致位於肘部內側的韌帶或肌腱被拉伸。這些韌帶和肌腱都附著在稱為

### 肘部構造的正面圖

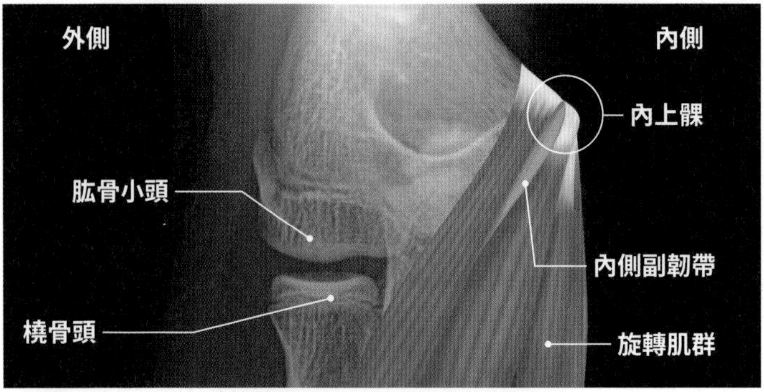


### 發生機制

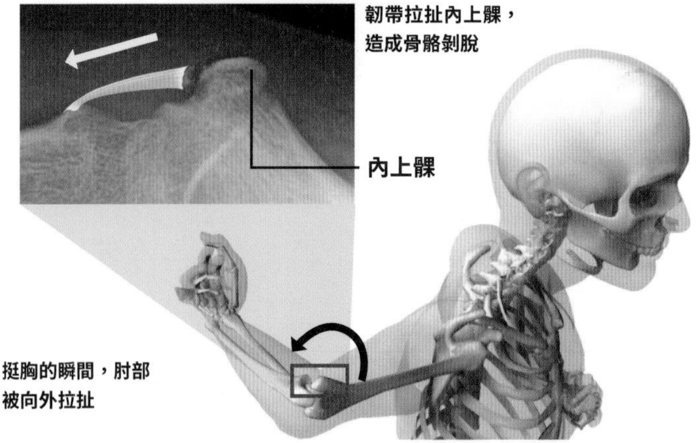

「內上髁」的骨頭上，但在**小學高年級階段**，內上髁的強度尚不足夠，因此在受力反覆拉扯的情況下，可能導致骨骼剝脫，使得附著在該處的韌帶變得鬆弛。只要骨骼修復，這種不穩定狀態就會消失，但要是不休養而任由它去，有可能使得**骨骼永久變形而無法完全康復，將來肘部可能變得鬆弛無力**。

韌帶損傷在**國中的高年級到高中生階段**較為常見，如果置之不理，韌帶鬆弛的問題可能會持續，使肘部持續感到不穩定。相比之下，肌腱受損能透過伸展運動或訓練來復健，可以較快地康復如初。

要檢查是肌肉發炎、骨骼或軟骨受損，抑或是韌帶受損，需要到醫療機構進行檢查。

若疼痛情況嚴重，應仔細進行肘部周圍的伸展運動，等疼痛緩解後，再開始矯正投球姿勢。

## 要是繼續投球……

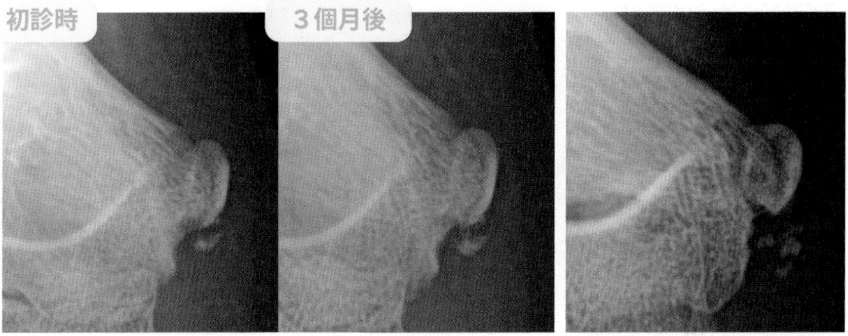


即使過了3個月，骨骼依舊是剝離狀態。

甚至剝離的骨頭有可能散落在附近。

## 從疼痛消失（≒可開始投球）到完全康復的參考時間

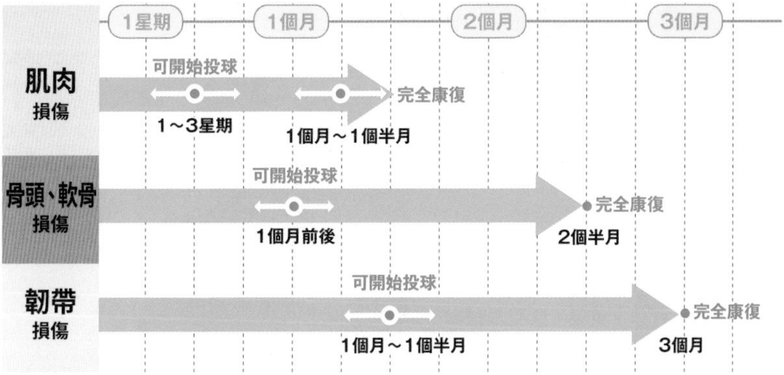

## 1 挺胸當下感到疼痛

**上圖為選手在挺胸投球的瞬間感到肘部疼痛的姿勢。與下圖一朗選手在回傳本壘時的姿勢相比，可以發現頭部和球離得很遠，並且肘部下垂。**

肘部下垂的投球姿勢矯正法 第166~179頁

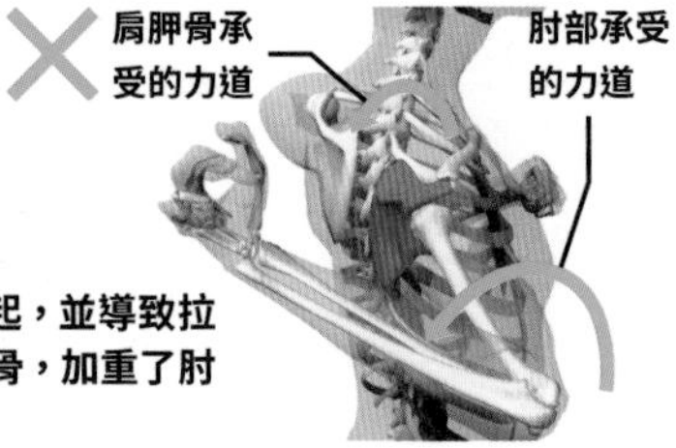


**若肘部下垂，會使胸部難以挺起，並導致拉扯手臂的力量難以轉移至肩胛骨，加重了肘部的負擔。**

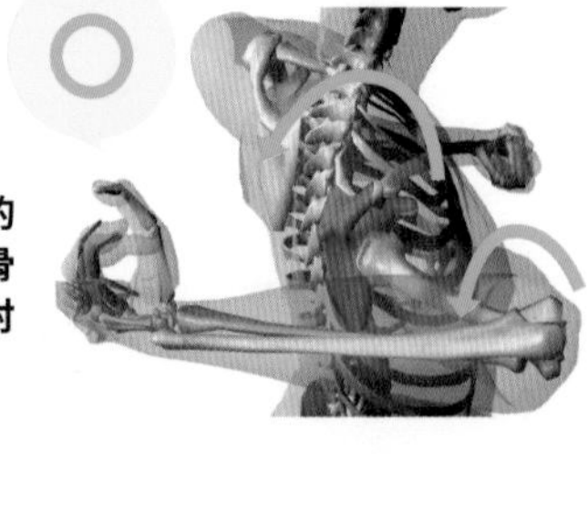

**Point**

**要確實做到挺胸，肘部抬高至肩線高度！**

**投球時拉扯手臂的力量部分以肩胛骨承受，進而減輕肘部的負擔。**

## 2 從挺胸當下到球出手過程裡感到疼痛

**上圖為選手從挺胸的瞬間到球出手的過程裡感到肘部疼痛的姿勢。與下圖大竹選手投球時的姿勢相比，可以發現上半身較為飄起，且身體側傾。**

身體一旦側傾，棒球就不會舉在頭部後方，而是從遠離身體的位置出球。這會加重肘部的負擔。

身體側傾的投球姿勢矯正法 > 第170~175頁

若出球的路徑貼近身體，肘部就不會承受額外負擔。

**Point**

**確實做到肘部彎曲，確保球在出手的過程靠近身體。**

## 3 球出手前後感到疼痛

上圖展示的是在球出手瞬間感到肘部疼痛的選手的投球姿勢。這些選手多數人在球出手前肘部就過度前伸，並在肘部仍彎曲的狀態下完成投球，這也就是所謂的「手臂投球」。若參考下圖的職業選手，無論是投手、外野手還是捕手，都需要在投球時保持雙肩和肘部呈一直線，直到投球完成。

若使用手臂的動作幅度增加，球出手時肘部沉降，肩胛骨無法分攤手臂所受的力道，導致肘部負擔增加。

手臂投球的姿勢矯正法 第196~201頁

**Point**

**將肘部保持在肩線上方，並確保肘部充分伸展！**

藉由將肘部保持在雙肩的肩線之上，就能讓肩胛骨代為承受手臂所受的負荷。

若從上方俯視……

可以看出在球出手的時候，肘部已經超出雙肩連成的肩線。

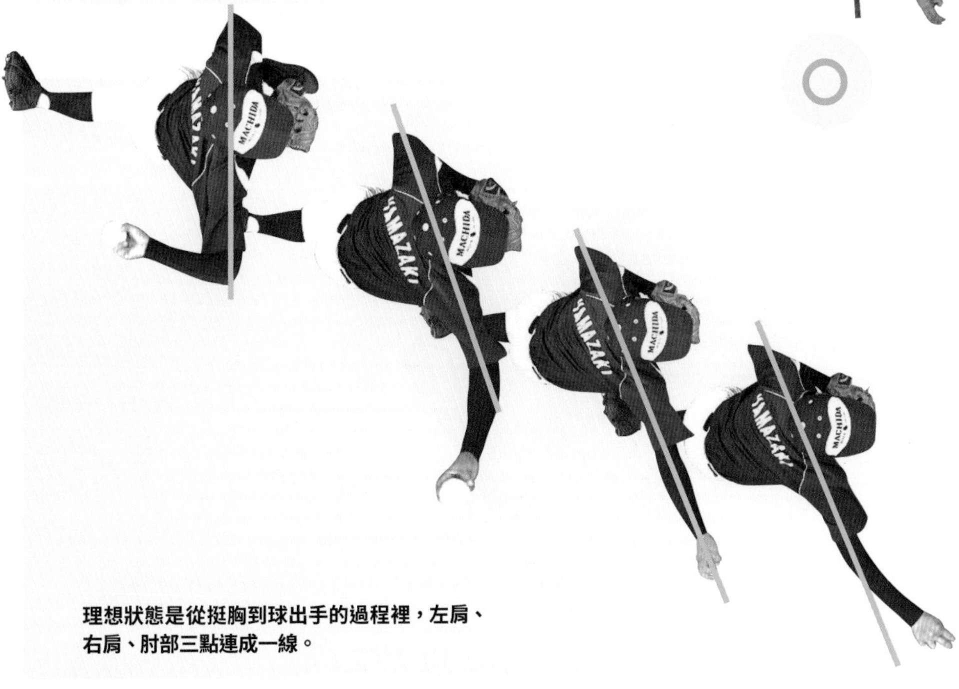

理想狀態是從挺胸到球出手的過程裡，左肩、右肩、肘部三點連成一線。

肘 4

# 外側型投手肘（剝脫性骨軟骨炎）

在投球時，由於肘部外側承受的力量導致骨頭相互碰撞，使得肘部外側產生疼痛感。這種外側的疼痛症狀比內側疼痛更加需要留意。

## 症狀為何？

特徵為惡化前的症狀相對輕微，一開始多半只會感到手部些許不適。

在投球的時候，疼痛位置通常是在球出手時的肘部外側，在挺胸時也可能會感到疼痛。或是有時**雖然不會感到疼痛，卻會因肘部無法正常彎曲或伸展**，而察覺到問題。

一旦症狀惡化，患者的肘部外側可能會發出異常聲音甚至腫脹，使動作明顯受限。

## 發生了什麼問題？

投球時，肘部外側承受壓迫和摩擦的力量。而這是由於肘部外側的肱骨小頭和橈骨頭相互碰撞所導致。

## 發生機制

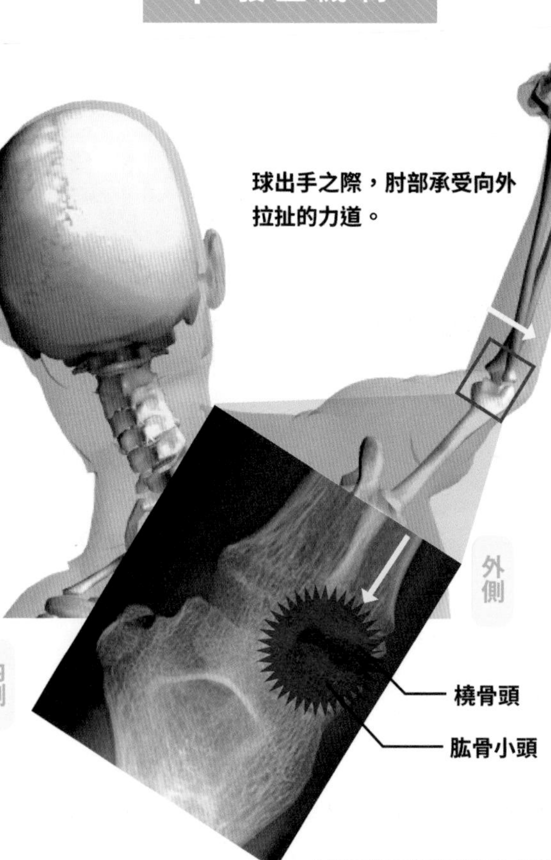


骨骼與骨骼碰撞導致疼痛。

在骨骼和軟骨尚未發育完全的年齡階段，若反覆承受這種力量，就會導致肱骨小頭的骨骼和軟骨受損。

而**對於棒球選手，要是肘部外側出現疼痛，更需要特別當心**。若能在症狀輕微時及早發現，就能透過休息調養，讓骨骼與軟骨得到修復。話雖如此，相較於肌肉或韌帶損傷，骨骼與軟骨由於修復速度較慢，療養時程可能需要三到六個月，甚至超過一年。

要是症狀進一步惡化，彎肘與伸肘變得困難，則**不僅會影響棒球運動，也會影響日常生活**。到了這階段由於已無法自癒，必須進行手術治療。

這種傷病需要透過MRI（磁振造影）檢查進行診斷。如果出現「肘部外側不適」的情況，**應及早就醫**，以免延誤治療。復健過程也不能僅以疼痛為依據，應在休養時，進行肘部周邊的伸展，並根據X光和MRI檢查觀察軟骨的修復情況，進行投球動作的矯正練習。

## 剝脫性骨軟骨炎的病程與特徵

**透亮期**

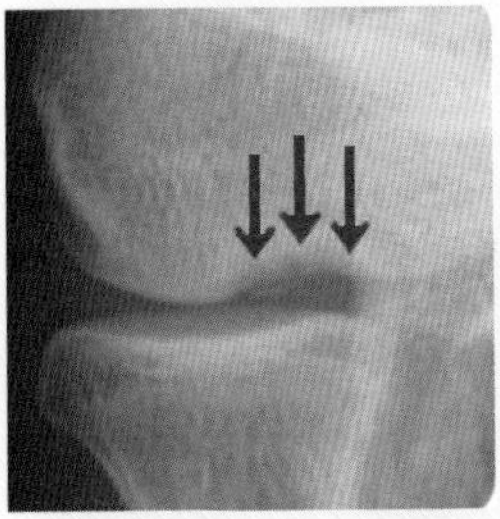

骨骼看起來變得薄透

手肘屈伸受限程度在10度以內

**分離期**

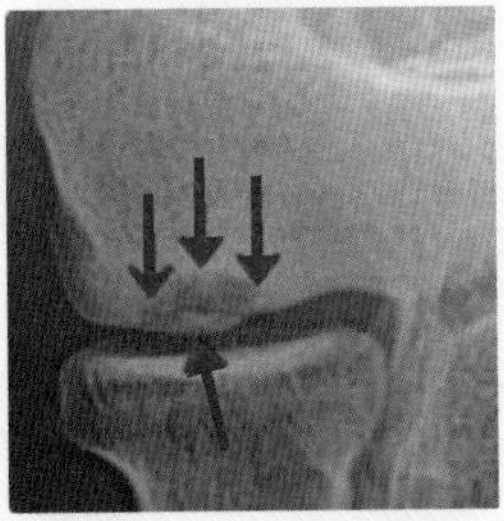

薄透當中可以見到其他骨骼

手肘屈伸受限程度在10度左右

**遊離期**

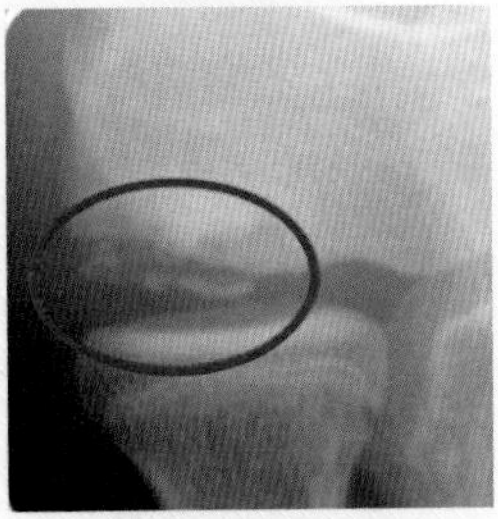

明顯摻雜其他骨片

手肘屈伸受限程度大於15度

| | 復健後歸隊 | 手術後歸隊 |
|---|---|---|
| 歸隊時期 | 平均4～5個月可歸隊（到骨骼康復約需3個月到半年） | 平均5～6個月可歸隊 |
| 治療方針 | 照X光確認骨骼是否康復，同時進行復健，以歸隊為目標 | 透過手術治療骨骼與軟骨。術前術後都必須進行復健 |
| 注意事項 | 生長板一旦閉合就無法痊癒，需要進行手術 | 到歸隊所需的時間，會隨手術方法而有所不同 |

◉肘部的伸展法 ⇒ 第62~75頁
◉投球姿勢的特徵（與內側型相同）⇒ 第50~53頁 ※以3的手臂投法最為常見

肘 5

# 後側型投手肘（碰撞型❶）

由於投球時肘部外翻，導致肘後方骨骼碰撞而產生疼痛。在使用手臂投球的投手身上最為常見。

## 症狀為何？

初期症狀有可能只是肘部的不適感，但隨著情況惡化，會連在手肘完全伸直時，也感到肘後側傳來疼痛。

而在投球時，特別是**球出手的當下，會感到肘後方有疼痛感**。

而症狀惡化到肘後方疼痛的人，有不少都已經經歷過肘內側疼痛的問題。

## 發生了什麼問題？

投球時肘部產生外翻（承受向外拉扯的力道），使肘骨後方承受側向（內側）偏移的力量。

要是之前肘部內側受過傷，或者即使沒有疼痛，在投球時肘部反覆地外

### 發生機制

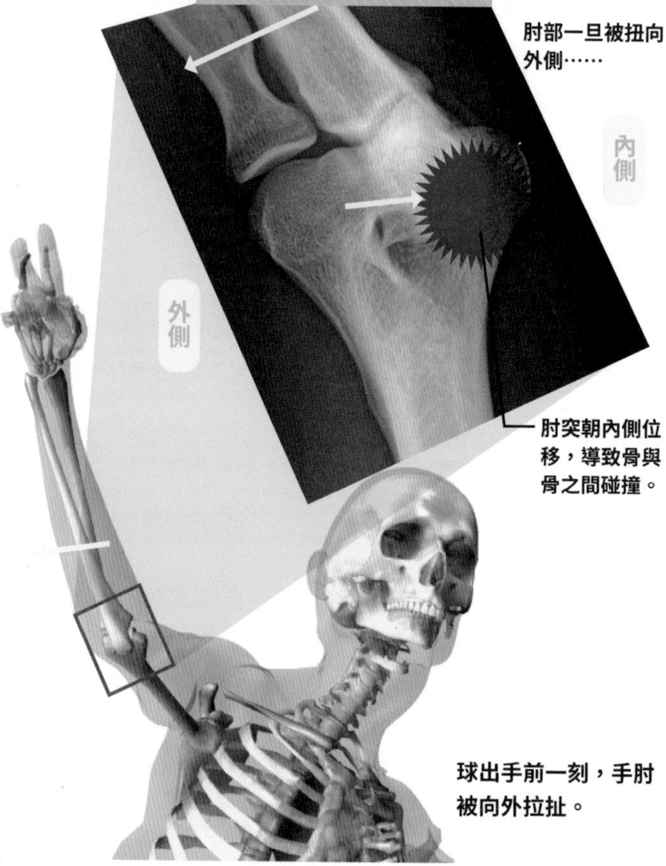
肘部一旦被扭向外側……
內側
外側
肘突朝內側位移，導致骨與骨之間碰撞。
球出手前一刻，手肘被向外拉扯。

翻，都可能慢性導致肘部內側的韌帶伸展，削弱其對外翻的抵抗力。

導致的結果，肘後方的骨骼將會相互碰撞，並引發疼痛。而要是繼續強行投球，**肘部骨骼甚至可能發生變形，將來進行伸展運動時，無法再將肘部伸直**。因此，重點在於及早進行伸展運動，以確保肘部伸展時不會疼痛，並且鍛鍊肱三頭肌也同樣非常重要（請參閱第54頁）。

此外，這種反覆碰撞也可能導致**疲勞性骨折**。這種狀況並不常發生，但常見於年齡在二十歲前後的運動員身上，特徵是骨折線呈斜向。這種症狀需要長期的休養（平均約五個月）來進行復健，並且由於容易復發，有時也可能需要動手術。

要是在進行伸展運動後，仍然無法伸直肘部，或症狀長期持續，就應該就醫接受診療。

骨骼間若持續碰撞……

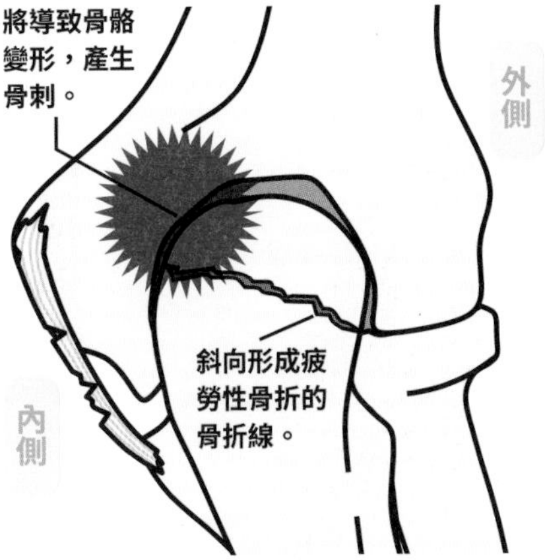


疲勞性骨折的 MRI 圖

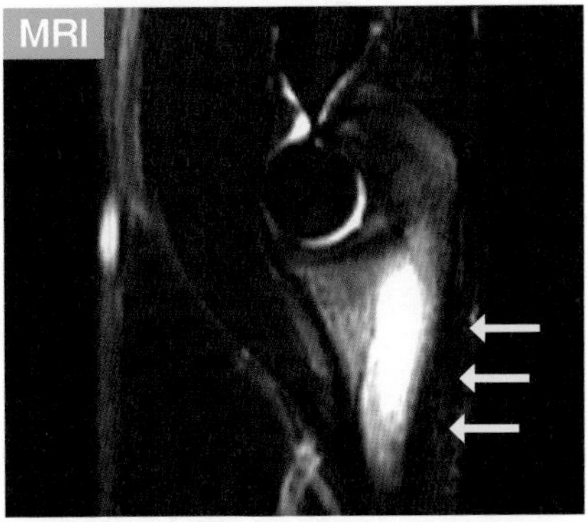


**從縱向的肘部剖面圖可以看出骨內有出血，呈現純白色。**

## 從疼痛消失（≒可開始投球）到完全康復的參考時間

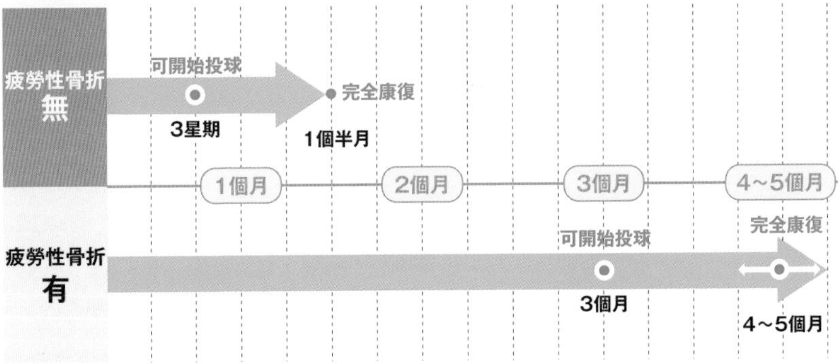


◉肘部的伸展法 ⇒ 第62~71頁
◉投球姿勢的特徵（與內側型相同）⇒ 第50~53頁 ※ 以3的手臂投法最為常見

# 後側型投手肘（碰撞型❷）

**在投球時，球出手階段負責施力的肱三頭肌疲勞並導致疼痛。而根據肘突的成長階段，有可能惡化為重症。**

## 症狀為何？

症狀通常始於肘部背側的緊繃感，並隨著病情惡化產生疼痛。

在投球時，**特別是在球出手的前後，可能會感到肘部後方傳來疼痛，或在用力伸肘、彎肘時傳來更強烈的痛感。**

雖然大多數情況下症狀不會太過嚴重，但要是負荷影響到骨骼，就連完全伸直手肘時也可能感到疼痛。

若原本僅在彎肘時才會傳來的疼痛，演變為即使伸肘時也會痛，就應該格外留意。

## 發生了什麼問題？

在投球過程中，從挺胸到球出手時

### 發生機制

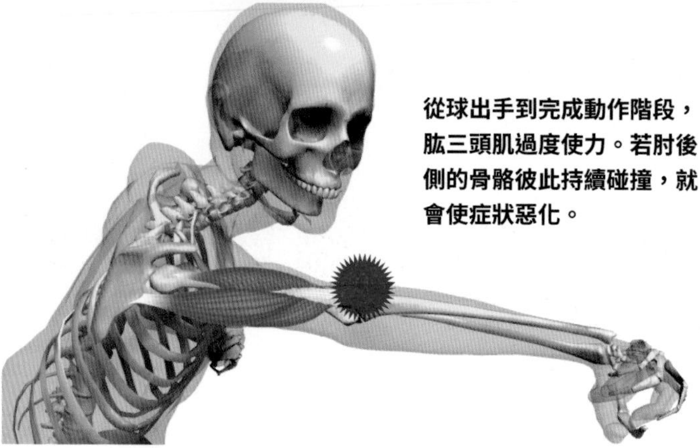

**從球出手到完成動作階段，肱三頭肌過度使力。若肘後側的骨骼彼此持續碰撞，就會使症狀惡化。**

### 投球姿勢的特徵

**手臂投法（身體的旋轉在中途停止）**

**由於骨盆的旋轉過早停止，導致上半身旋轉也在球出手的前後停下，形成所謂的手臂投球。**

會伸展肘部，此時肱三頭肌這個肌肉在被拉伸的同時，也會強烈收縮。

而反覆的投球，會使得肱三頭肌陷入疲勞且難以伸展。此時**要是不進行適度伸展運動，而勉強自己繼續投球，就會導致疼痛**。

此外，肘部後側名為「肘突」的部位，在十七歲左右會成為一塊完整的骨骼。在肘部還沒有完全成為一塊骨頭的國中生階段，要是反覆使用投球時肘部完全伸直的手臂投法，讓肘突持續與肱骨碰撞，可能會導致名為「骨骺線」的生長板產生間隙（**骨骺線分離**）。

若情況惡化，可能導致生長板無法正常閉合，甚至有可能需要動手術，因此必須特別當心。除了彎肘時感到疼痛，如果在完全伸直肘部時也傳來痛感，則應該就醫檢查。

本症狀的特徵為執行伸展運動時，除了肱三頭肌，肩部也得一併伸展。

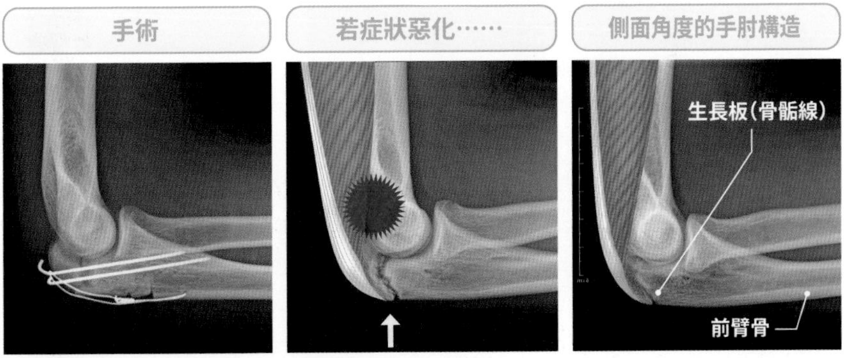


- **前臂骨和肘突持續碰撞，對骨骺線施以撬開的力量。**
- **生長板要是無法閉合，有可能必須動手術。**
- **若年齡大於 17 歲，骨骼有可能停止生長，必須格外當心。**

## 從疼痛消失(≒可開始投球)到完全康復的參考時間

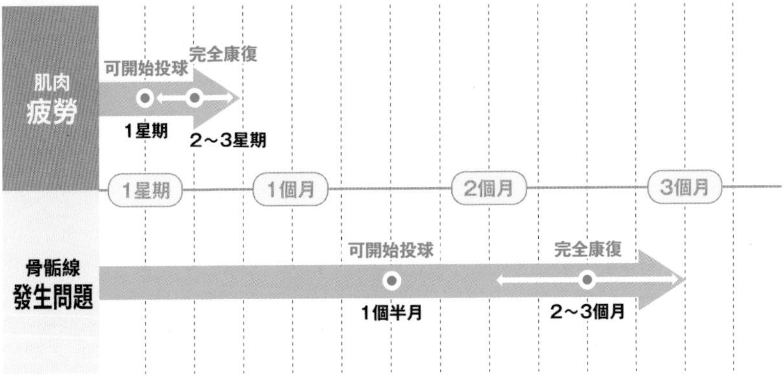


◉肩部的伸展法 ⇒ 第94~103頁
◉肱三頭肌的伸展法⇒ 第71、74頁

肘 7

# 尺神經麻痺

**投球時肘部外翻，導致從頸部到手腕的尺神經受到拉伸，周而復始導致神經損傷，並引發手指麻木等症狀。**

## 症狀為何？

初始症狀類似內側型投手肘（↓48頁），只是手肘內側的不適或疼痛，但若持續投球，將會導致小指側麻木或手指無法施力。

而在投球時，尤其是**擴胸的瞬間，從手肘內側直到小指都會感到疼痛**。

**症狀的最大特徵為當手肘彎曲時，疼痛會格外顯著**，而且相較於日常手臂自然下垂及舉起，投球時拉回動作所造成的彎肘，症狀會更加明顯。

一旦症狀惡化，可能連握筆或使用筷子都會感到困難，影響日常生活。

## 尺神經的脈絡

**神經是負責皮膚感覺和肌肉運動的重要器官。尺神經從頸部開始，通過鎖骨下方，再從手臂前側通往肘部內側，最後穿過前臂並延伸至手腕。**

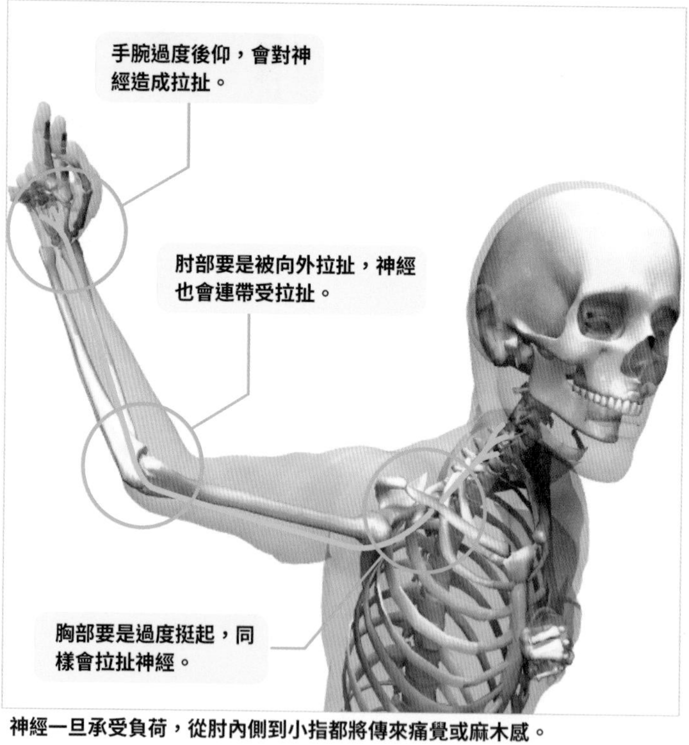

手腕過度後仰，會對神經造成拉扯。
肘部要是被向外拉扯，神經也會連帶受拉扯。
胸部要是過度挺起，同樣會拉扯神經。

**神經一旦承受負荷，從肘內側到小指都將傳來痛覺或麻木感。**

## 發生了什麼問題？

手肘內側有貫穿整個手臂的尺神經，從頸部一路延伸至指尖。

投球時造成的手肘外翻（向外拉扯的力道）不僅會拉伸手肘內側的韌帶和肌肉，同時也會拉伸尺神經。

而這樣的反覆拉伸會對神經造成損傷，導致**皮膚感覺遲鈍、手指的小指側麻木感，或是彎指無力**等症狀。

雖然停止投球約一個月並進行肘部周邊肌肉的伸展運動，即可以改善彎肘時的症狀，但對於投球時的疼痛或麻木感，則需要以肘部、頸部和肩部的全套伸展運動來改善，同時矯正投球姿勢。


◉肘部的伸展法 ⇒ 第62~71頁
◉肩部的伸展法 ⇒ 第94~103頁
◉手臂滯留後方的投球姿勢矯正法 ⇒ 第180~181頁


### 投球姿勢的特徵

手臂過度後拉的狀態下，要是身體也過早扭轉，將導致手臂滯留身後。而這會造成尺神經的拉伸。

### 從疼痛消失（≒可開始投球）到完全康復的參考時間

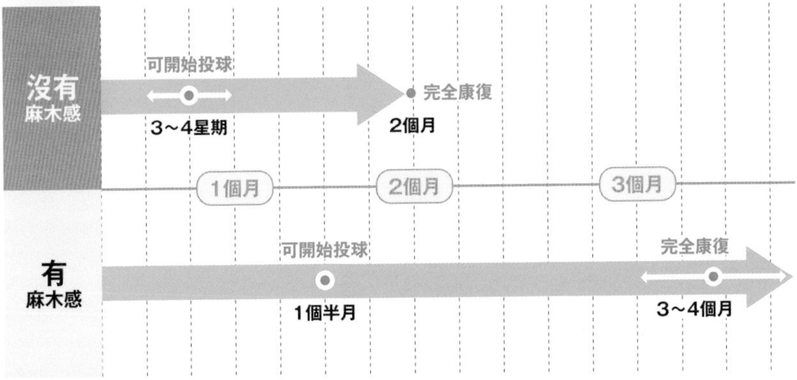

# 在做伸展、訓練前的注意事項

## 1 手肘的形狀（對齊）

**患有投手肘的選手，由於受到手肘外側的肌肉拉扯，手肘時常會歪向外側。若手肘歪向外側，內側的韌帶、肌肉與神經將會處於持續被拉扯的狀態，使得復原速度變慢。**

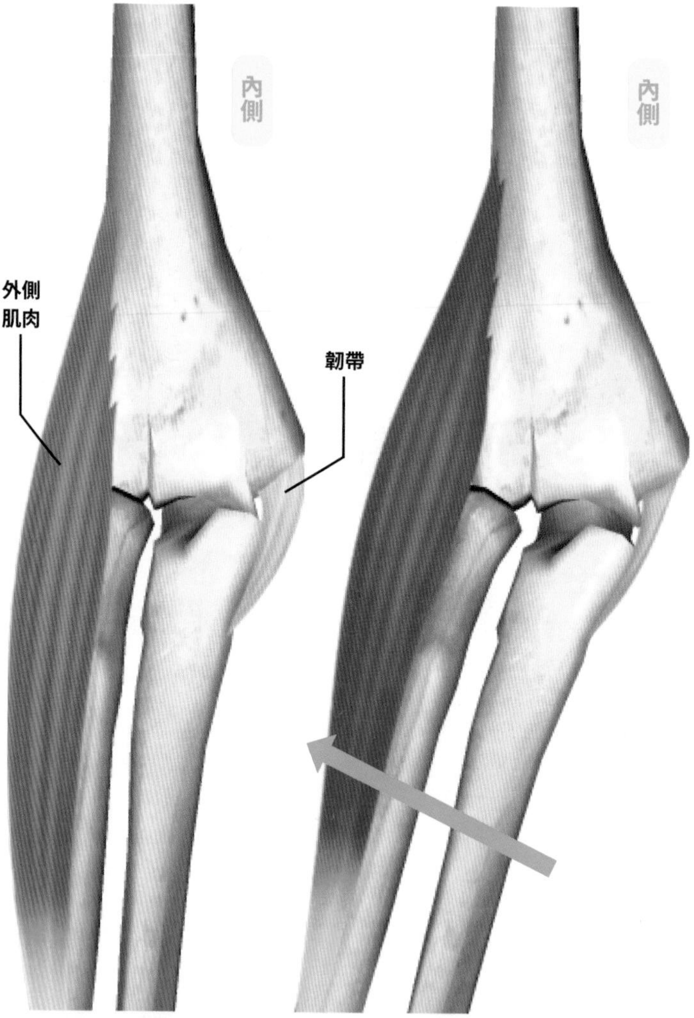


**Check Point**

**進行肩部自我照護時，首要任務是先恢復肘部的位置和周圍的肌力！**

## 2 肘部周圍的肌力

在投球時，肘部隨時承受向外拉扯的力量。為了抵抗這力量，肘部背側的肱三頭肌以及肘部內側的尺側屈腕肌和屈指淺肌的肌力，佔有重要的地位。

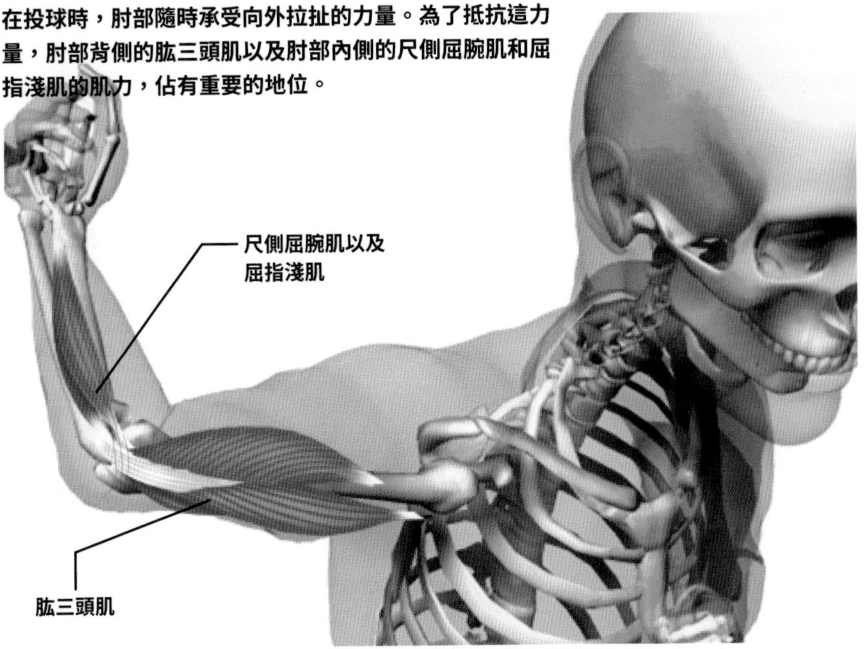


## 3 自我照護的流程

進行肘部自我照護時，在彎肘與伸直時會感到疼痛的階段（靜養期），應進行肘部伸展運動，逐漸消除疼痛。等來到彎肘與伸直不再感到疼痛的階段（恢復期），除了伸展運動外，還應加入肘部周圍的肌力訓練。當輕輕投球不再感到疼痛時，則可在矯正投球姿勢的同時，逐步回歸練習（康復期）。

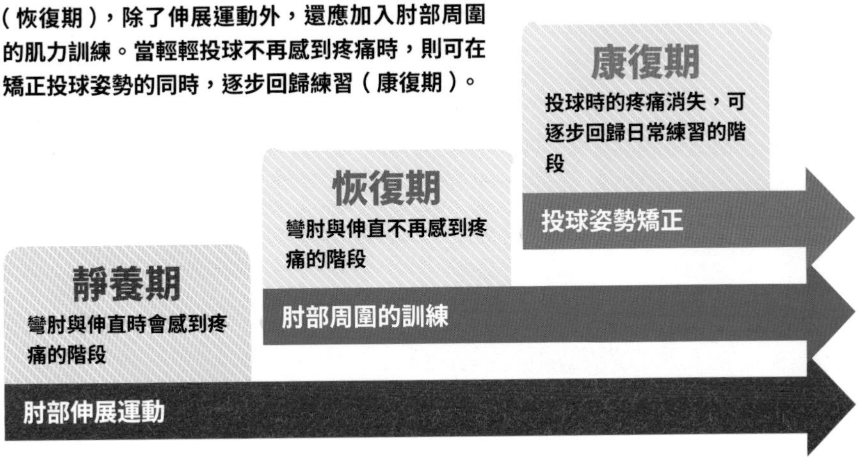

肘 9

# 做伸展運動前的「肘部」檢查！

**檢查這些地方！**

❶ 彎肘與打直
❷ 肘部的狀態（對稱）
❸ 前臂的內外旋轉

## 1 彎肘與打直

### ☑打直檢查

將兩隻手肘打直

正常
●手肘需能夠伸得筆直
●左右沒有差異

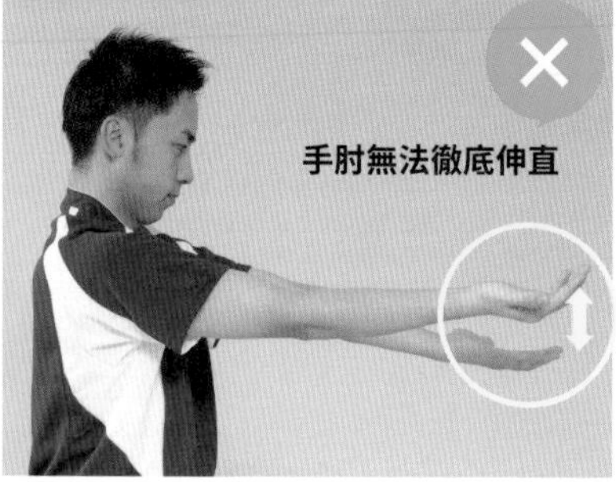
手肘無法徹底伸直

### ☑彎肘檢查

彎曲手肘以手指觸肩

正常
指尖
觸及肩膀

### ☑左右肘檢查

將肘部彎到極限後，手指插入手腕與肩膀之間，比較左右差異

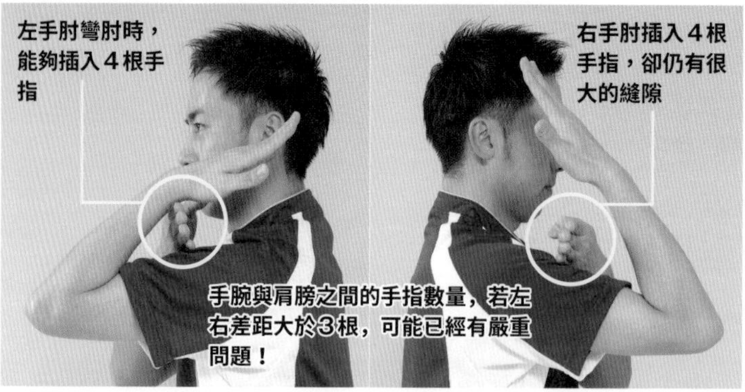
左手肘彎肘時，
能夠插入４根手
指
右手肘插入４根
手指，卻仍有很
大的縫隙
手腕與肩膀之間的手指數量，若左
右差距大於3根，可能已經有嚴重
問題！

**若肘部彎曲與伸展不良**

＞內側骨骼可能已經剝脫，或外側軟骨已經受損

## 2 肘部的狀態（對稱）

**肘部打直並手掌朝上，檢查兩側肘部的張開狀態**

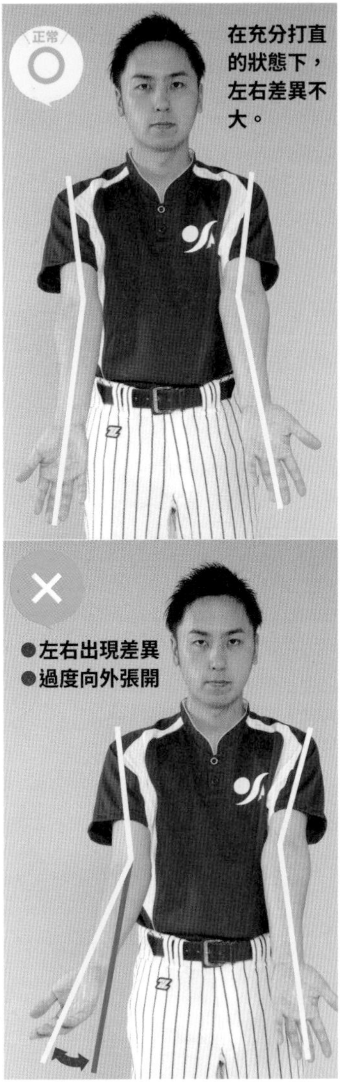


**肘部過度向外**
> 內側韌帶處於持續被拉伸的狀態

## 3 前臂的內外旋轉

**將肘部彎成 90 度角，輕握鉛筆或其他棒狀物，並且不動肘部，嘗試將掌心轉向上方，並檢查左右手棒狀物的傾斜角度。**

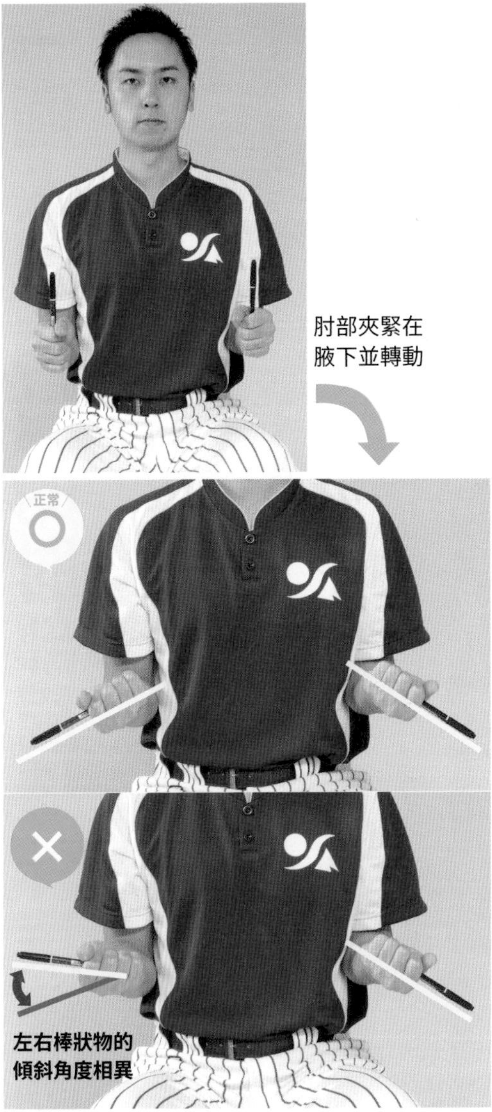


**內外旋轉的動作不良**
> 肘部內側肌肉僵硬，可能存在嚴重問題。

## 首先，改善肘部的屈伸和形狀

### 1 肘部外側肌肉按摩

所需時間 5分鐘

**當肘部外側的肌肉（肱橈肌）變得僵硬，並導致肘部外翻，會連帶使肘部的伸展度變差。通過壓迫僵硬的肌肉（肱二頭肌）同時將肘部打直，就能改善肘部的靈活度。**

抓住上臂大肌肉的外側，直到傳來微痠感覺。

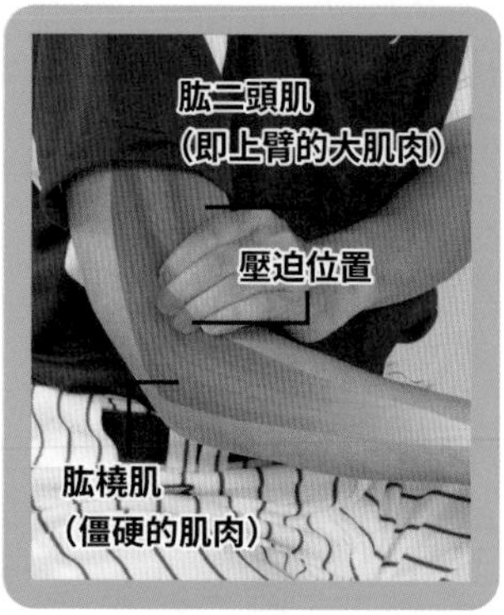


**Point**

**指腹需牢牢掐住肱二頭肌，以確保伸展時手指不會從該部位滑掉！**

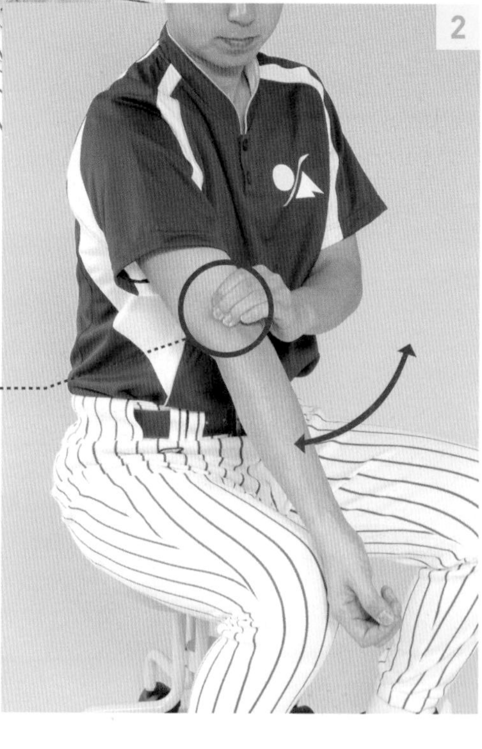


抓住上臂大肌肉不放，反覆彎曲和打直肘部。

## 2 前臂外側肌肉按摩

所需時間 5分鐘

**僵硬的肱橈肌，是從前臂外側延伸出去的。只要沿著這條路徑進行按摩，就能改善肘部的靈活度。**

**Point**

**對前臂外側的肌肉，以拇指扣住外緣並使勁按壓！**

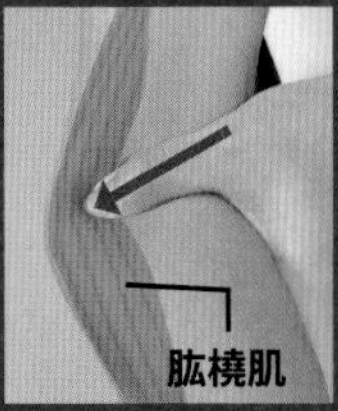


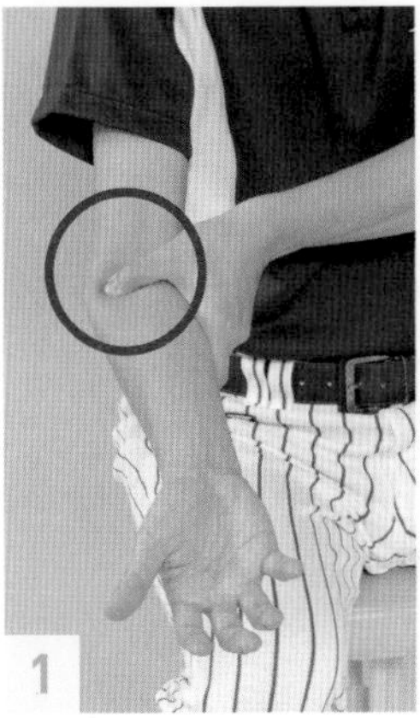


拇指按住前臂外側，直到傳來微痠的感覺。

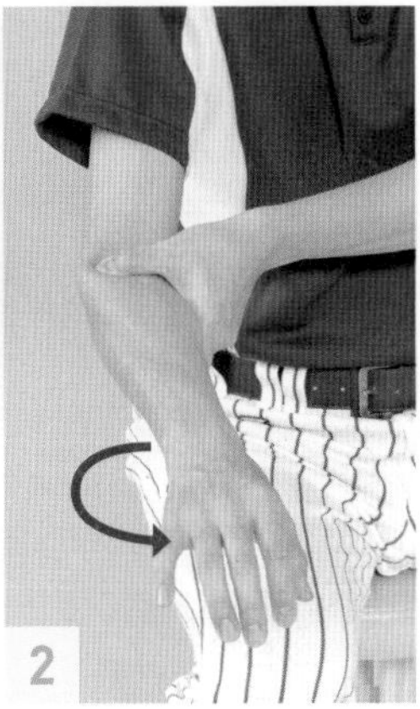


拇指持續按住不放，接著轉動手掌，時而將掌心朝上。

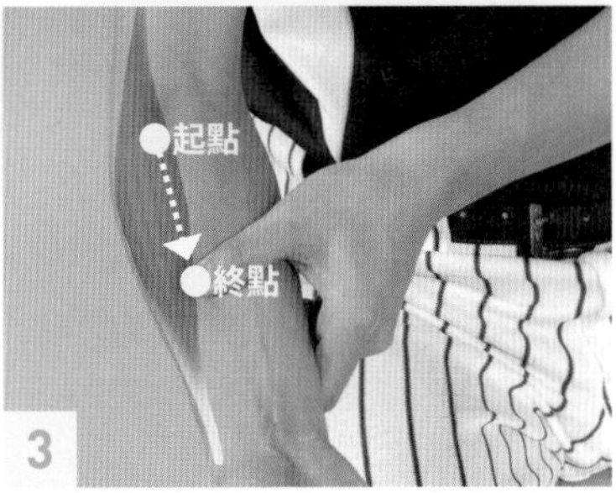


在同個位置重複做完 10 次後，改變按壓位置。

## 3 肘部後側肌肉按摩

所需時間 5分鐘

**肘部後側肌肉若僵硬，會導致肘部的伸展和前臂的旋轉角度變差。**

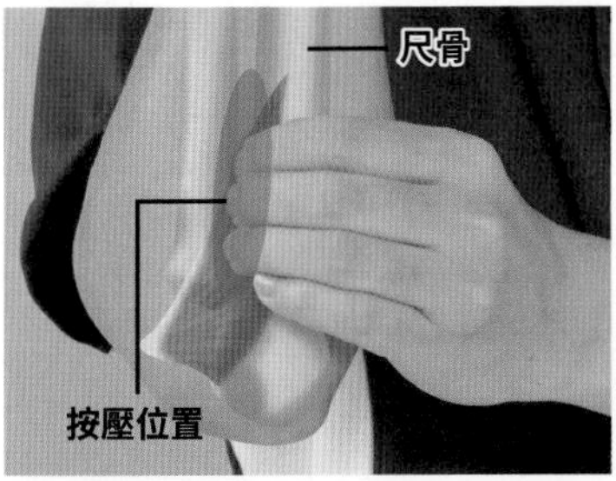


**Point**

**使手指就像勾住骨頭一樣使勁按壓！**

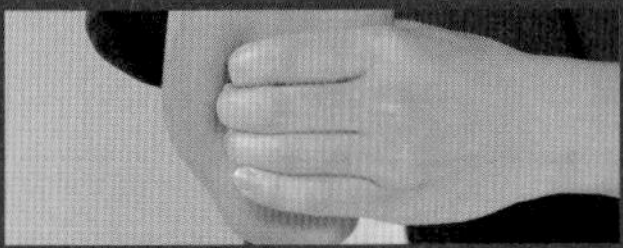

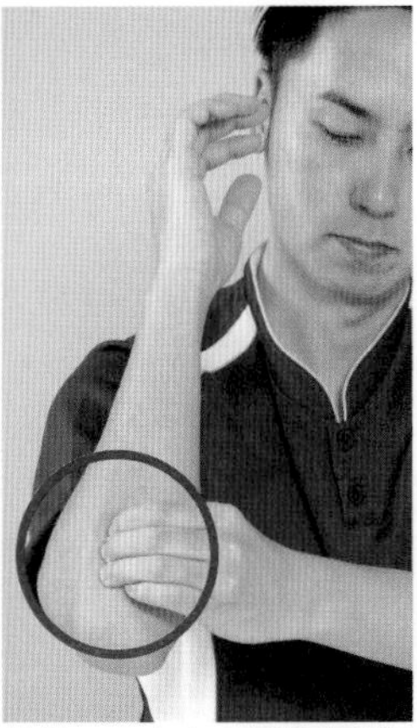

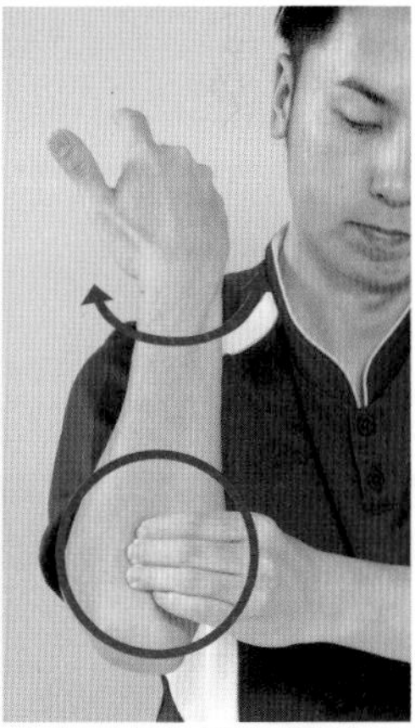

將掌心面向自己並彎曲肘部，壓住肘部後側的骨頭（尺骨）外緣直到傳來微痠感，同時轉動前臂。

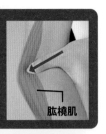

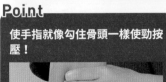

開始複檢！

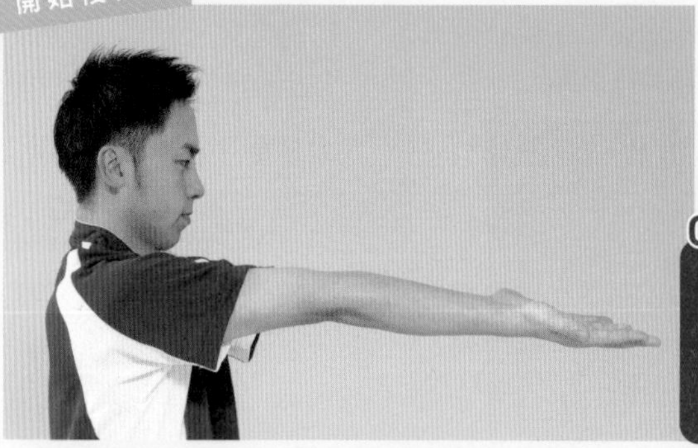

檢查
伸展度！

**Check Point**

○手臂是否能夠打直？
○手臂打直引發的疼痛是否已經舒緩？

## 要是手臂打直帶來的疼痛依然存在

### 前臂肌肉按摩

所需時間 5分鐘

**藉由按揉前臂肌肉，一併緩解內側的疼痛。**

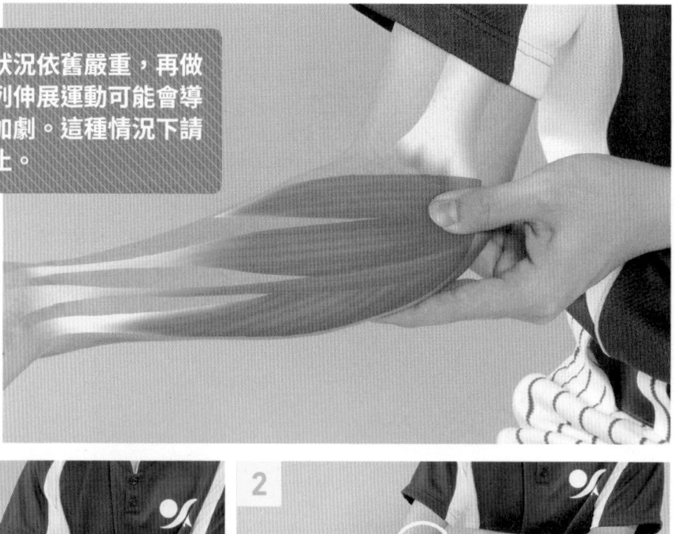

特別留意！

若發炎狀況依舊嚴重，再做這一系列伸展運動可能會導致疼痛加劇。這種情況下請立即停止。

1

手指按壓肘部內側突起骨頭的上方位置。

2

保持按壓狀態，肘部重複屈伸動作。

## 肘部伸展度改善後，進一步改善關節屈曲和外旋的按摩運動

### 1 肘外側骨骼的活動

所需時間 5分鐘

**當肘外側骨頭（橈骨）變得僵澀，肘部將無法完全彎曲。通過將橈骨下拉並同時彎曲肘部，就能夠改善肘部的靈活度。**

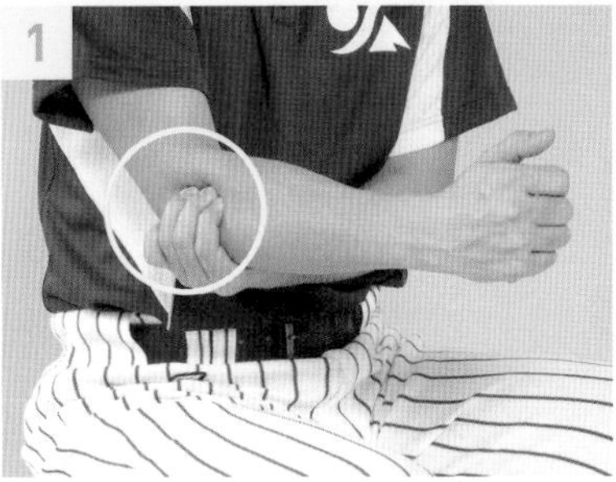

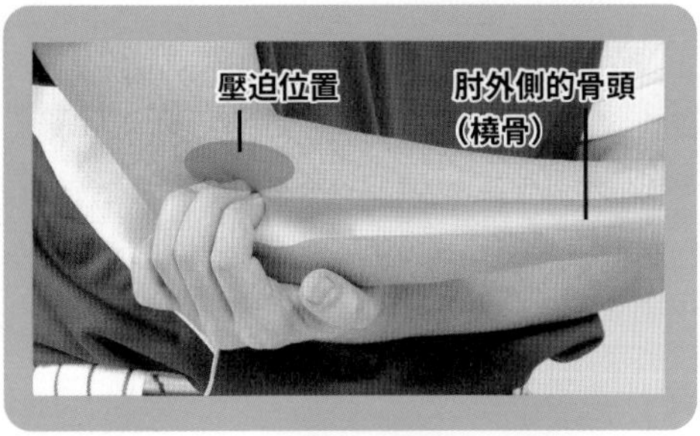


四根手指扣住肘外側骨頭的凸起部上方並往下拉。

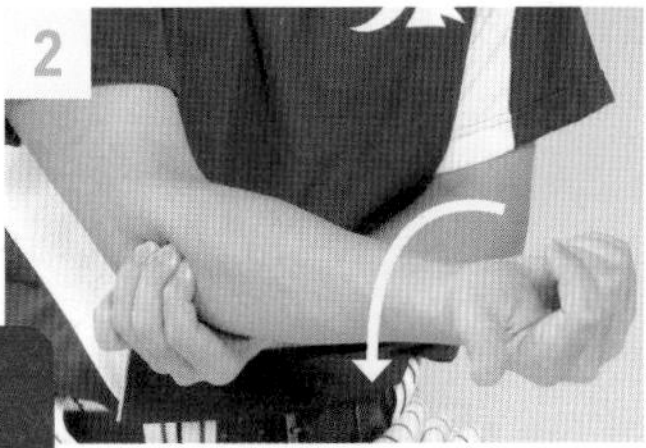

將前臂轉向外側。

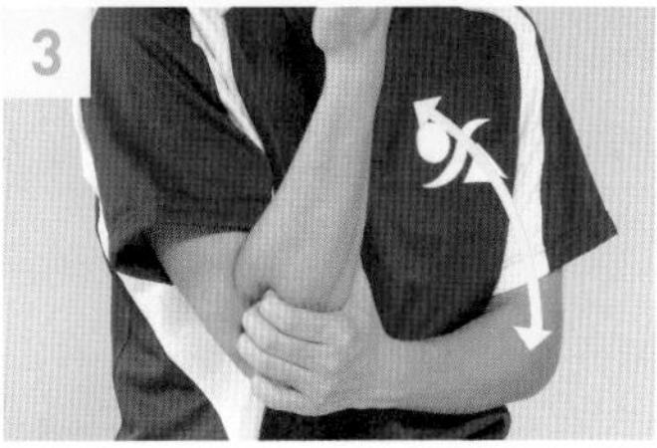

固定住手肘位置，重複抬放前臂以伸展肘部。

**Point**

**給予骨頭向下的壓迫！**

### 2 大魚際肌的伸展運動

所需時間 10秒鐘×10個循環

**大魚際肌緊繃會導致前臂的外旋動作不完全，連帶使揮棒擊球的動作跟著僵化，需勤於做伸展運動。**

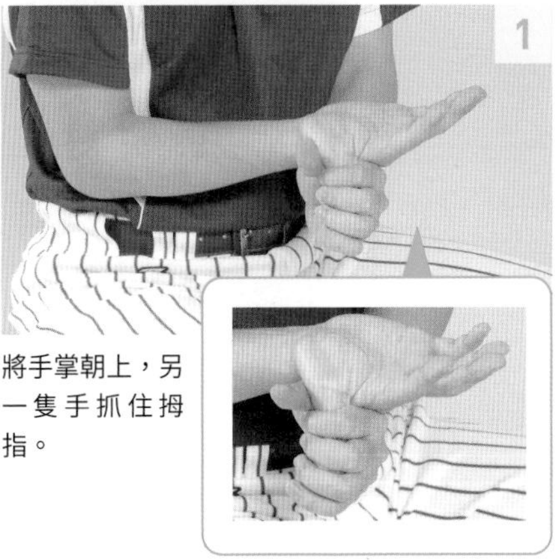

將手掌朝上，另一隻手抓住拇指。

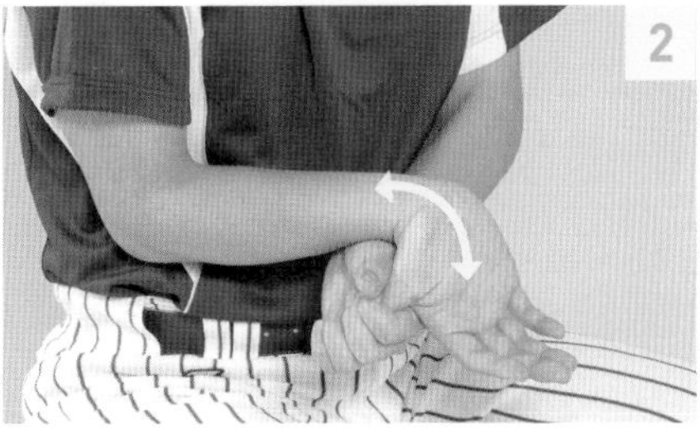

將被抓住的拇指往上拉，直到大魚際肌傳來被拉扯的感覺後，維持在該位置。

開始複檢！

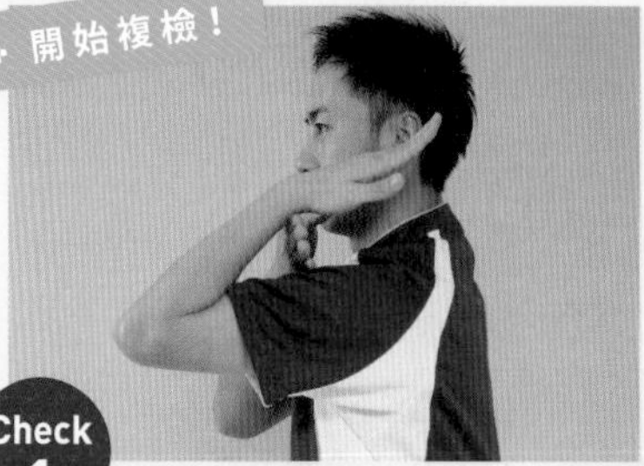

Check 2

外旋動作是否有所改善？

Check 1

- 將肘關節彎到不能再彎的程度後，能插進手腕與肩膀之間的手指數目，是否比自我照護執行前減少了？
- 手肘彎起時的疼痛是否有所舒緩？

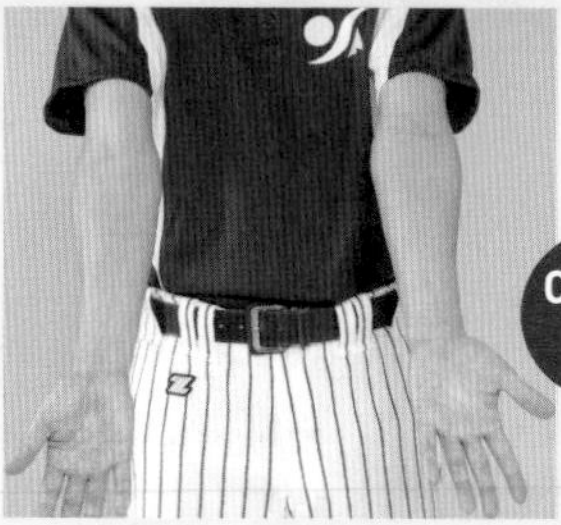

Check 3

左右肘狀態的落差是否有所改善？

## 要是依然感到外旋受限

### 1 旋前圓肌附著點按摩

所需時間 5分鐘

**讓該部位肌肉放鬆，即能有效改善前臂的外旋動作。**

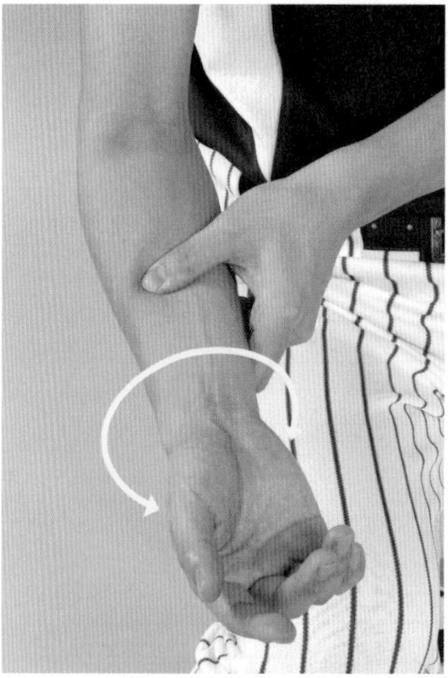

來回轉動前臂。

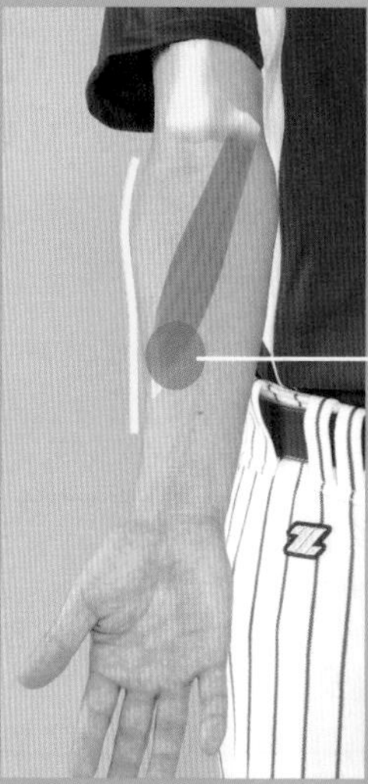

按壓的位置，在前臂外側肌肉從隆起轉為平坦的地方。

# 依然感到肘部彎曲幅度受限時 可做的後側型投手肘（牽引型）

## 2 肱三頭肌按摩

所需時間 慢慢做10秒鐘×10個循環

**上臂肌肉（肱三頭肌）一旦過度緊繃，可能導致肘部無法完全彎曲或肘部後側疼痛。透過伸展肱三頭肌，可以幫助肌肉放鬆，改善肘部的靈活度。**

將手肘高舉至頭部位置，但不要勉強彎曲手肘，而是保持放鬆狀態。

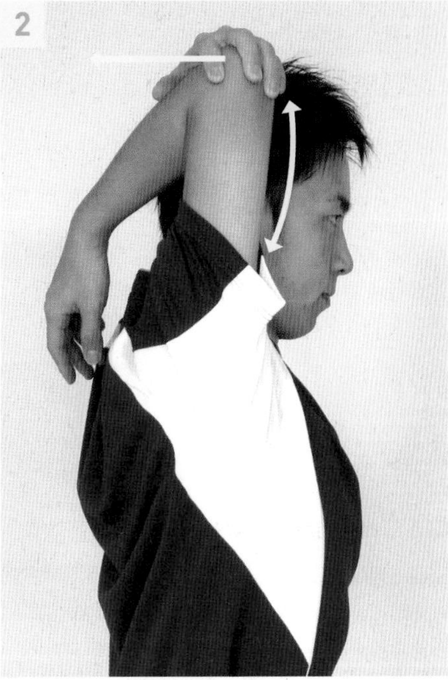


另一隻手抓住手肘並向後拉。若感覺到手腕後側有拉伸感，則保持這個姿勢。

**特別留意！**

**只要手肘保持放鬆，透過肩膀來進行拉伸，通常肘後側是不至於感到疼痛的。但要是發炎症狀明顯，有時也會感到疼痛加劇。這種情況請立刻停下動作。**

## 若肘部伸展有所改善，接下來開始肌力訓練！

### 1 握力肌肉（屈指淺肌）訓練法

**藉由強化肘內側的握力肌肉，就能降低肘內側韌帶和骨骼受損的風險。**

次數
10次 × 3個循環（握球維持5秒鐘）

準備物品
海綿或是橡膠球

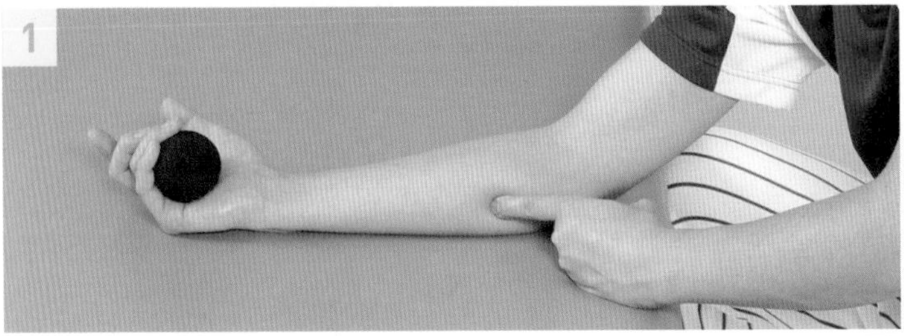

1 坐在椅子上，手臂放上自己的大腿或桌面，
海綿或橡膠球放上掌心。

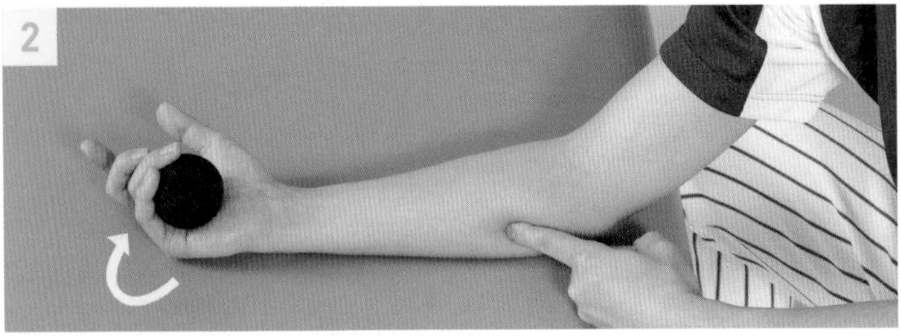

2 無名指和小指施力，
但食指和中指盡量放鬆。

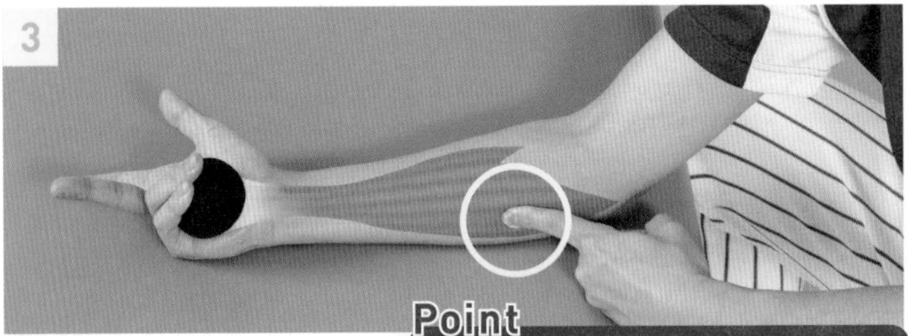

3 以無名指和小指壓扁海綿
或橡膠球。

**Point**

- 壓扁海綿或橡膠球時，
手指不可豎起！
- 以騰出的另一隻手觸摸肘部內側，
檢查施力是否確實！

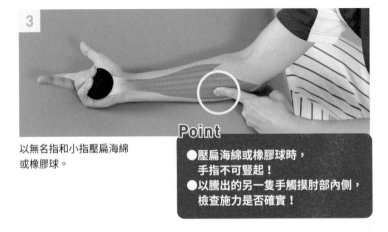

## 2 抬舉手腕的肌肉（尺側屈腕肌）訓練法

**只要強化位於肘部內側，控制手腕的肌肉，就能降低肘內側韌帶和骨骼受損的風險。**

次數
10 次 × 3 個循環

準備物品
啞鈴（3～10 公斤）

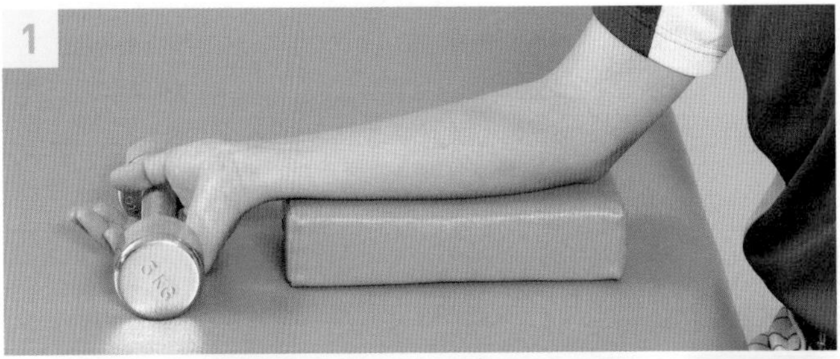


坐在椅子上，手臂放上自己的大腿或桌面，手腕以上放鬆並輕輕托著啞鈴。

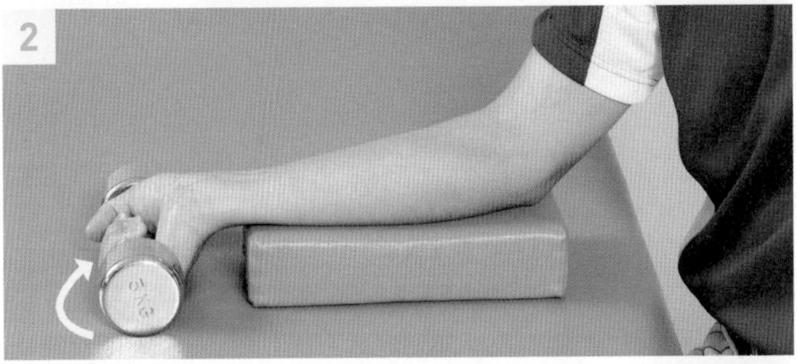


將啞鈴握住。握的時候無名指和小指需特別使勁。

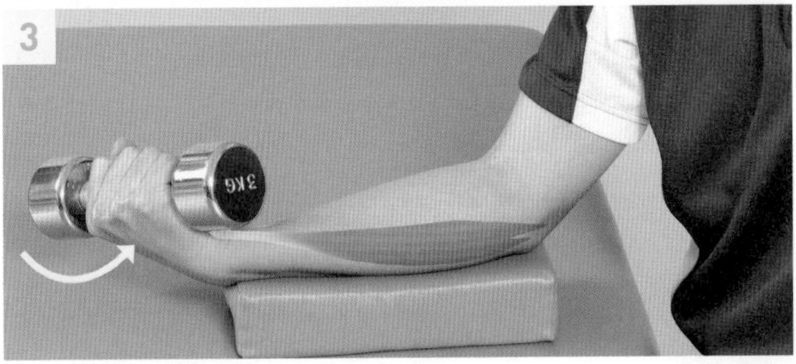


抬起手腕，舉起啞鈴。

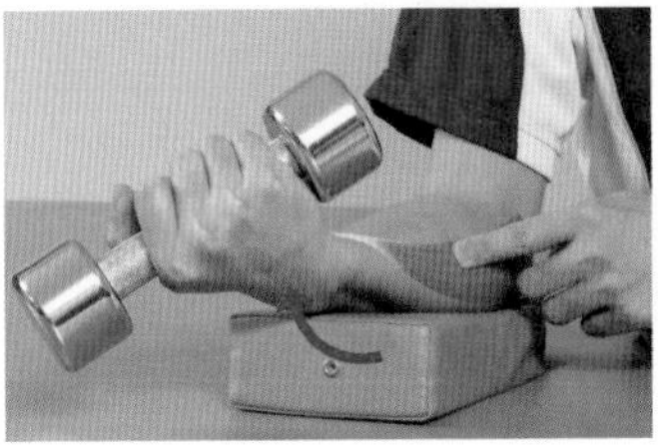

將小指側抬高並舉起啞鈴。另一隻手觸摸肘內側，檢查施力是否確實。

**Point**

- **要是能維持姿勢輕鬆做完 10 次，再以 1 公斤為單位逐步增加重量**
- **壘間傳球以 5 公斤為目標，全力投球則以 8 公斤以上為目標**

## 3 肘後側肌肉（肱三頭肌）訓練法

**藉由強化肘部後側肌肉，就能像內側肌肉一樣，有效降低肘部受傷的風險。**

次數
10 次 × 3 個循環

準備物品
啞鈴（1～8 公斤）

1

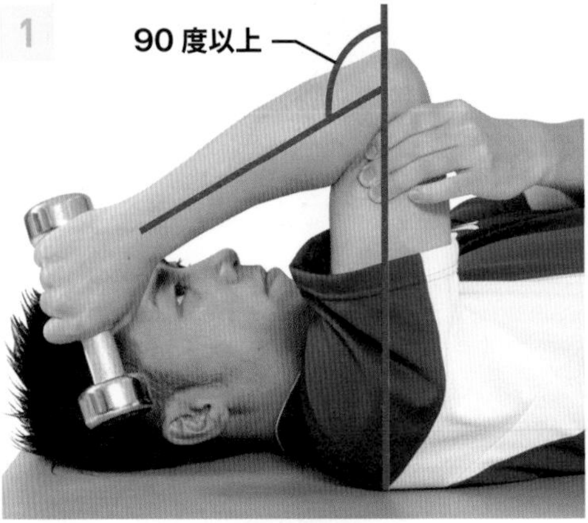


呈仰臥狀態拿起啞鈴，肘部彎起並使角度超過 90 度。

2

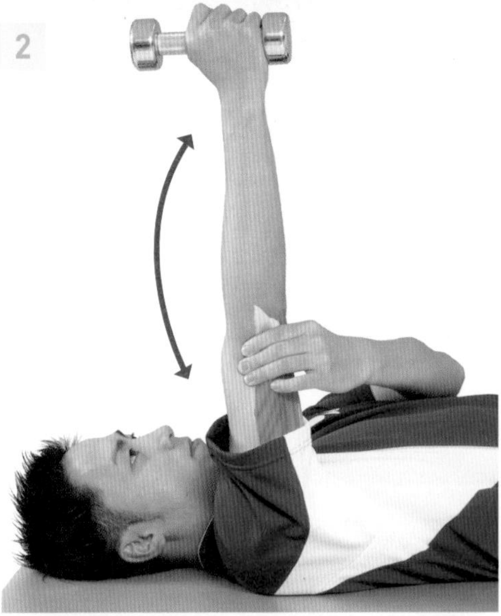

將肘部打直，從小指側舉起啞鈴。另一隻手扶著上臂，確認後側肌肉是否有確實施力。

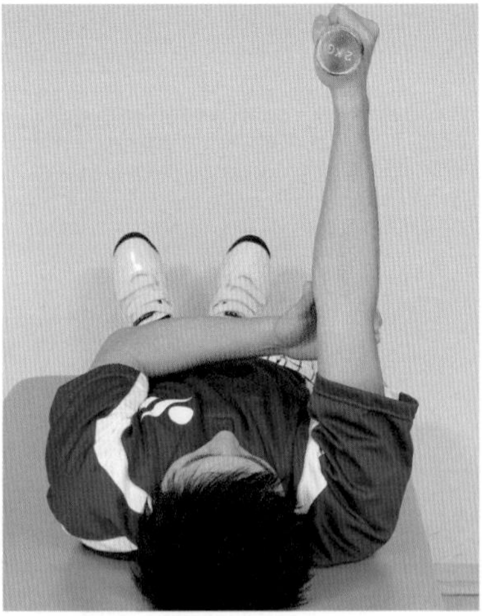

**Point**

**要是能維持姿勢輕鬆做完 10 次，再以 1 公斤為單位逐步增加重量。
壘間傳球以 3 公斤為目標，全力投球則以 5 公斤以上為目標。**

**特別留意！**

**要是有剝脫性骨軟骨炎，請勿進行此訓練！**

## 為何患有剝脫性骨軟骨炎禁止進行肱三頭肌訓練

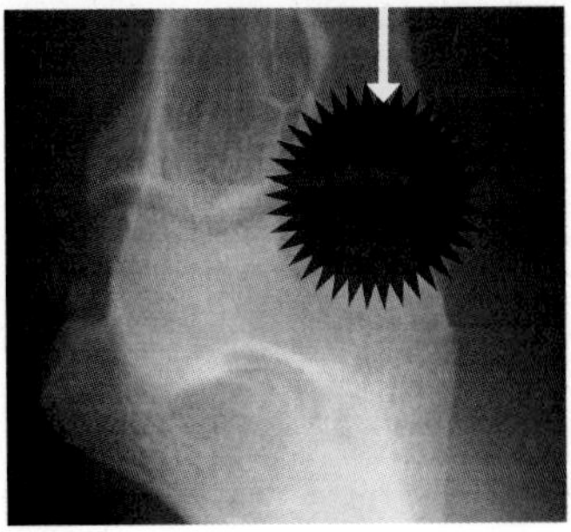

**剝脫性骨軟骨炎是由於肘部外側承受壓迫，導致外側軟骨受損。而右頁的訓練方法，啞鈴的重量會施加於肘部軟骨，這有可能引發疼痛感。**

詳情請見第 54~55 頁

### 患有剝脫性骨軟骨炎情況下的肱三頭肌訓練法

次數
10次 × 3個循環

準備物品
啞鈴（1～8公斤）

1

趴下呈俯臥姿勢，手肘以下部分懸垂於床或台邊，手持啞鈴。

2

挺胸並盡量將肩胛骨往脊椎收緊，同時提起肘部。

3

將肘部打直以提起啞鈴，力量集中在肘後側。

上方視角

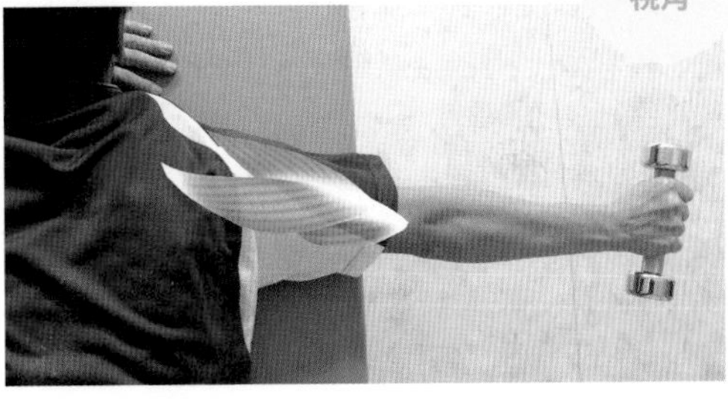

**特別留意！** 務必留意訓練途中是否感到疼痛！

# 確認有無疼痛症狀，階段性重返日常練習

## 開始投球

即使肘部伸展運動做足，轉動手肘以及輕度投球不再感到疼痛，也不意味著可以立即參與所有練習。要學會安全地投球，就得先逐步建立正確的投球姿勢。最初投球時，可以不必選擇兩人投接訓練，而是嘗試不需要控球的「對牆投球」。首先想像牆上有一個大靶子，並嘗試朝那一帶投球，距離從十公尺開始，以六成的力度投球，等確認投球過程沒有疼痛，再逐步延長距離至十五公尺。每日的球數控制在三十球以內，直到投球姿勢穩定下來，再將想像的靶子縮小。

## 進行壘間的投接訓練

等投球姿勢和控球穩定後，開始進行投接訓練。首先，投球時留意姿勢，以六至七成的力度從十公尺開始投球，等確認沒有疼痛，再將力度逐漸增加至約八成，並將傳球距離改為十五公尺，之後再延伸至壘間距離。

每日的球數起初保持在三十球，等確認投完球沒有疼痛，就能增加至大約五十球。當能夠以八成的力度在壘間投擲五十球，且投球過程以及結束後都不感到疼痛，就能開始依各守備位置進行專項訓練。

## 依守備位置進行訓練

對於內野手和外野手，應該在投接訓練過程裡夾雜擊出的飛球，測驗其是否在移動防守的過程裡也能維持正確投球姿勢。若是訓練外野手，一開始應將投球距離限制在外野之內，暫時避免本壘長傳。投球數方面，從壘間投接訓練的五十球開始計算，若訓練過程沒有疼痛，則可以增加至約八十球。小於壘間的短距離投球不須計入球數。接下來，開始擊出內野到內外野之間的飛球，若接球投球過程沒有疼痛，則開始嘗試遠距離投球。由於遠距離投球對肘部的負擔較大，起初應控制在十五球以內，根據投球後的疼痛情況，逐步增加到三十球↓五十球。要是遠投一切正常，就能夠正式回歸，參加從外野投球回本壘的長傳訓練。

投手方面，一開始應讓捕手立於平

## 階段性回歸計劃

鞏固
投球姿勢
與控球！

### 對牆投球

- 目的　建立正確投球姿勢
- 距離　10～15 公尺
- 球數　30 球

以八成力度
投 50 個
壘間傳球
而沒有疼痛！

### 投接訓練

- 目的
  使身體能夠承受投球負荷
- 距離　壘間
- 球數　50 球

若全部達成，
就能
正式回歸！

### 各位置練習

- 目的
  移動時也能維持正確投球姿勢
- 內野手
  內野飛球→遠距離投球
- 外野手
  內外野間飛球→遠距離投球→長傳本壘
- 投手
  站立投球→遠距離投球、反覆練投
- 捕手
  阻止盜壘的練習

各位置的投球姿勢矯正法 ＞ 第 202~211 頁

坦場地，兩人一起練習投接，並檢查疼痛和控球狀況。接著，讓捕手蹲下，投手站上投手丘進行投球。球數一開始設定為三十球，如果沒有疼痛且能夠穩定投球，則逐步增加到五十球→八十球。只有在能夠穩定投出有力的直球後，才開始嘗試變化球。捕手方面，在這階段不宜練習刺殺盜壘。首先應注意安全，一邊留意疼痛問題，將投球數從三十球開始逐步增加到五十球。練習時最重要的是維持正確姿勢，即使在匆忙投球時，也要將姿勢維持住。

### 投球後的照護

在投球結束後，一定要檢查肘部屈伸時是否有疼痛。如果出現疼痛，可能是因為投球數過多或是投球姿勢仍有問題。此時應重新進行肘部伸展和矯正投球姿勢，直到屈伸時不再有疼痛，再開始投球。而即使沒有疼痛症狀，投球結束後還是應該做肘部伸展運動。

# 投球過程對肩膀造成的負擔是變動的

## 投球過程的四個階段

投球過程可分為「**跨步期**」、「**揮臂期**」、「**加速期**」及「**完成動作期**」。

跨步期指的是從球離開手套到腳落地的階段，揮臂期則是接下來挺起胸膛，手臂完全拉向後方的階段。加速期是指胸膛挺起的瞬間，到手臂旋向前方並投出球的階段，而球一旦釋放，到手臂完全揮出的階段，則稱為完成動作期。

## 承受壓力的場面與強度

肩部匯聚了各種肌肉與韌帶等組織，肩負著許許多多的任務。投球時肩部所承受的壓力相當複雜，且根據投球階段，壓力施加的位置也有所不同。

### 場面 3　肩部後側組織

**棘下肌**

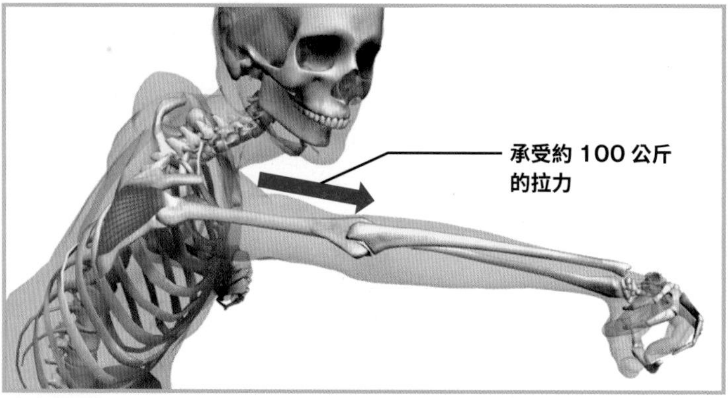


手臂受到約 100 公斤的力量向前拉扯，對肩部後側的組織造成負擔。

**加速期**
從胸部挺起到將球釋放

**完成動作期**
從球釋放到手臂完全揮出

在揮臂期，手臂被帶到後方（**水平外展**）和向後旋轉（**外旋**）的力量會施加上來。這些力量會使肩部前側的組織，如肱二頭肌肌腱承受負荷。

在加速期，手臂會急劇旋向前方（內旋）。這一動作的速度據說可達每秒六千至八千度，若以時鐘來比喻，也就是指針在一秒內轉了二十圈的速度。以如此快的速度轉動肩部，會對肩部的各部組織施以扭力性質的負荷。

在完成動作期，手臂會承受強大的拉力（約一百公斤）。這股力量主要施加於肩部後側的棘下肌等組織。

因此如上所述，投球時要是姿勢異常或過度投球，都會進一步增加受傷的風險。

### 場面 1 肩前側組織

**肱二頭肌長頭肌腱**
**關節唇**
**肩胛下肌**

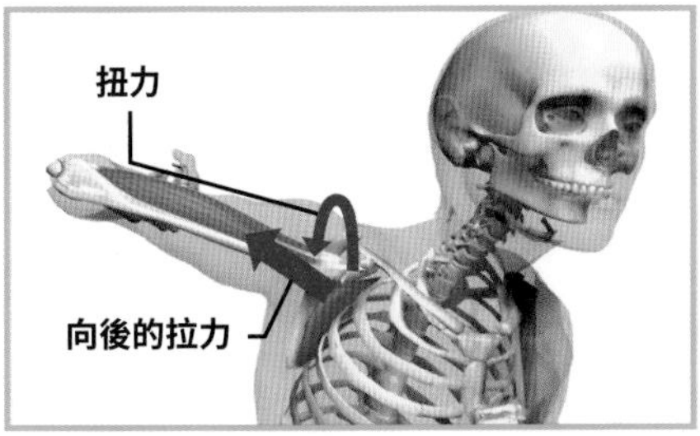


由於外旋力和水平外展力的作用，肩部前側的組織承受負擔。

### 場面 2 承受扭力的組織

**肱二頭肌長頭肌腱**
**關節唇**
**肩袖肌群（棘上肌、棘下肌、小圓肌、肩胛下肌）**

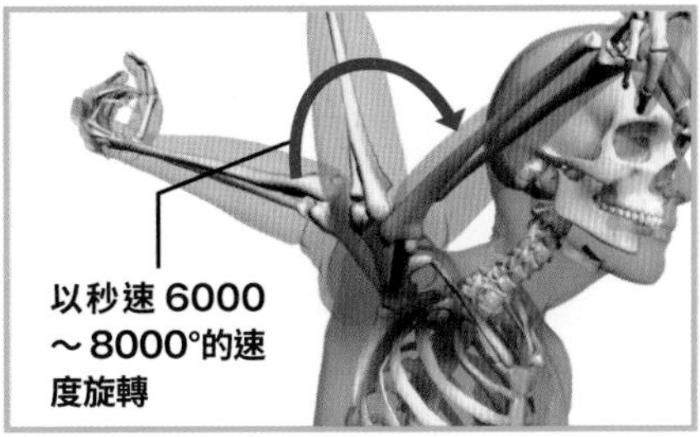


由於手臂每秒以指針轉動 20 圈的速度旋轉，導致肩部各組織承受扭力。

**跨步期**
從球離開手套到腳落地

**揮臂期**
從腳落地到胸部挺起，手臂後拉至底

# 肩部自我檢查！

這是當肩部感到疼痛時的自我檢查表。請依疼痛的部位和症狀進行自我診斷。

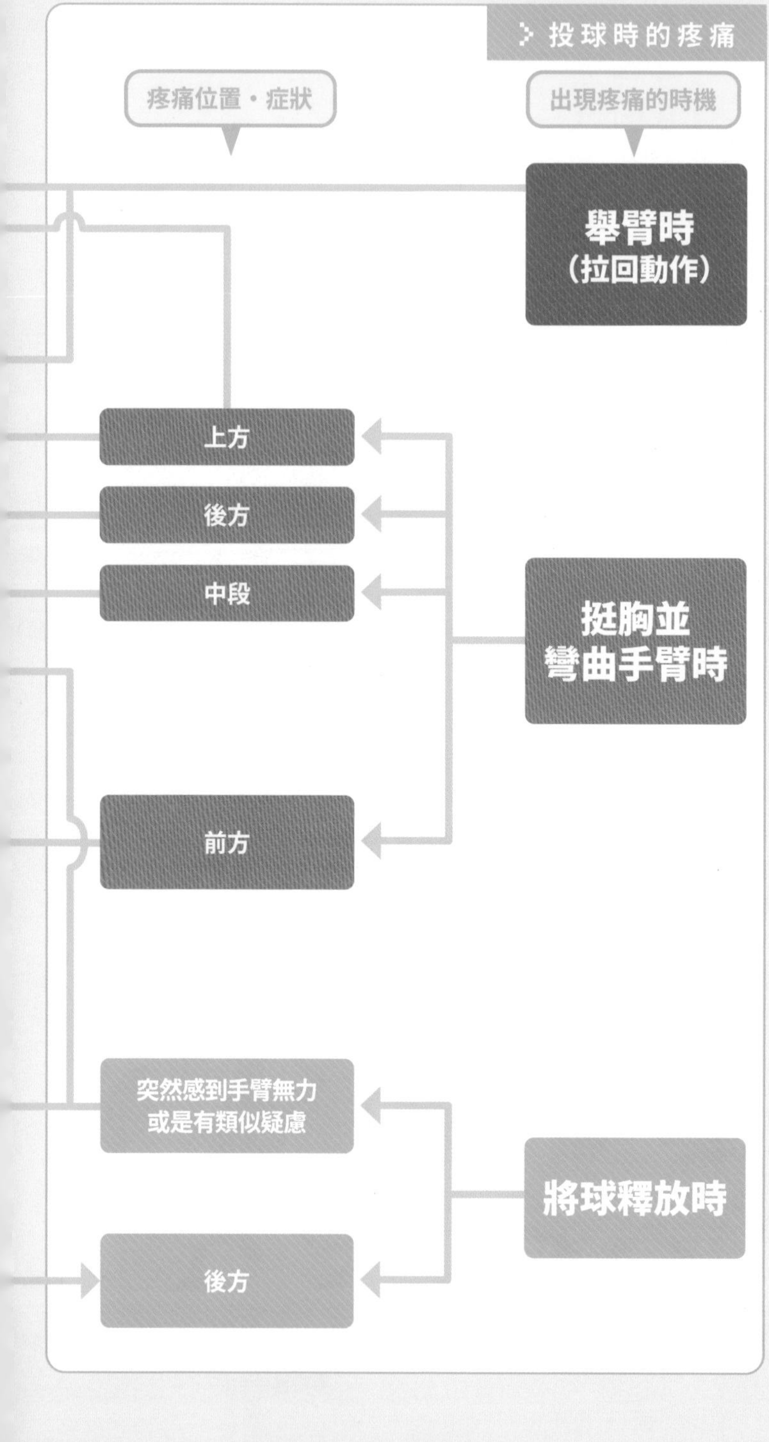

## 可能的疾患

## 高舉雙臂時的症狀

將手臂完全高舉時感到卡卡的，或是有疼痛感

**肩夾擠症候群**
➡P.84～P.85

舉臂途中傳來疼痛（約 60°～ 120°之間的角度）

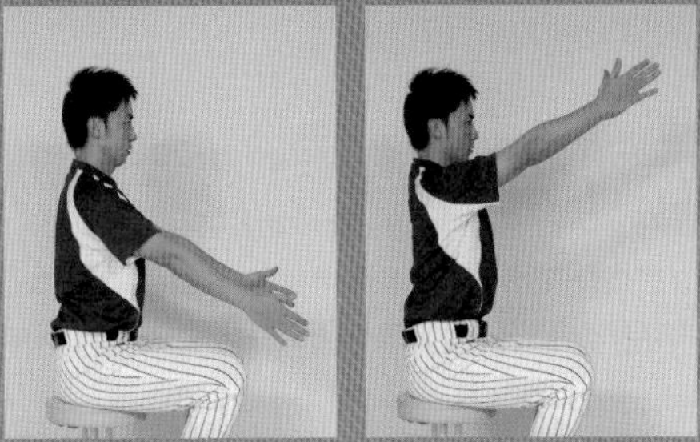

**肩袖損傷**
➡P.86～P.87

**肩夾擠症候群（重症）**
➡P.84～P.85

掌心向上舉起物品時感到疼痛

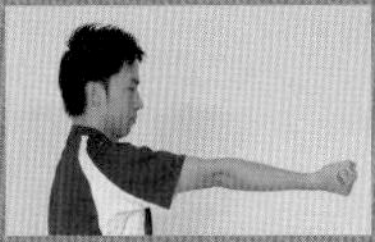

**肱二頭肌長頭肌腱炎**
➡P.88～P.89

比起掌心向上時，掌心向下舉物時更感到疼痛

**肩盂唇損傷**
➡P.90～P.91

**棘下肌腱炎**
➡P.82～P.83

肩 3

# 棘下肌腱炎

**在釋放球時，由於對手臂施加制動，導致對肩後側的棘下肌造成負擔。這樣的狀況一旦持續，有可能連帶引發其他慢性運動傷害。**

## 症狀為何？

一開始多是在練習後感到肩後方緊繃，而一旦情況惡化，在投球的釋放到完成動作期間，會感到**肩部後方傳來痠痛感**。

不過在日常生活裡，通常不會有太多疼痛感。

## 發生了什麼問題？

在投球時，球一旦從手中釋放，就需要對使勁揮動的手臂施加制動。這時，位於肩後方的**棘下肌**（一種位於肩胛骨和上臂骨之間的深層肌肉）將會承受巨大的負荷。

這樣的動作一旦重複，棘下肌會逐漸疲勞，導致肩後方僵化，並產生疼痛感。

## 發生機制

**在完成動作期，由於需要對使勁揮動的手臂施加制動，棘下肌因此使力。若過度投球或投球姿勢不良，棘下肌會逐漸疲勞，最終導致疼痛感。**

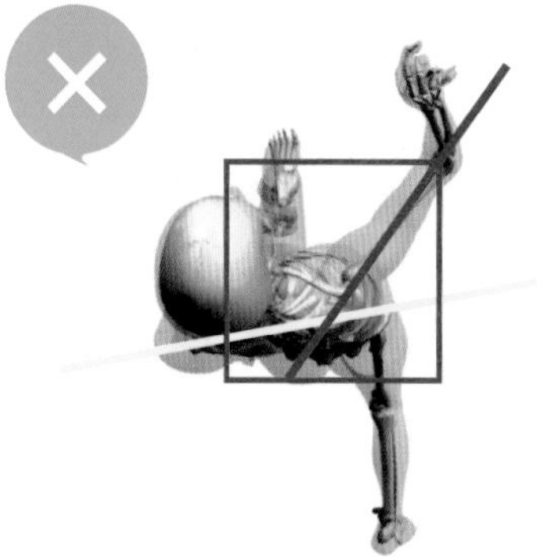


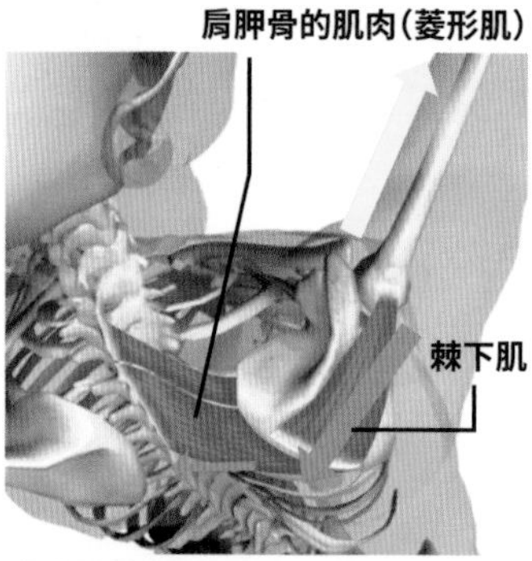


**當手肘超出肩線前方，棘下肌承受較大負荷。**

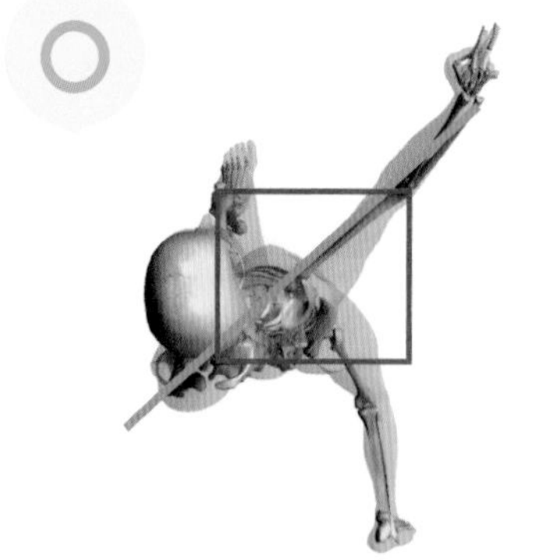


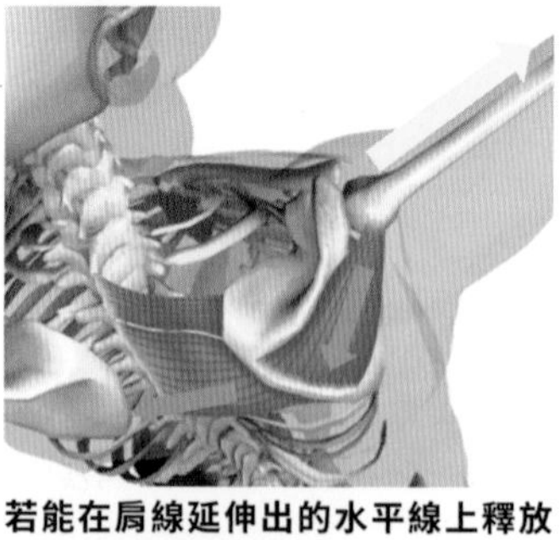

**若能在肩線延伸出的水平線上釋放球，則能將手臂承受的拉力部分轉嫁給肩胛骨的肌肉。**

　定期進行肩後方的伸展運動可以相對快速恢復，但若不同時**矯正對肩後方造成負擔的投球姿勢**，很可能會再三復發。

　如果疼痛持續，**棘下肌的肌力會下降，形成惡性循環：因疼痛而肌力下降↓因肌力弱而更容易疲勞，導致疼痛**。

　此外，如果肩後方的緊繃感持續存在，後續也可能引發接下來介紹的各種肩部損傷，因此需要特別當心。雖然平時沒必要急於就醫，但若症狀持續超過一個月以上，則建議就醫接受檢查。

◉肩部伸展法
⇒ 第94~109頁
◉手臂投法的矯正法
⇒ 第196~201頁

## 手臂投法的姿勢

從挺胸到球出手過程中，手肘率先伸向前方，以類似推球的方式進行投擲。因肩胛骨未能有效地充當手臂的煞車，導致棘下肌過度收縮。

由於身體的迴旋過早結束，導致變成以手臂投球。一旦手臂過度承受向前拉扯的力道，對棘下肌會造成更大的負擔。

## 從疼痛消失（≒可開始投球）到完全康復的參考時間

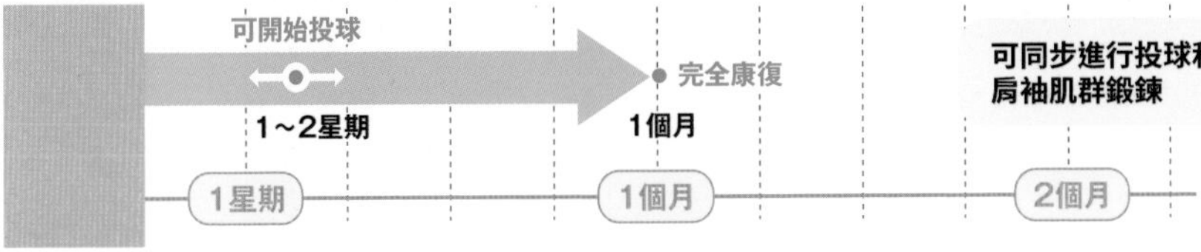

肩 4

# 肩夾擠症候群

「Impingement」為夾擠、撞擊之意。當肩峰下滑囊或肩袖肌群被手臂骨和肩胛骨給夾住，將會引發疼痛。

## 症狀為何？

初期症狀為投球時手臂揮向前的過程裡，會傳來卡卡的感覺，或肩膀上部傳來疼痛。若繼續勉強投球，就連在慢慢拉回動作抬起手臂時，也會出現疼痛症狀。

**症狀特徵為將雙臂高舉時，肩膀上部會傳來卡卡或疼痛感。**若症狀進一步惡化，將導致肩部腫脹，就連休息靜養時也會感到疼痛。

## 發生了什麼問題？

在投球時，當手肘達到頂點位置，手臂的骨頭（**上臂骨**）和肩胛的骨頭（**肩峰**）會相互碰撞，並且對位在其中間

## 發生機制

**從挺胸到球出手時的肩膀轉動，夾住了位於上臂骨和肩胛骨之間的棘上肌或滑囊。**

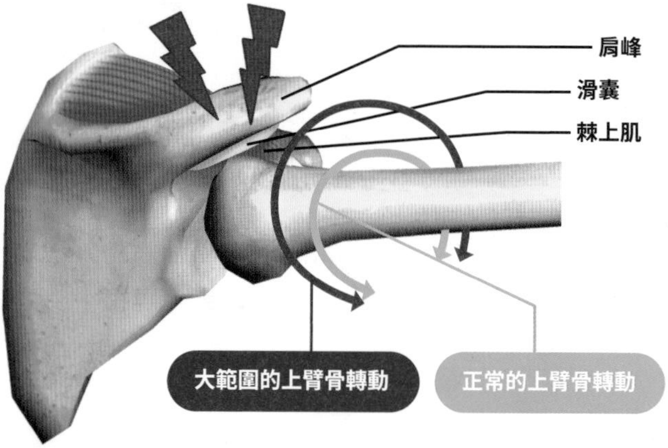


**肩後方（棘下肌）一旦僵硬，會導致臂骨的轉動範圍加大（紅色箭頭所示）。這會使得棘上肌或滑囊承受摩擦，進而造成受損。**

肩部 MRI

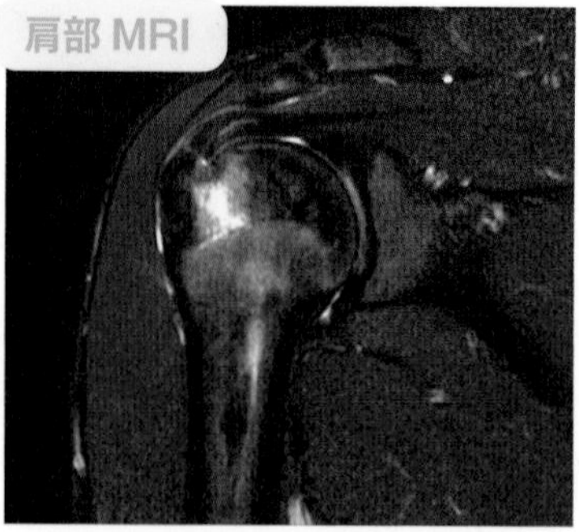

症狀一旦惡化……

**若肩袖持續承受磨耗，就可能導致肩袖損傷。一旦這種情況造成，將無法舉起手臂，需要花更多時間復原。**

的肩峰下滑囊或肩袖肌群造成**夾擠**，因而引發疼痛。

而滑囊或肩袖肌群受擠壓的狀態下要是反覆轉動肩膀，將導致疼痛逐漸加劇。本症狀在輕微時，復原速度相對較快（二至三週），但如果繼續投球，就可能傷及肩袖。

一旦**肩袖損傷**造成，就可能需要三個月到半年才能康復，甚至要是症狀進一步惡化，有可能再也無法繼續從事棒球運動。

夾擠之所以會造成，原因和肩後側僵硬有關，而第83頁提到的手臂投法，即是問題之所在。肩胛骨周邊一旦僵化，使得投球時不能夠挺胸，也可能會引起夾擠，因此平時的伸展運動務必確實做到。要是在休息時也感到疼痛、手臂無法舉起，就應該立刻就醫。

◉肩部伸展法
⇒ 第94~109頁
◉手臂投法的矯正法
⇒ 第196~201頁
◉挺胸動作不確實的投球姿勢矯正法
⇒ 第100~101、第104~105頁

## 投球姿勢的特徵

### 挺胸動作不確實的投球姿勢

**由於駝背或肩胛骨僵化而沒有做到挺胸，僅以肩膀牽動手臂，使得身體開始迴旋的瞬間，手臂滯留於身後，導致肩胛骨和上臂骨之間的棘上肌承受夾擠。**

**※為確保投球時確實做到挺胸，肩胛骨周邊的伸展運動非常重要。**

**※就跟棘下肌腱炎一樣，手臂投法的姿勢也可能導致這種情況。**

## 從疼痛消失（≒可開始投球）到完全康復的參考時間

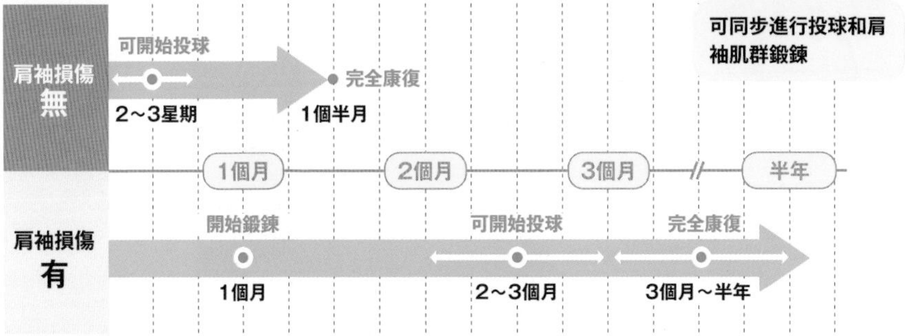


**若症狀惡化為肩袖損傷，得先花1個月改善疼痛，之後還得進行1至2個月的肩袖肌群鍛鍊復健，整體得花較長的時間復原。**

肩 5

# 肩袖損傷（內夾擠）

投球時由於手臂過度滯留於身體後方，使得肩後方的肩袖受損並引發疼痛。在這種情況下，往往需要較長的時間改善。

## 症狀為何？

症狀有可能逐漸浮現，也可能突然感到劇痛。

最常見的症狀是在投球時，特別是在**挺胸且肩部後拉的時候，肩膀內部或後方傳來痛感**。

若症狀持續惡化，甚至連在日常生活裡也無法舉起手臂，即使靜養時也會隱隱作痛。

## 發生了什麼問題？

在投球時挺胸並彎起手臂的時候，若手臂被過度後拉，會導致肩部後方的**肩袖肌群（由棘上肌、棘下肌、肩胛下肌、小圓肌組成）**被夾在關節之間導致

## 發生機制

**手臂彎曲時，擠壓位在上臂骨和肩胛骨之間的肩袖。**

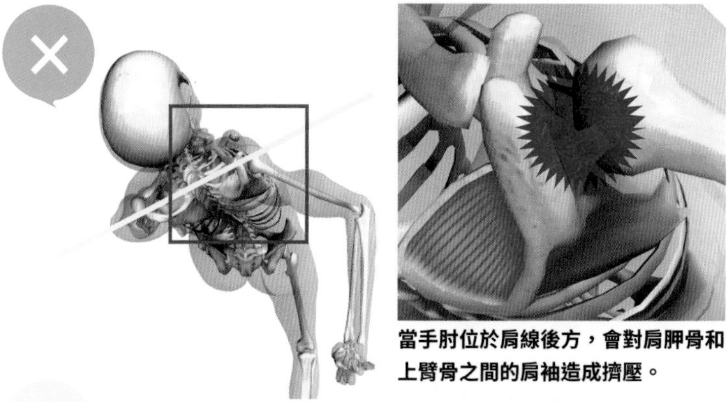


**當手肘位於肩線後方，會對肩胛骨和上臂骨之間的肩袖造成擠壓。**

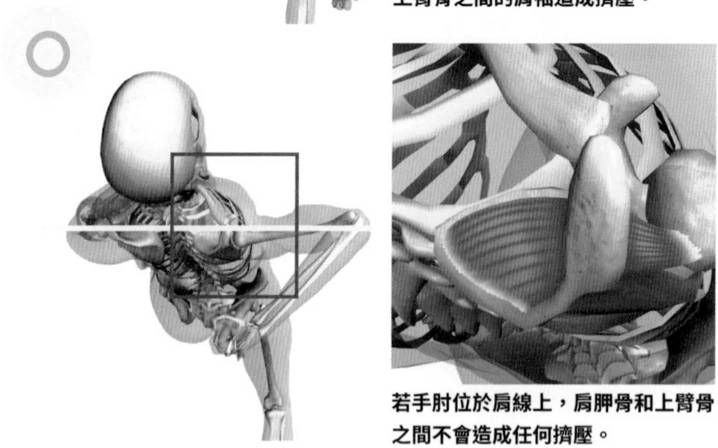


**若手肘位於肩線上，肩胛骨和上臂骨之間不會造成任何擠壓。**

受損，也就是所謂的「**內夾擠**」(Internal Impingement)。

這跟前述的肩夾擠症候群惡化時的症狀類似，但損傷的形成機制並不相同。

症狀的改善通常需要較長時間，疼痛的緩解需一到二個月，肩袖的肌力恢復也需一到二個月，加上還得進行投球姿勢矯正等，因此康復最快也需要三個月的時間，一般情況下約需半年，部分人甚至可能無法再從事棒球運動。

症狀的成因除了來自肩後側僵化，特別是肩膀本來就柔軟，過度投球導致肩部前側鬆弛的人，更容易碰上這種問題。

若靜養時也感到疼痛，或是手臂無法舉起，就應該盡快就醫。

◉**肩部伸展法**
⇒ 第94~109頁
◉**手臂滯留於身後的投球姿勢矯正法**
⇒ 第180~181頁

## 投球姿勢的特徵

**手臂滯留於身後的投球姿勢**

**在拉回動作中過度將手臂後拉，加上過早敞開身體，使得手臂嚴重地滯留於身後，造成上臂骨和肩胛骨夾擠位在其中的肩袖肌群。**

## 從疼痛消失(≒可開始投球)到完全康復的參考時間

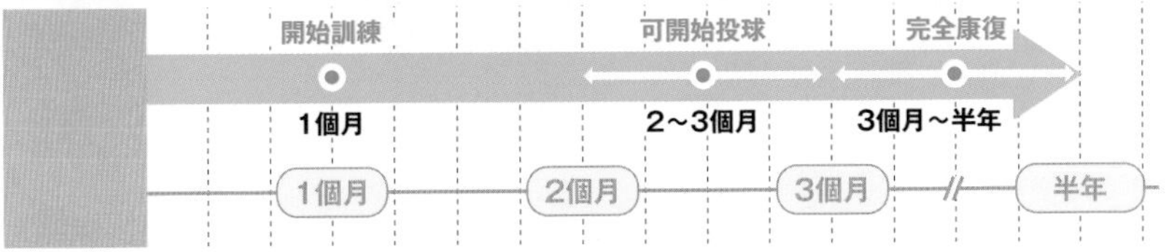

肩 6

# 肱二頭肌長頭肌腱炎

這是一種由於肱二頭肌的肌腱與臂骨彼此摩擦，肌腱承受負荷而導致發炎的傷害。

## 症狀為何？

症狀通常是漸進式的，最初是**在手臂高舉至頂點位置並彎臂時，肩部前方出現疼痛**，一部分的人是在球出手前一刻將肘部打直時出現疼痛。

還有少數案例是在投球的拉回動作中抬起手臂時，才感覺到疼痛。

## 發生了什麼問題？

**肱二頭肌是位於上臂前側的肌肉**，而在投球過程的挺胸環節，連結肱二頭肌的長頭肌腱會沿著肱骨的溝槽滑動，腱與骨之間容易產生摩擦。

接下來，當手臂揮向前方，力道就會引發卡頓感並產生刺激，對肌腱造成

## 發生機制

**在彎臂或是球出手時，肱二頭肌長頭肌腱和肱骨摩擦，因而引發疼痛。**

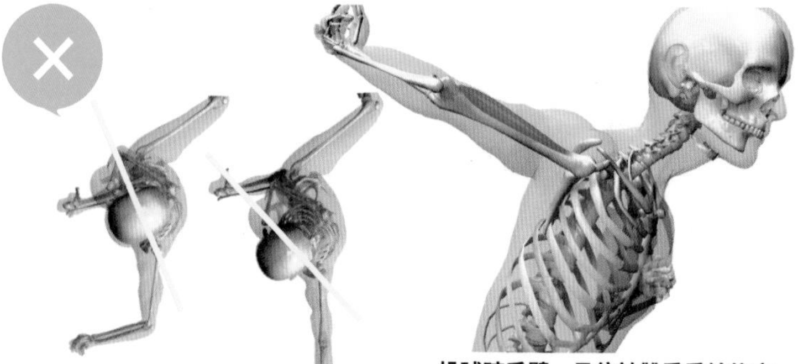


**投球時手臂一旦位於雙肩肩線後方，形成的負荷會令肱二頭肌長頭肌腱和肱骨產生摩擦。**

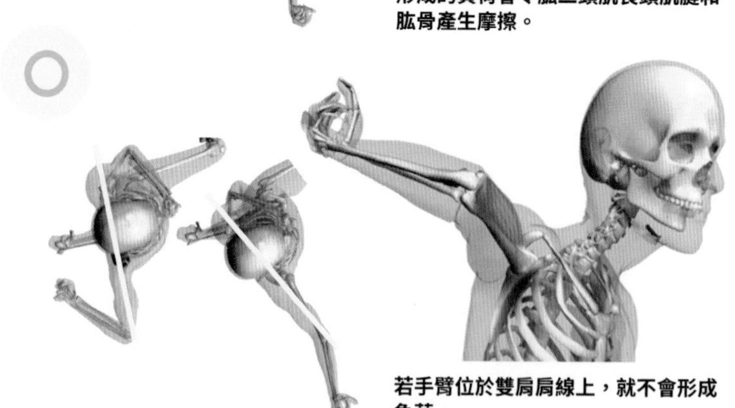


**若手臂位於雙肩肩線上，就不會形成負荷。**

負擔。

要是發炎症狀進一步加劇，肱二頭肌在球出手動作裡施力時，就可能感到疼痛。

雖然症狀一般只要過二到三星期就會有所緩解，但偶爾會演變為慢性問題，肌腱從溝槽裡脫位，並在肩部前方留下摩擦感。雖然這類傷害重症化的情況較少見，但要是不矯正投球姿勢，後續復發的風險也很高，必須特別當心。


**◉肩部伸展法**
⇒ 第94~109頁
**◉手臂滯留於身後的投球姿勢矯正法**
⇒ 第180~181頁
**◉身體側傾的投球姿勢矯正法**
⇒ 第170~175頁


## 投球姿勢的特徵

### 手臂滯留於身後的投球姿勢

**手臂一旦過度後拉，挺胸時手臂會滯留在身後，導致肩部前側承受拉扯。此外，由於上半身向前突進，球出手位置有可能位於雙肩的肩線後方，這也會對肩部前側造成負擔。**

### 身體側傾的投球姿勢

**由於身體側傾，投球軌跡和身體相隔較遠，增加挺胸到球出手過程對肩膀施加的負荷。**

## 從疼痛消失(≒可開始投球)到完全康復的參考時間

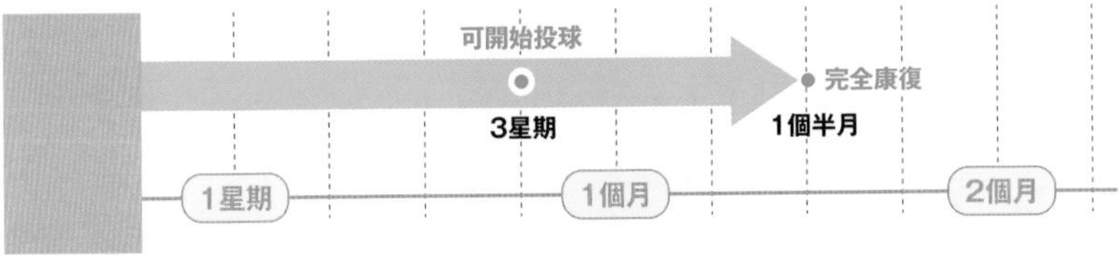

肩 7

# 肩盂唇損傷

肩盂唇是用來穩定肩關節的組織，而要是肱二頭肌長頭肌腱被拉扯或扭曲，將使得肩盂唇從肩胛骨剝脫。

## 症狀為何？

**從挺胸到將手臂向前帶動的瞬間以及球出手時，從關節內部傳來疼痛。**而除了疼痛，有些患者會主訴**球出手時突然力量流失，或是使不上力。**

此外，在轉動肩膀時，關節內部有時會發出咔咔聲，但這也可能是其他問題的症狀。

## 發生了什麼問題？

肩盂唇的上方與肱二頭肌長頭肌腱相連，而在投球時的挺胸環節，肌腱會承受強大的拉扯和扭曲力道，連帶**使肩盂唇從肩胛骨剝離並受損**。一旦肩盂唇剝離，肱二頭肌無法正常施力，肩膀無

## 什麼是「肩盂唇」

**類似於膝蓋的半月板，肩盂唇是負責穩定肩部的組織。保護肩關節的囊袋（關節囊）、韌帶以及肱二頭肌長頭肌腱都附著於此。**

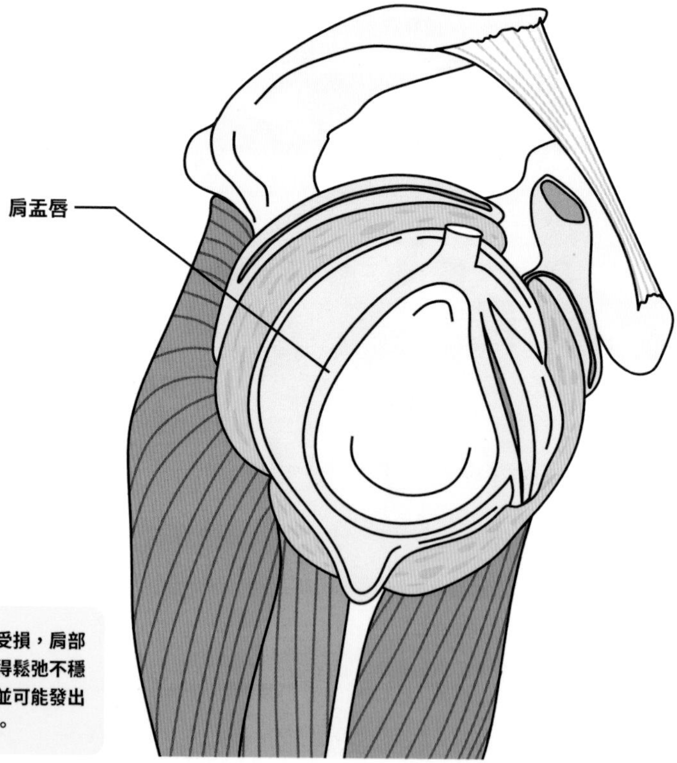


**一旦受損，肩部會變得鬆弛不穩定，並可能發出聲響。**

法穩定，就會出現球出手時無力的症狀。

本症狀難以透過復健方式根治，若症狀持續存在，甚至有可能需要動手術。然而，透過增強核心肌群、做肩部伸展運動和改善投球姿勢，有時對緩解症狀亦有幫助。

要是在做了評量表（第80頁）後懷疑自己有類似症狀，或是投球時有突然無力的情況，就應該及早就醫。

**◉肩部伸展法**
⇒ 第94～109頁
**◉手臂滯留於身後的投球姿勢矯正法**
⇒ 第180～181頁
**◉身體側傾的投球姿勢矯正法**
⇒ 第170～175頁

## 投球姿勢的特徵

**當挺胸並彎曲手臂時，肱二頭肌長頭肌腱被拉扯，使得相連的肩盂唇也連帶被拉扯。這種情況會導致肩盂唇從骨骼剝脫。**

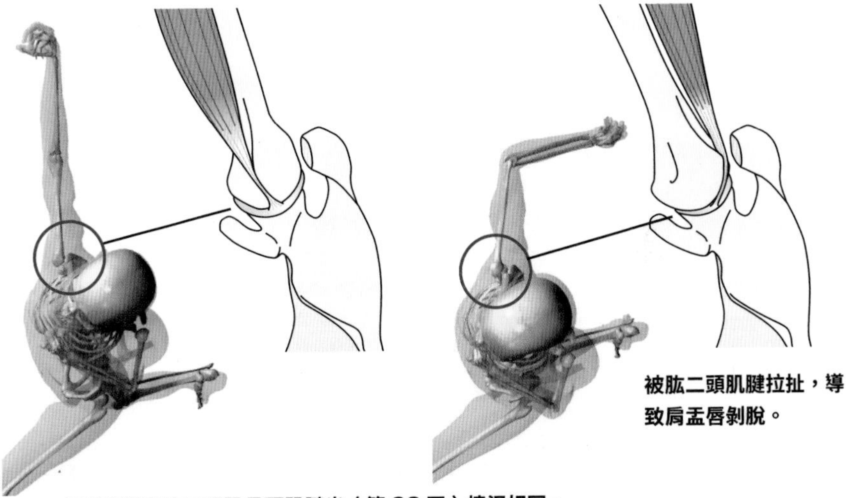

**被肱二頭肌腱拉扯，導致肩盂唇剝脫。**

**※ 投球姿勢和肱二頭肌長頭肌腱炎（第 88 頁）情況相同。**

## 從疼痛消失（≒可開始投球）到完全康復的參考時間

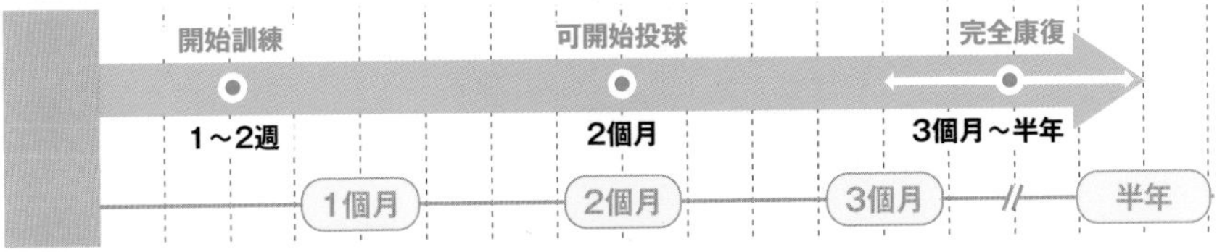

肩

8

# 骨骺線分離

小學生和國中生特有的運動傷害。在投球時，手臂向前切換位置或在球出手時，肱骨之間的軟骨受損，導致疼痛。

## 症狀為何？

症狀通常是逐步出現的，患者最初可能只是在投球後**感到整個肩膀沉重**。要是繼續投球，在挺胸前的手臂從後方引至胸前時，以及球出手的瞬間，**肩部會傳來刺痛**。

一旦症狀惡化，光是舉起手臂就會感到疼痛，甚至在靜止狀態下也可能出現痛感。

## 發生了什麼問題？

國中階段前的學童，肱骨還相對脆弱，而要是該部位反覆承受扭力和拉扯力時，骨骼間的軟骨就會漸漸受損。

在投球時，從挺胸到手臂甩向前的

## 發生機制

**當挺胸並彎臂時，手臂被抽回後方。而當試圖從這位置揮出手臂時，手臂就會承受扭力，傷及成長線所在部位的軟骨。此外，在球出手時，除了上述的力道，手臂還會承受額外的拉扯力，進一步提升受傷的風險。**

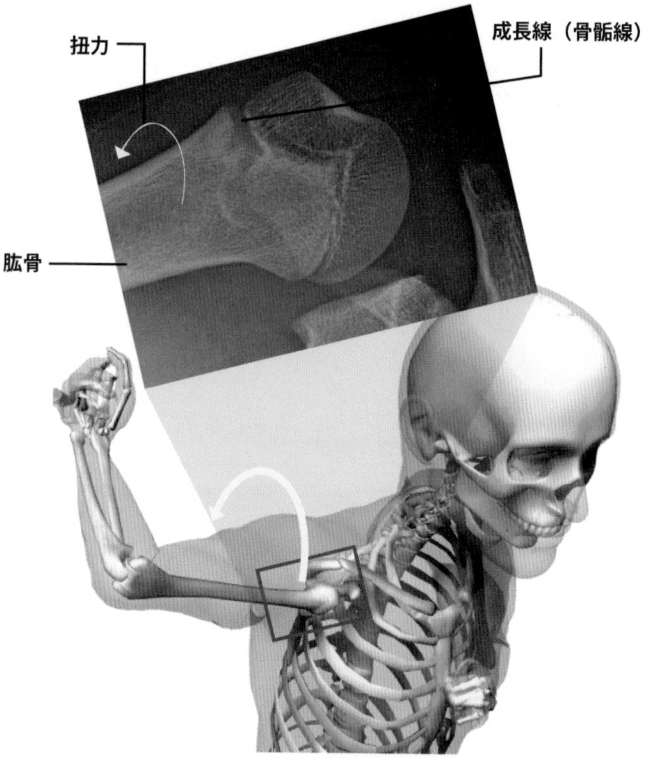

動作裡，**要是肱骨承受扭力和拉扯力，症狀就會浮現。**

只要專心靜養，症狀通常在三至四星期內就會得到緩解，但由於這是軟骨和骨骼的損傷，因此在逐步恢復投球的同時，還得照 X 光確認骨頭復原狀況。從開始投球到完全康復通常需花費約一個月時間，但也有極少數案例由於狀況更加惡化，長達半年無法投球。

只要透過適當的投球限制和姿勢矯正，症狀就能有所改善，但要是置之不理，將導致症狀長期出現，因此及早處置非常重要。

若小學或國中生主訴肩膀疼痛，就有可能是這種類型的運動傷害。請不要強忍，盡早就醫治療。

◉肩部伸展法
⇒ 第94～109頁
◉手臂滯留於身後的投球姿勢矯正法
⇒ 第180～181頁
◉手臂投法的姿勢矯正法
⇒ 第196～201頁

## 骨骺線分離的種類與特徵

**X 光無法看到軟骨，因此拍攝 X 光時，顏色會出現褪色（生長線）。我們可以透過生長線的寬度來判斷軟骨受損的程度，並依此判斷能回歸賽場的時機。**

**I型**

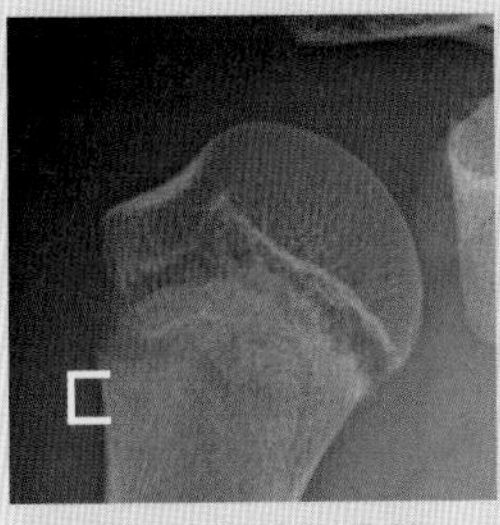

成長線僅外側分離

**II型**

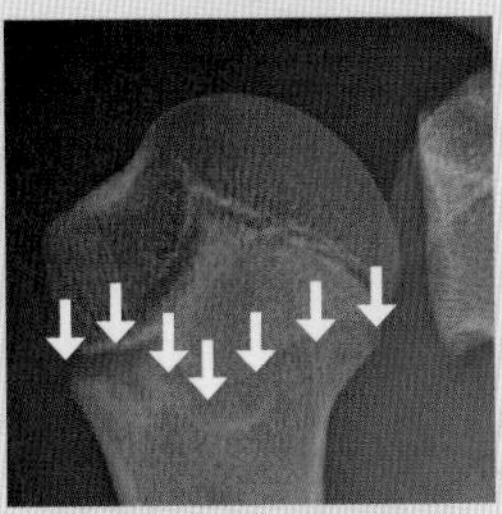

成長線整體分離

**III型**

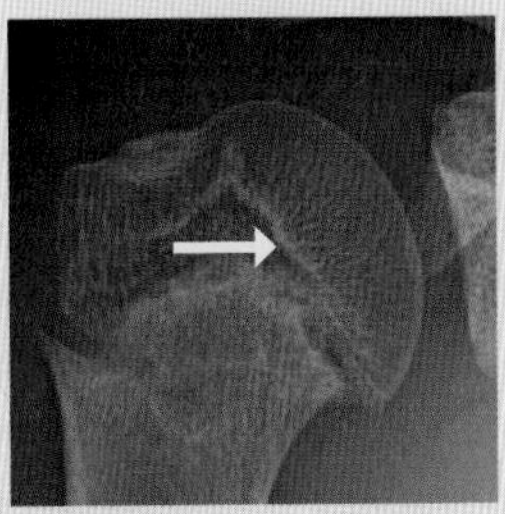

成長線以上的骨骼發生錯位

| | I型、II型 | III型 |
|---|---|---|
| 治療 | 在骨頭完全康復前，若按壓肩膀或投球時不再感到疼痛，且已經學會正確投球姿勢，則可以逐步回歸日常訓練。 | 骨骼痊癒，且學會正確投球姿勢，逐步回歸日常訓練。 |
| 康復 | ●平均 3～4 星期後可開始投球<br>● 2～3 個月後完全康復<br>（到骨骼完全治癒，為 3 個月到半年後） | ●得停止投球至少 2 個月<br>●到完全康復約需 3 個月～半年 |

＊投球姿勢的特徵與肱二頭肌長頭肌腱炎（第 88 頁）幾乎相同。
＊手臂投法（第 83 頁）也可能造成此症狀。

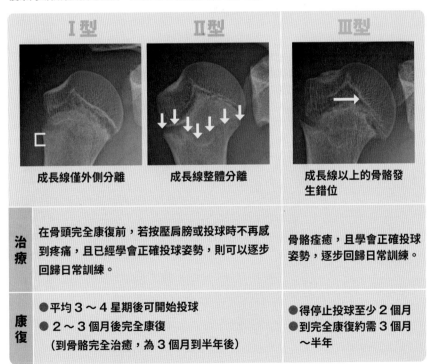

肩 9

# 做肩部伸展、訓練前的注意事項

## 1 肩胛骨的重要性

**肩部指的是由肩胛骨和肱骨所構成的關節。在投球時，由於關節承受巨大的力量，所以會引發各種肩部傷害。肩胛骨位於由肋骨組成的胸廓之上，能夠在胸廓上自由移動。**

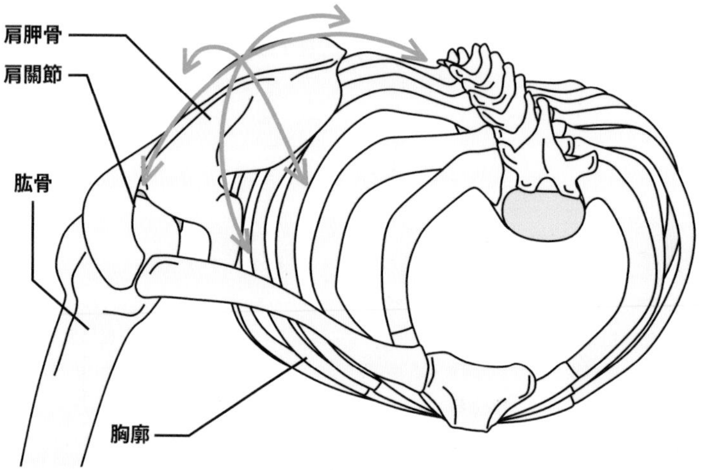


**若肩胛骨以及負責支撐的胸廓具備足夠的柔軟度，挺胸時的姿勢就會呈現「C」形。要是能夠做出這樣的姿勢，肩部所承受的負荷就能分散至肩胛骨，不容易受傷。**

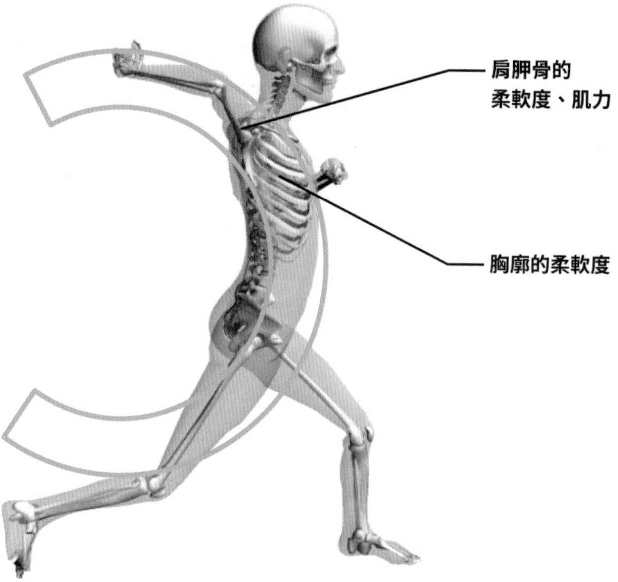

## 2 肩袖肌群的機能

**肩關節含有稱為肩袖肌群的內部肌肉，由四塊肌肉構成，肩部上方有棘上肌，後方有棘下肌和小圓肌，前方則有肩胛下肌。**
**透過這四塊內部肌肉的均衡發力，使得肱骨往肩胛骨拉攏，讓關節得以維持穩定。**

肩部的側面視角

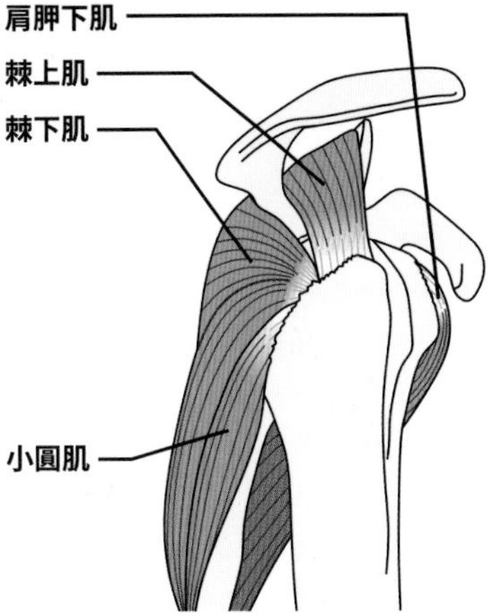


肩部的上方視角

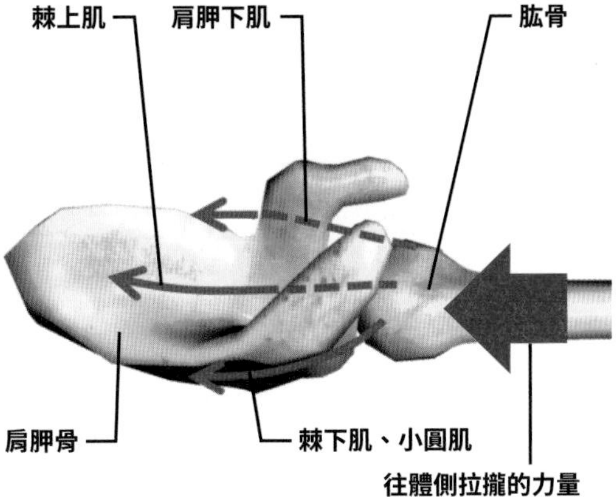


## 3 自我照護的流程

**肩部自我照護的流程為：在肩部一動就會感到疼痛的時期（靜養期），進行胸廓、肩胛骨周圍、肩部的伸展運動，使身體今後能夠站得挺，並讓身體保持休養。等到運動肩部時不再感到疼痛（恢復期），則進行肩胛骨和肩袖肌群的鍛鍊運動。最後，試著輕輕投球，若不再感到疼痛，則在逐步矯正投球姿勢的同時，循序漸進回歸練習（康復期）。**

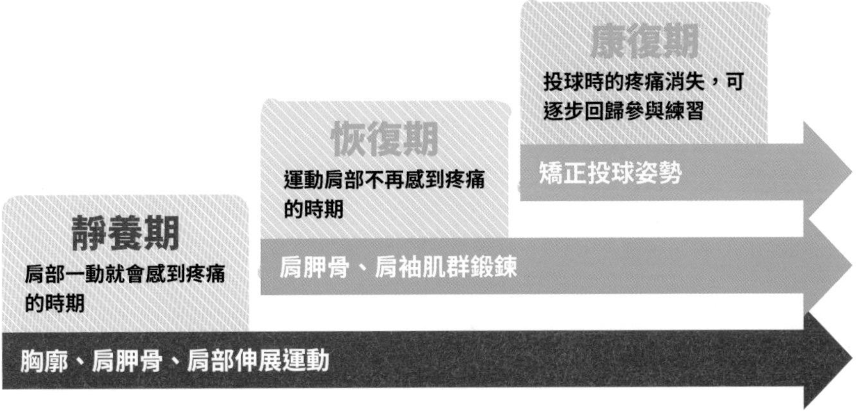

肩 10

# 做伸展運動前的「肩部」檢查！

**檢查這些地方！**

1. 姿勢
2. 胸廓的柔軟度
3. 肩胛骨的柔軟度
4. 肩部的柔軟度

## 1 姿勢

**身體站直，雙腳與肩同寬，雙臂自然下垂，從側面檢查站姿！**

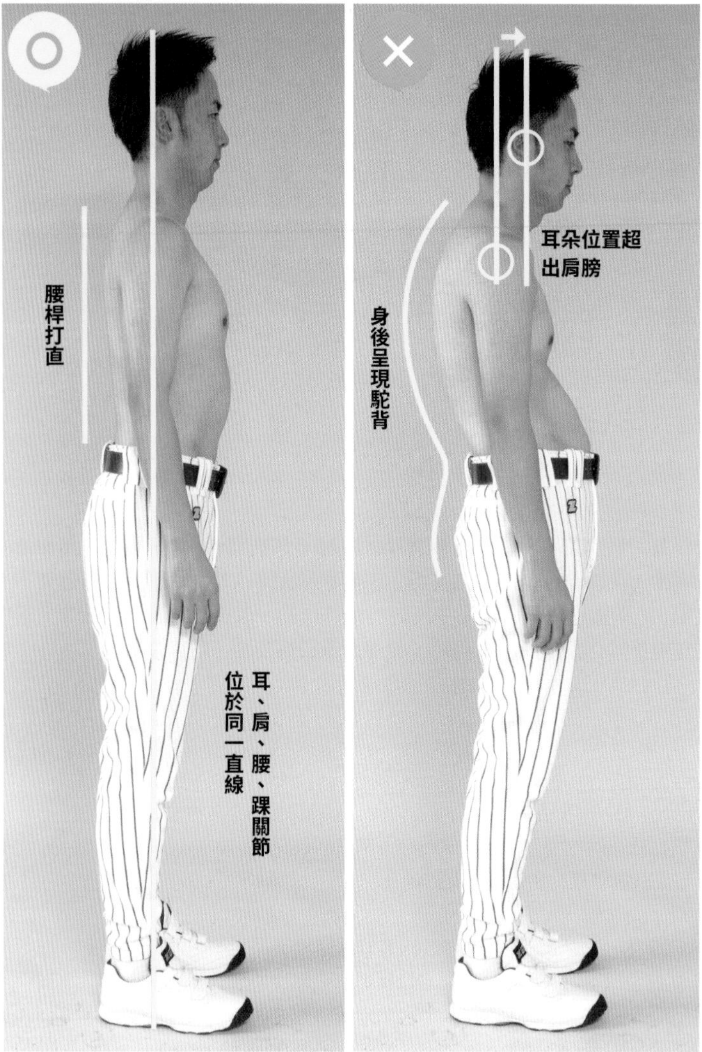

## 2 胸廓的柔軟度

**身體側躺，雙膝併攏，並將髖關節彎曲 90 度。以下方的手壓住雙膝，上方的手拉動上半身，檢查肩膀是否有辦法觸及地面！**

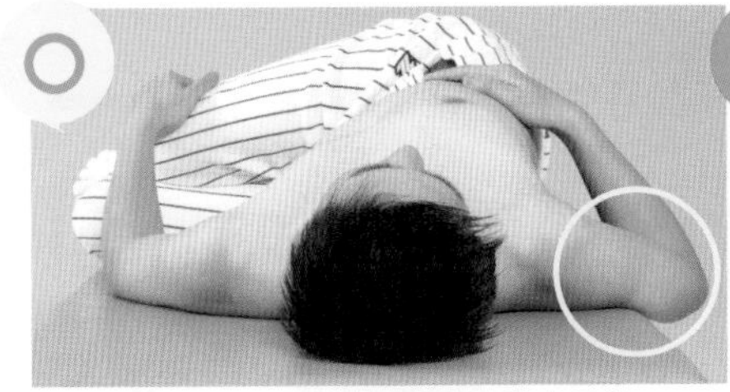

肩膀能夠觸地 > 胸廓柔軟度足夠

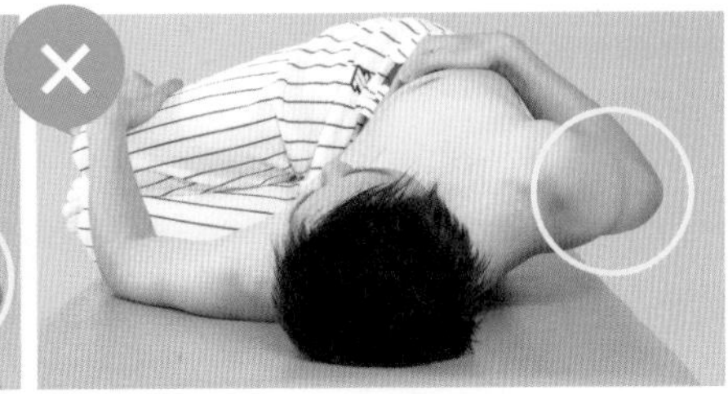

肩膀和地面有距離 > 胸廓僵硬

## 3 肩胛骨的柔軟度

**仰躺並肩部貼地，檢查肩部與地面的角度！**

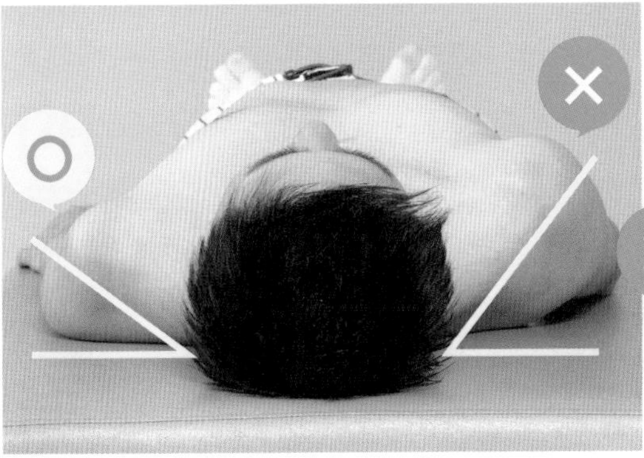

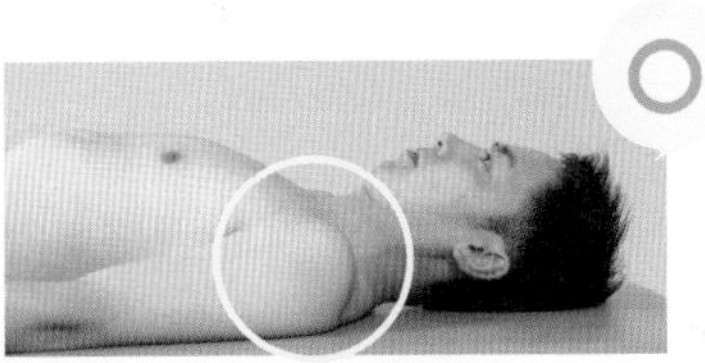

肩膀未離地

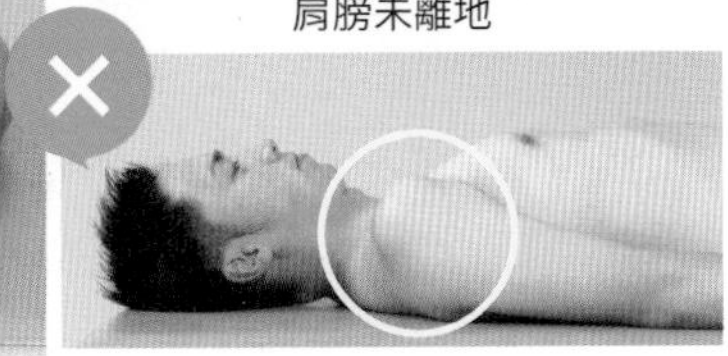

肩膀離地浮起

## 4 肩部的柔軟度

**身體側躺，將壓在底下的手臂向上舉至 90 度，以另一隻手抓住手腕並下壓至地面。下壓時若肩膀因此聳起，或手腕無法進一步向下，則停止壓手腕的動作，檢查手指是否能觸及地面！**

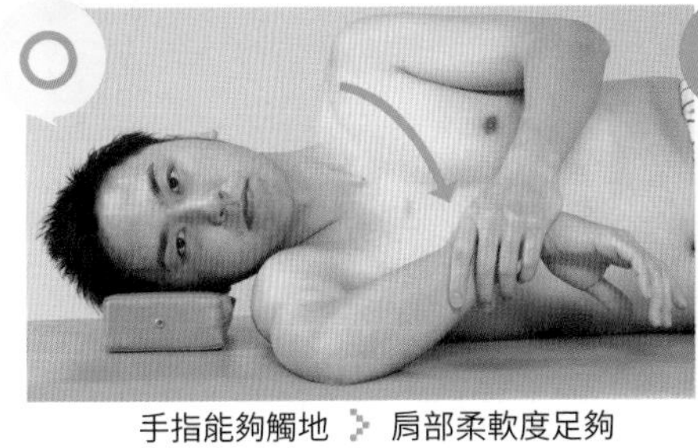

手指能夠觸地 > 肩部柔軟度足夠

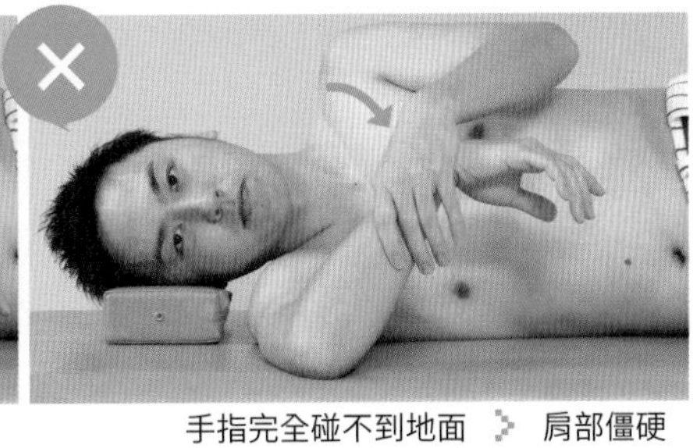

手指完全碰不到地面 > 肩部僵硬

## 首先，從增進胸廓的柔軟度開始！

### 1 舒展肋骨 所需時間 5分鐘

**肋骨部位帶有腹肌。若腹肌僵硬，胸廓也會跟著僵化，使得身體的可扭轉幅度變小。將手指按進肋骨間，並透過扭轉身體來伸展腹肌，以增進胸廓柔軟度。**

向上仰躺，從腹部方向將四指按入肋骨並向外扳。

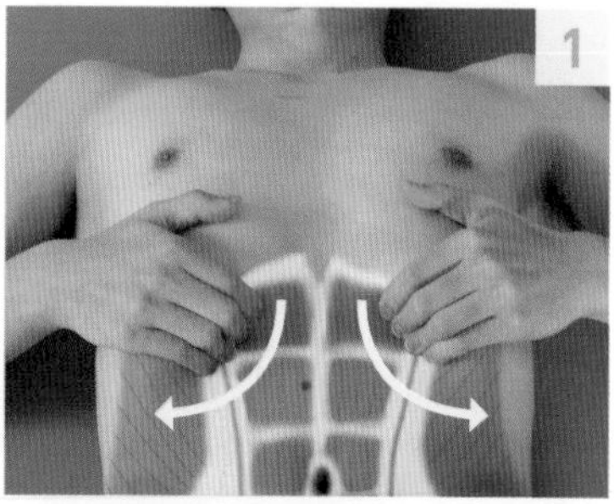


**Point**

**就像是要將肋骨扯開似地，以雙手使勁向外扳！**

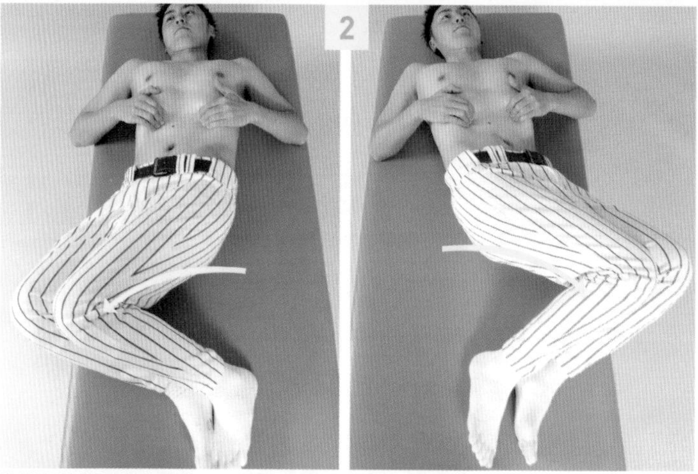


將雙腳併攏並彎曲膝蓋。在將肋骨外扳的同時，雙腳向左向右倒下。

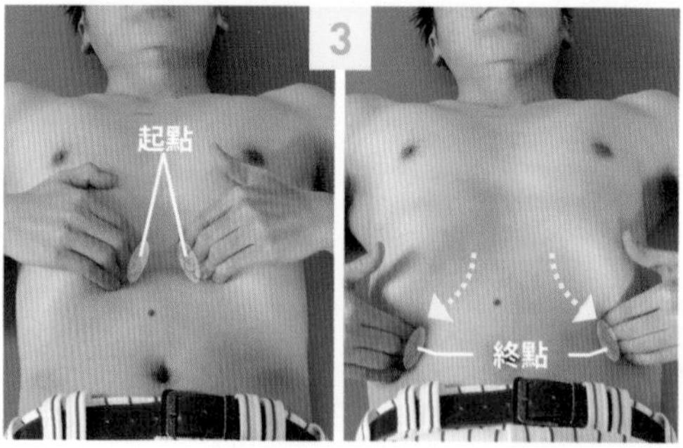


手指按入的位置從劍突部位開始，往左右將腳倒下各 10 次後，位置逐漸向下挪動。
等最後抵達側腹後，再返回劍突部位。

## 2 扭轉身體的伸展運動

所需時間 慢慢做 5 秒鐘 × 30 個循環

**胸廓一旦僵硬，身體也會難以充分扭轉。若身體不能充分扭轉，就無法透過全身連動來投球，容易演變為手臂投法。為了讓身體在投球時能夠充分旋轉，勤做扭轉身體的伸展運動是有必要的。**

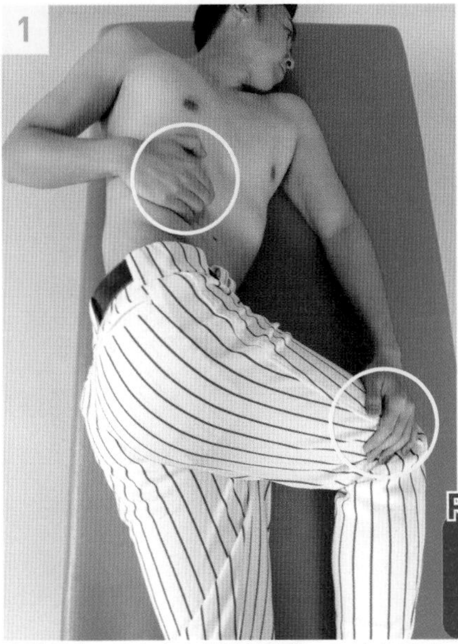
1

身體側躺，位在上方的膝蓋彎曲，下方的手蓋在該膝蓋上，上方的手則蓋在肋骨上。

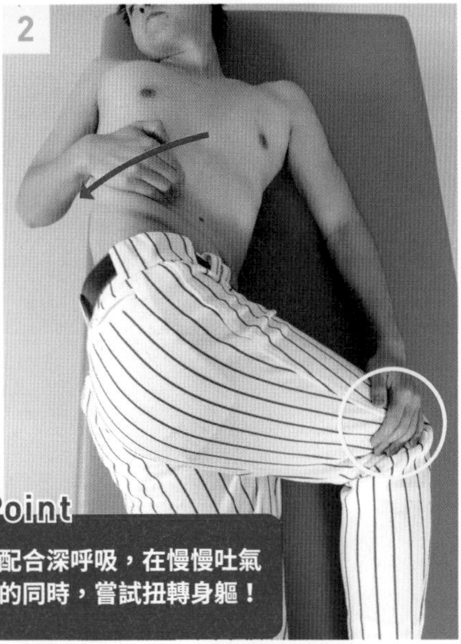
2
Point
配合深呼吸，在慢慢吐氣的同時，嘗試扭轉身軀！

在慢慢吐氣的同時，扳開肋骨並扭轉身體。在這個過程裡，手必須壓住膝蓋，以確保骨盆不會跟著轉動。

> 再次檢查！

### 做完伸展運動後，重新檢查一次！

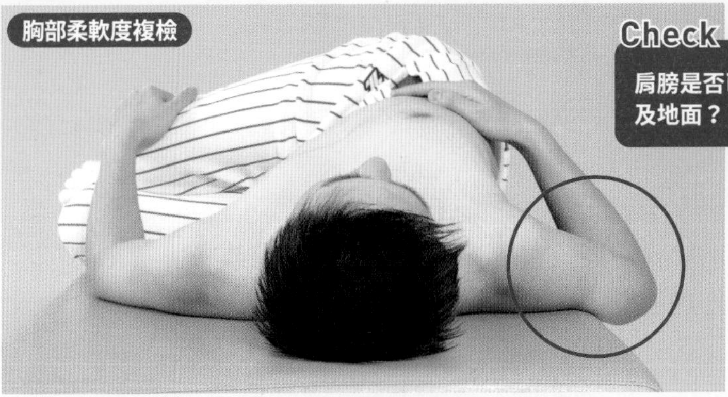
胸部柔軟度複檢
Check Point
肩膀是否已經能觸及地面？

## 等胸廓變得柔軟靈活，接著開始軟化肩胛骨吧！

### 1 舒展胸部肌肉

所需時間 5分鐘

**若胸部肌肉（胸大肌）僵硬，將使肩胛骨無法順暢活動，也無法有效地挺胸。請讓胸部肌肉恢復柔軟，使肩胛骨能夠向背部收攏。**

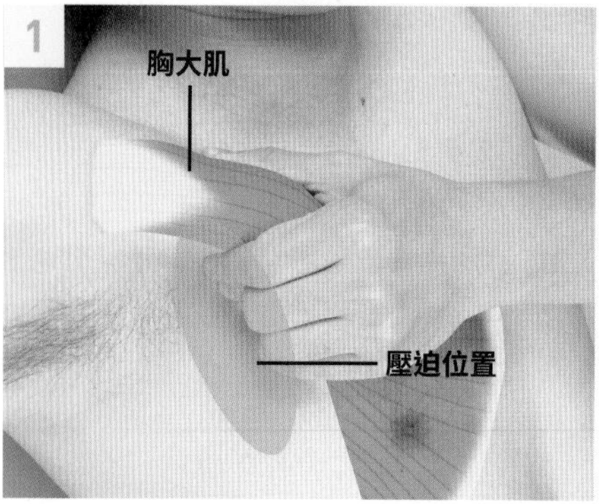


掐住胸前的肌肉。

**Point**

**將掐住的肌肉稍微向上拉扯！**

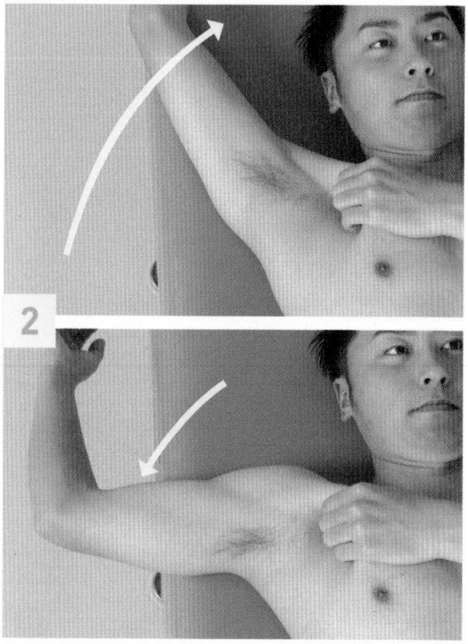


維持抓住的動作並上下運動手臂。

### 替代方法 胸前伸展運動

所需時間 慢慢做10秒鐘×10個循環

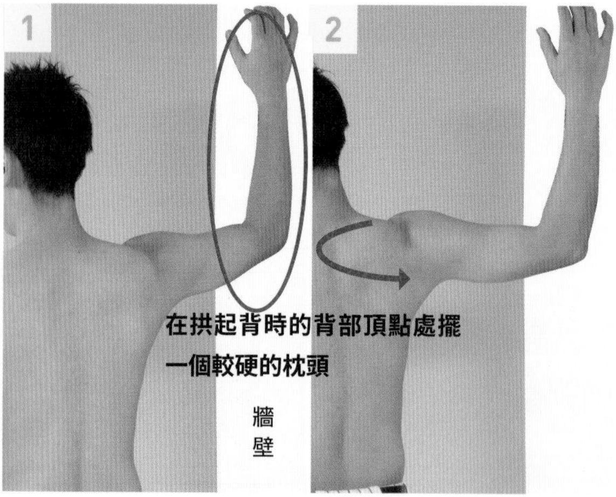


手扶到牆上等位置。

扭轉身體，並在感到胸前有拉伸的感覺時，保持該姿勢。

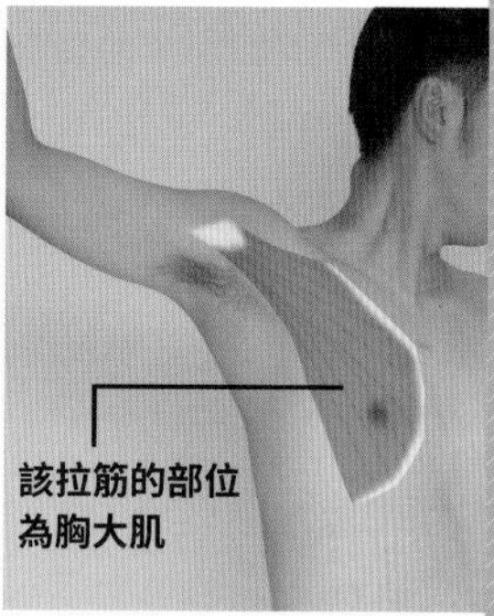


**Point**

**將胸部確實挺起，確保肩部前側有伸展到！**

## 2 舒展腋下肌肉

所需時間 5分鐘

**若腋下肌肉（背闊肌）僵硬，將使肩胛骨無法順暢活動，也無法有效地挺胸。請放鬆腋下肌肉，使肩胛骨能夠向背部收攏。**

1

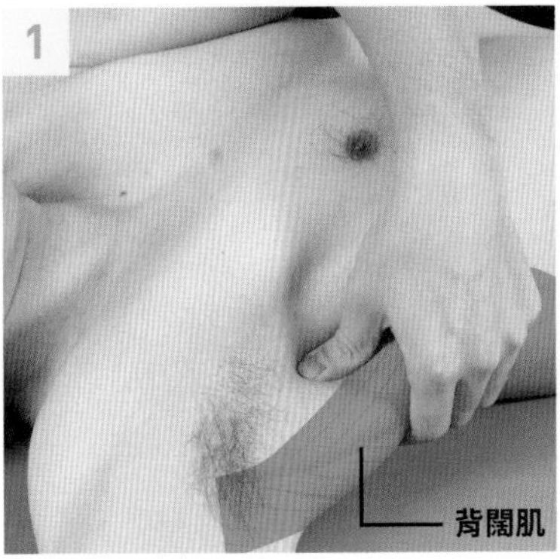


抓住腋下的肌肉。

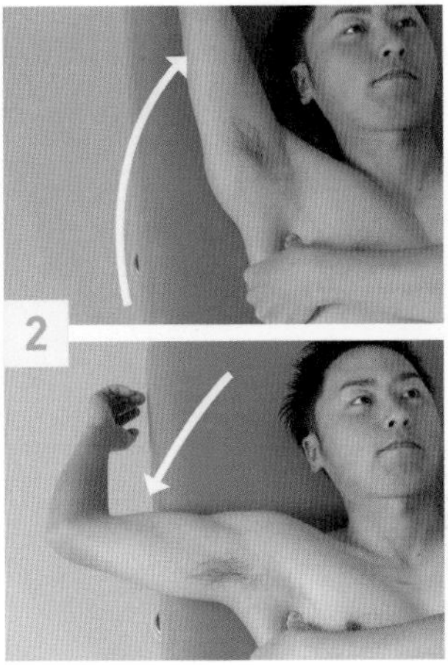


維持抓住肌肉的動作並上下運動肩膀。

**Point**

**將掐住的肌肉稍微向下拉扯！**

## 替代方法 腋下伸展運動

所需時間 慢慢做10秒鐘×10個循環

1

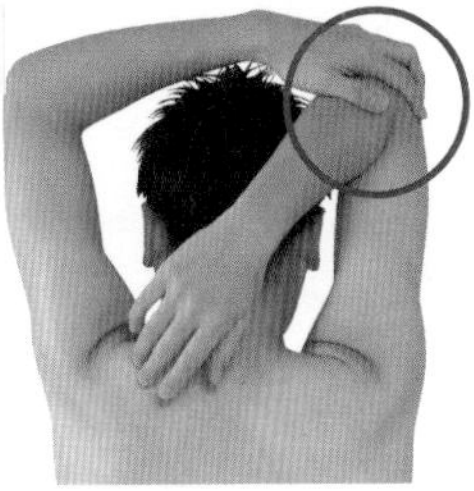

將手肘扳至後腦處。

2

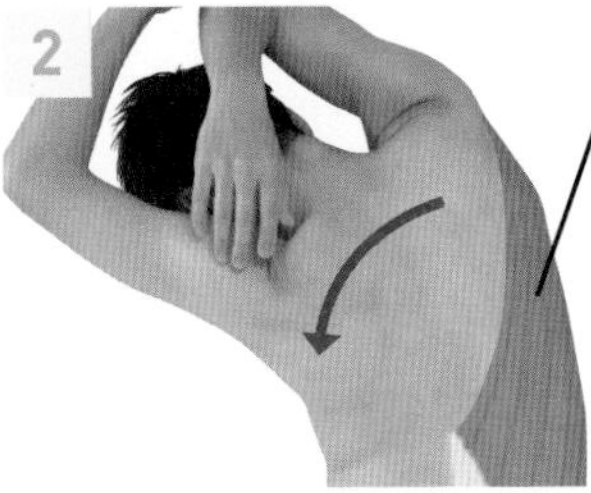

該拉筋的部位為背闊肌

身體側傾，並在感到腋下有拉伸的感覺時，保持該姿勢。

**Point**

**身體側傾以進行伸展，但也別過度拉扯肘部！**

再次檢查！ 做完伸展運動後，重新檢查一次！

肩胛骨柔軟度複檢

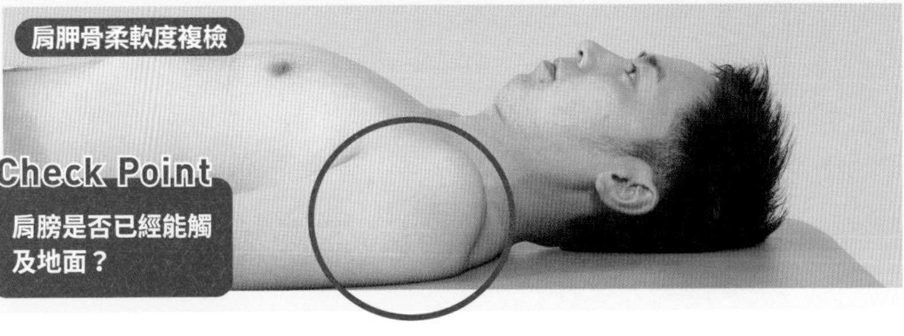

**Check Point**

**肩膀是否已經能觸及地面？**

## 胸廓、肩胛骨都變得柔軟靈活後，接著開始矯正姿勢吧！

### 1 脊椎的伸展運動

所需時間 5分鐘

**若脊椎（胸椎）僵硬，背部無法充分伸展，投球時將難以有效挺胸。平時就應該使脊椎保持柔軟靈活，使胸部能夠充分地挺起。**

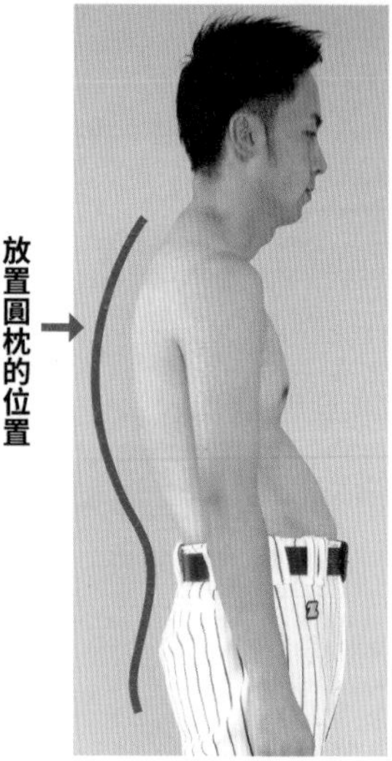


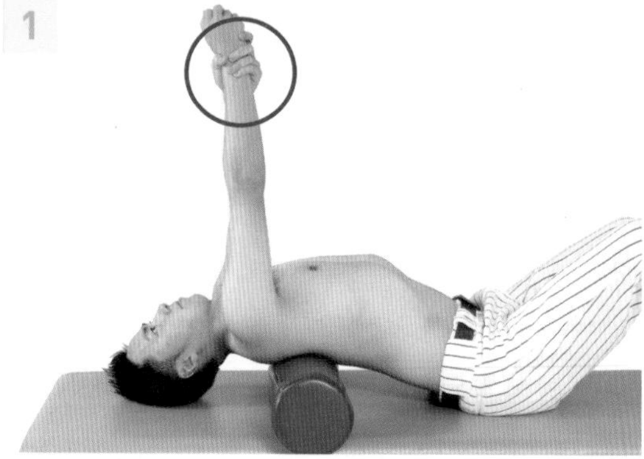


在拱起背時的背部頂點處擺一個圓枕。

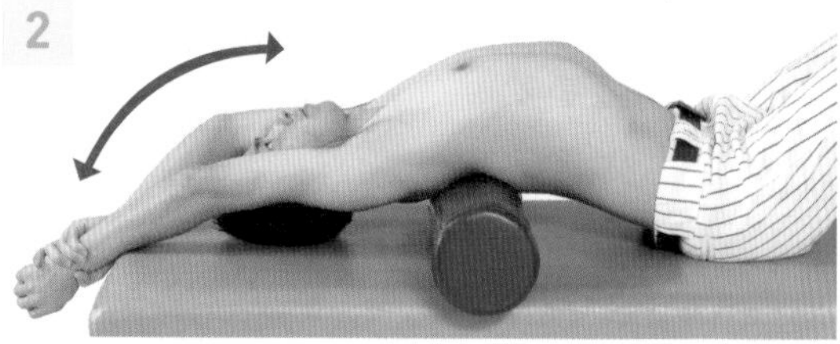


以另一隻手抓住用來投球的手腕，
重複上下舉臂。

**Point**

**將偏硬的枕狀物擺放在後背拱起時的最高點位置！**

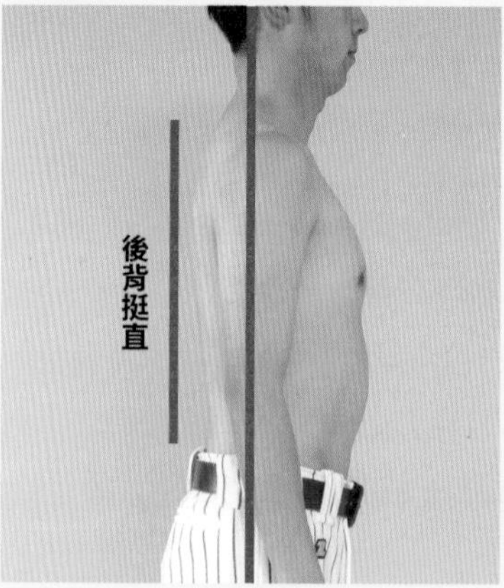


**做完伸展運動後，重新檢查一次！**

> 再次檢查！

**檢查姿勢**

在日常生活中，
也請試著保持良好姿勢！
姿勢良好是出色運動員的共通點。

**Check Point**

**後背是否呈拱起狀態？**

## 等姿勢矯正完畢，接著開始放鬆肩膀！

### 2 肩後方伸展運動

所需時間 慢慢做10秒鐘×10個循環

**若肩膀後方僵硬，會導致肱骨無法正常運動。這會對肩膀各部位造成壓力，成為許多肩部傷害的原因。透過放鬆肩膀後方，就能減輕肩膀的疼痛，同時防止疼痛復發。**

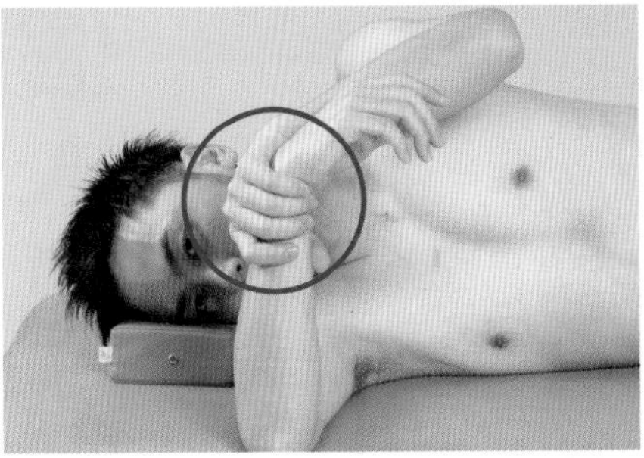

投球側的肩膀朝下側躺，並將肩膀和肘部彎曲成 90 度，使肘部位於肩部前方。

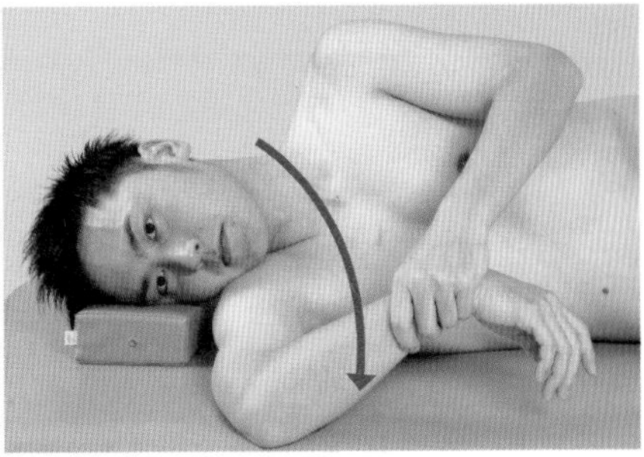

抓住手腕，以肘部為支點，將手拉向肚臍。等肩後方傳來拉伸的感覺，則維持該姿勢。

**Point**

**在不讓肩膀抬起的程度下，輕輕將手臂放倒，並注意不要過度拉伸。若肩膀前方開始疼痛，則立即停止伸展！**

## 若肩膀依舊僵硬

### 肩後方按摩

所需時間 5分鐘

**用肩膀後方壓住一顆球，使球在地上滾動，藉此按摩肩後方。**

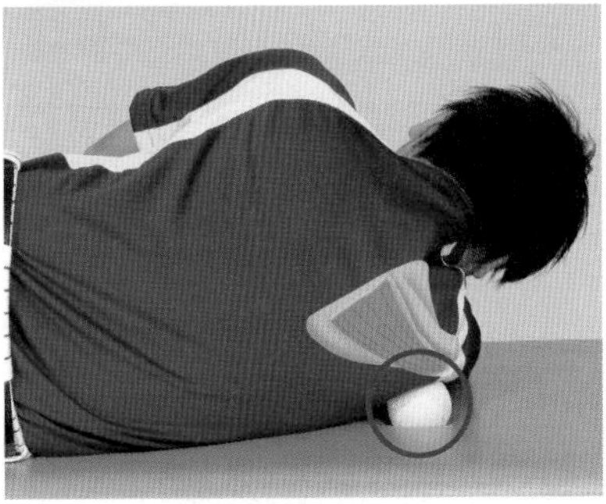

＊在前述的伸展運動裡，若肩膀前方感到疼痛，此方法亦有改善效果。

> 再次檢查

### 做完伸展運動後，重新檢查一次！

**肩膀柔軟度複檢**

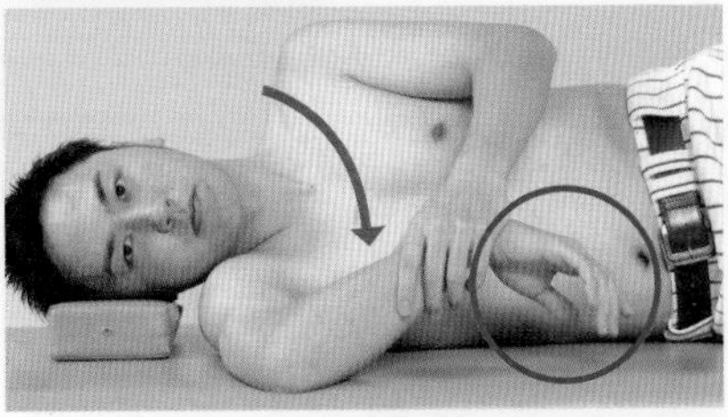

**Check Point**

**垂放的手指能否觸地？**

## 肩膀軟化完畢後，開始進行肌力訓練！

### 1 肩胛骨（菱形肌、斜方肌）的訓練

**對位於肩胛骨內側、負責將肩胛骨收攏的肌肉進行肌力訓練，就能使胸膛更挺，並使肩胛骨分擔肩部所承受的負荷。**

次數

10次 × 3個循環（肩胛骨向內收攏並維持5秒）

1

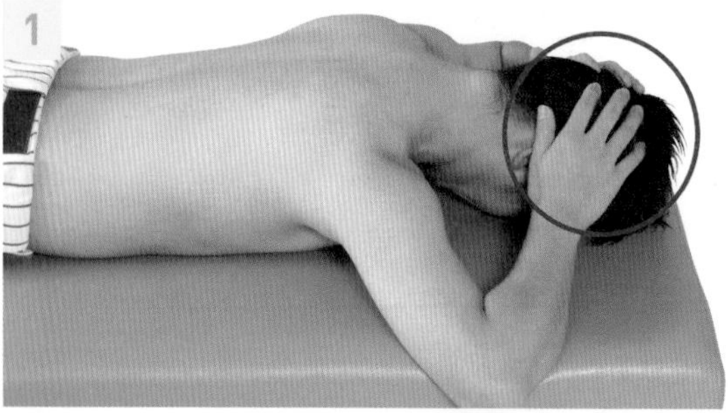

臉朝下平躺，手扣住後腦杓。

2

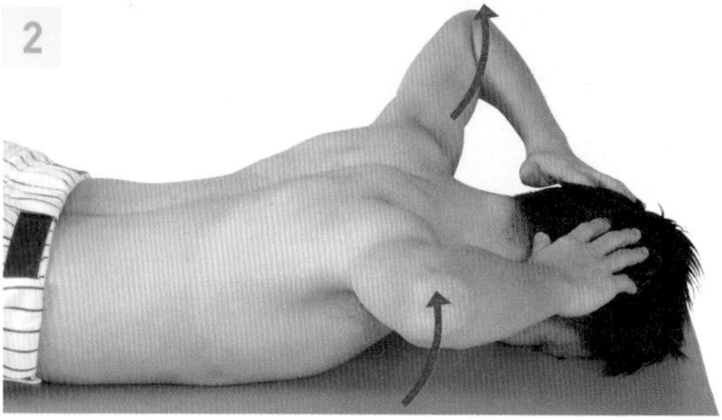

將肩胛骨往脊椎收攏，挺起胸膛。

#### 訓練部位

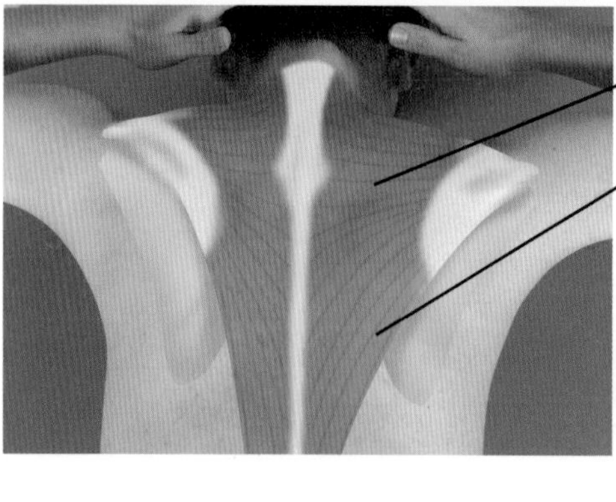


**Point**

**邊做邊確認肩胛骨內側是否有施力！**

## 替代方法 肩胛骨的訓練

次數
（肩胛骨向內收攏並維持5秒）

準備物品
啞鈴（重量0.5～3公斤）、寶特瓶之類

1

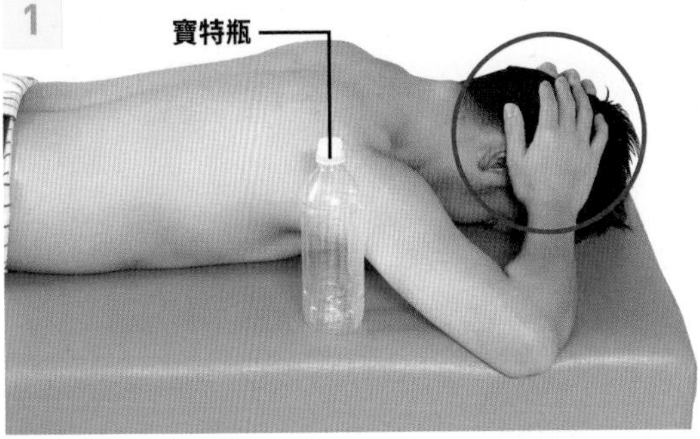


手扣住後腦杓，在手臂下方擺放寶特瓶。

2

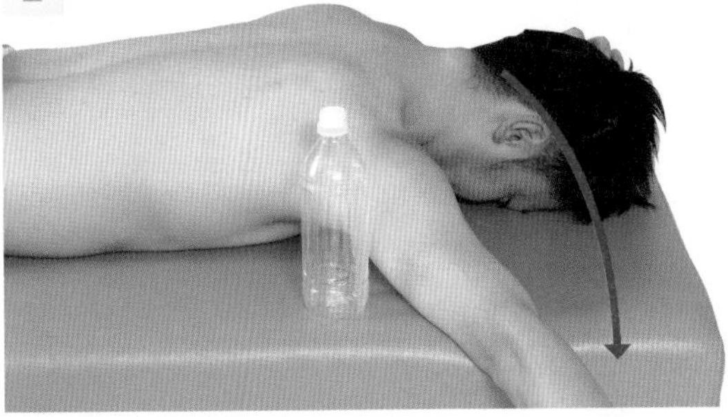

將肘部伸直。

3

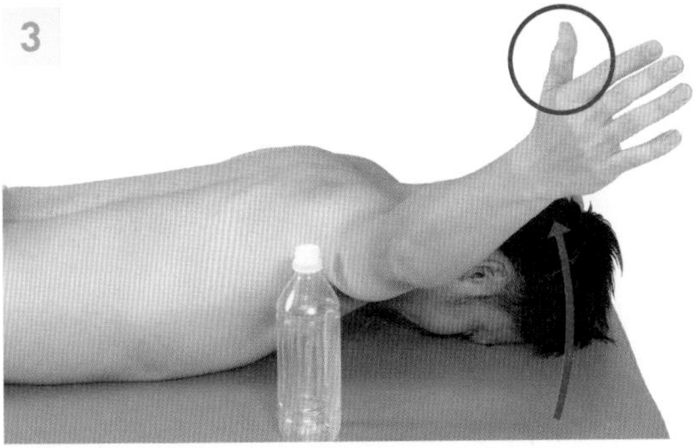

肩胛骨向內收攏，同時拇指指向天花板並舉起手臂。

**Point**

- **試著舉起手臂，做時手臂避免碰到寶特瓶！**
- **若能輕鬆完成10次，接下來可嘗試手持重物進行，以0.5公斤為單位，從0.5公斤→1公斤→1.5公斤逐步增加重量！**

## 2 肩袖肌群（棘上肌）的訓練

**一旦肩部受傷，在多數情況下，肩袖肌群的功能會因此失衡。而藉由均衡地訓練肩袖肌群，就能增強對肩部壓力的抵抗力，使關節變得穩定。特別是當中的棘上肌，在肩袖肌群裡最為重要。肩部無論哪個部分受傷，都必須透過這種訓練進行復健。**

| 次數 | 準備物品 |
| --- | --- |
| 10 次 × 5 個循環 | 啞鈴（重量0.5～1公斤）、寶特瓶（500毫升亦可） |

1

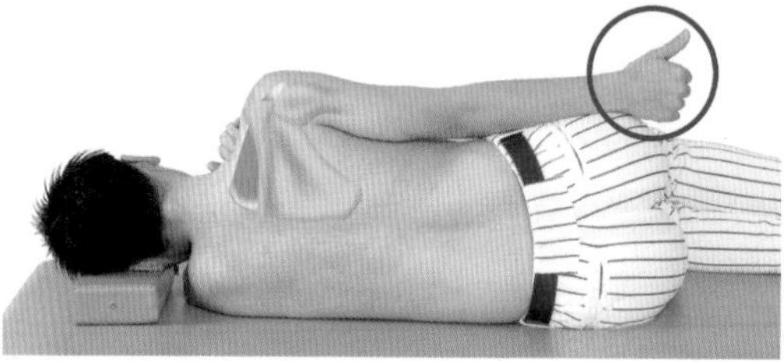

側向躺下，將位在上方的手放在骨盆上，拇指指向天花板。

2

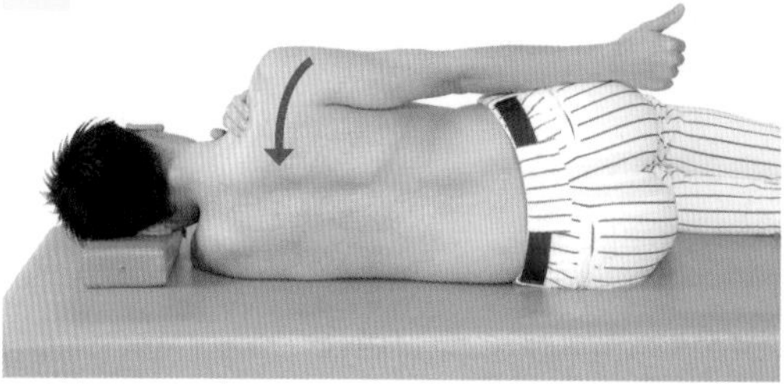

肩胛骨略微收攏。

3

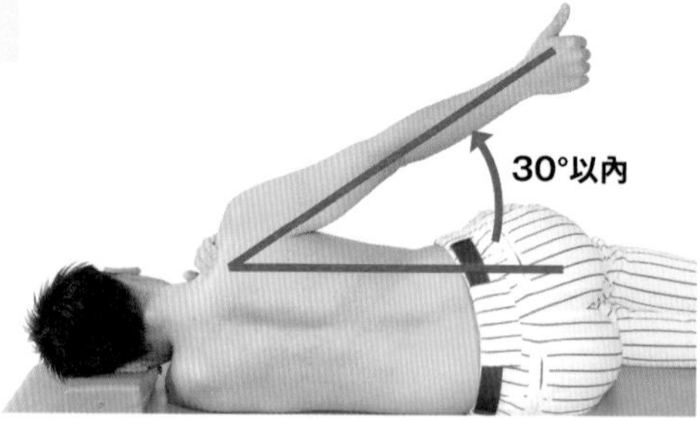


手臂沿著體側線舉起，舉臂時的角度限制在 30 度以內。

**Point**

- **訓練後若肩部略感疲倦，即是最佳狀態！**
- **一開始先不舉重物，若能輕鬆完成 10 次 × 5 個循環而不疲倦，則增加至 20 次 × 5 個循環。接下來，持 0.5 公斤 → 1 公斤的重物進行訓練（增加重量後，將次數從 20 次減少到 10 次）！**

## 3 肩袖肌群（棘下肌）的訓練

**肩部受傷的情況大多是由於棘下肌疲勞僵化所引起。藉由進行棘下肌的訓練，就能預防這種情況，使肩部不易受傷。**

| 次數 | 準備物品 |
| --- | --- |
| 10次 × 5個循環 | 啞鈴（重量0.5～1公斤）、寶特瓶（500毫升亦可） |

1

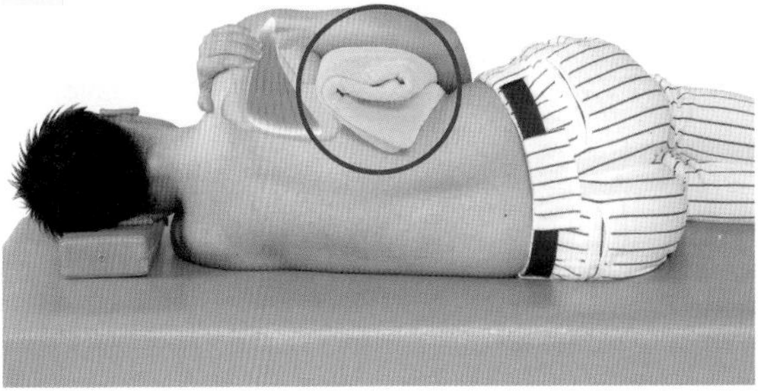

側向躺下，腋下夾住毛巾並彎起肘部。

2

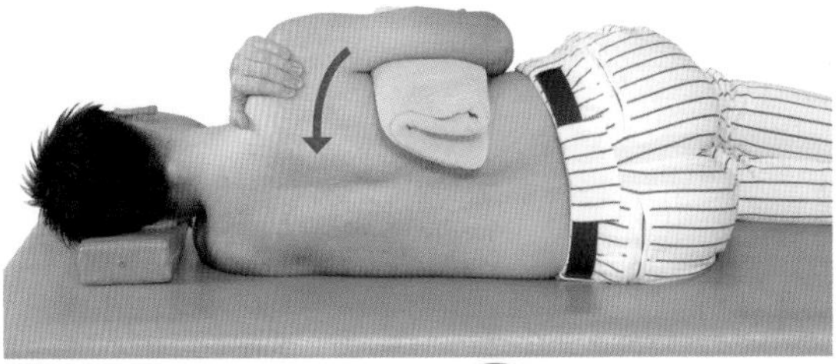

肩胛骨略微收攏。

3

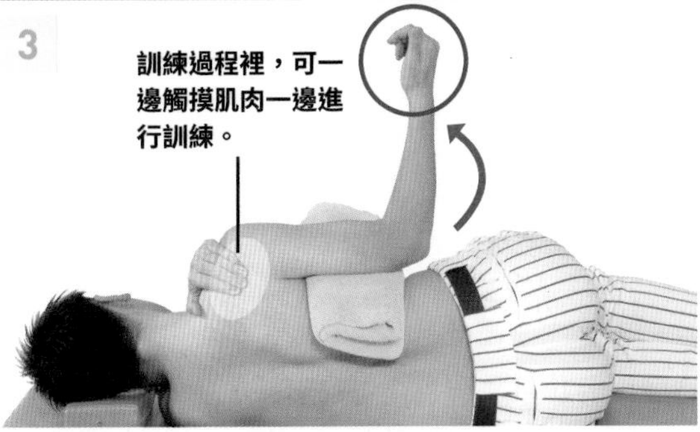
訓練過程裡，可一邊觸摸肌肉一邊進行訓練。

以肘部為支點，維持腋下夾住的姿勢，拇指朝上並舉起手臂。

**Point**

- **建議邊觸摸邊進行訓練，確認是否有確實施力！**
- **提升負荷的方法，可參考棘上肌的訓練方式。**

## 4 肩袖肌群（肩胛下肌）的訓練

**肩胛下肌在肩袖肌群裡屬於較為難以訓練的部位，但它對肩部的穩定極為重要，特別是在肱二頭肌腱炎、肩盂唇損傷、內夾擠等內傷情況下，增進肩胛下肌的肌力是不可或缺的一環。**

次數
10 次 × 5 個循環

準備物品
啞鈴（重量 0.5～1 公斤）、寶特瓶（500 毫升亦可）

1

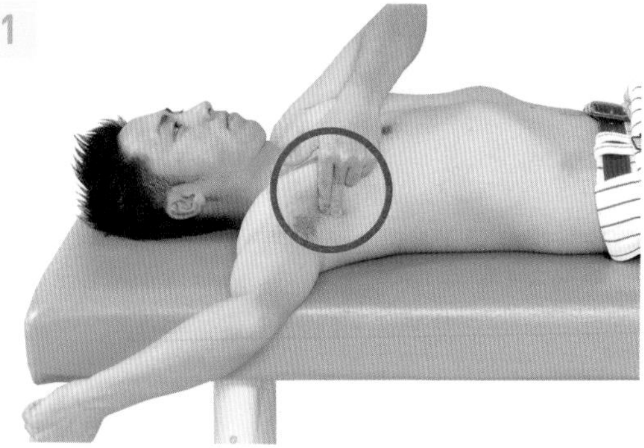

向上仰躺，將肘部舉至與肩膀位在同一水平線上，肘部彎曲成 90 度。若在床上進行這項訓練，肘部以下的部分可以伸出床邊。

2

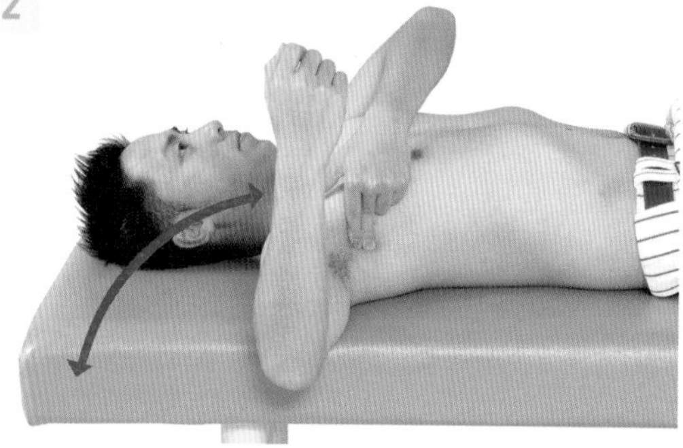

以肘部為支點並舉起手臂。將手臂舉至與地面垂直後，重新放下至原本位置，重複進行這個動作。

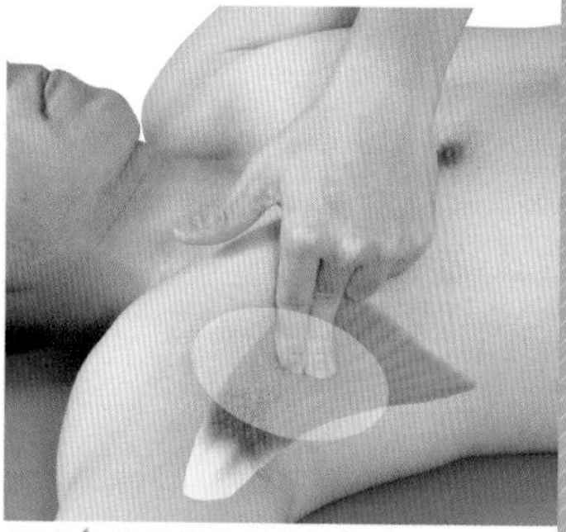

手臂的舉放動作重複進行的同時，可觸摸肩胛下肌確認其收縮。
將手伸進腋下深處，以兩指觸摸肩胛骨的前側。當手臂運動時，就能感受到肌肉的運動。

### Point

**由於本部位不易感覺疲勞，
因此訓練重點在於按照規定次數和重量進行！**

［所需次數與重量］

| | | | |
|---|---|---|---|
| 開始 | 10 次 ×5 個循環，無舉重 | 3週後 | 20 次 ×5 個循環，0.5 公斤 |
| 1週後 | 20 次 ×5 個循環，無舉重 | 4週後 | 10 次 ×5 個循環，1 公斤 |
| 2週後 | 10 次 ×5 個循環，0.5 公斤 | 5週後 | 20 次 ×5 個循環，1 公斤 |

## 5 肩胛骨與肩袖肌群的複合訓練

**在個別訓練完肩胛骨和肩袖肌群後，還需要進行有助於投球的訓練。投球時重要的是必須將肩胛骨往脊椎緊緊靠攏，並使肩袖肌群均衡出力，運動肩部使其扭轉。只要使用彈力帶，就能同時訓練肩胛骨和肩袖肌群。**

次數
20 次 x 3 ～ 5 個循環

準備物品
彈力帶

1

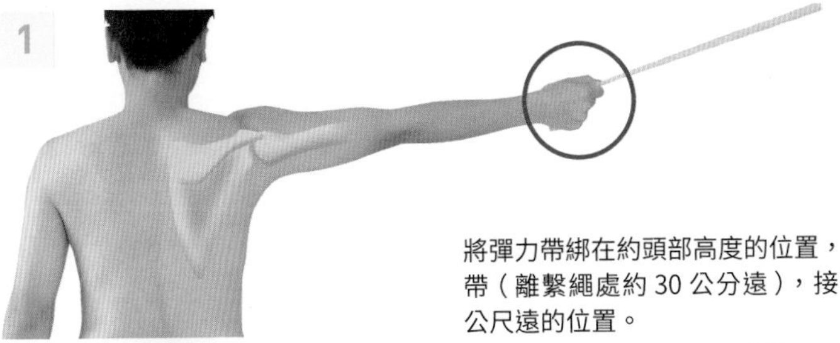

將彈力帶綁在約頭部高度的位置，肘部打直並抓住彈力帶（離繫繩處約 30 公分遠），接著退至離繫繩處約 1 公尺遠的位置。

2

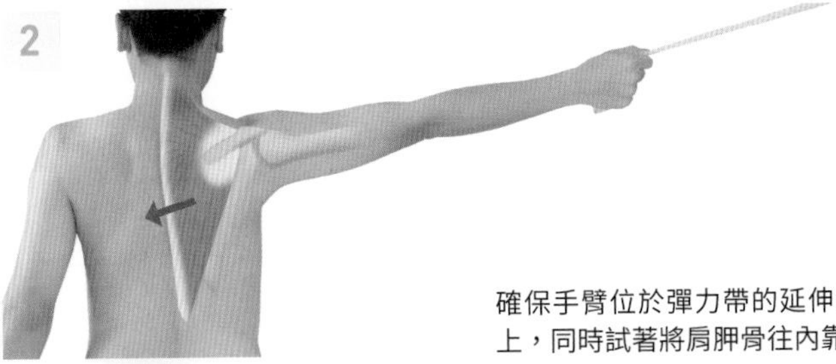

確保手臂位於彈力帶的延伸線上。將手臂維持在該線上，同時試著將肩胛骨往內靠攏。

3

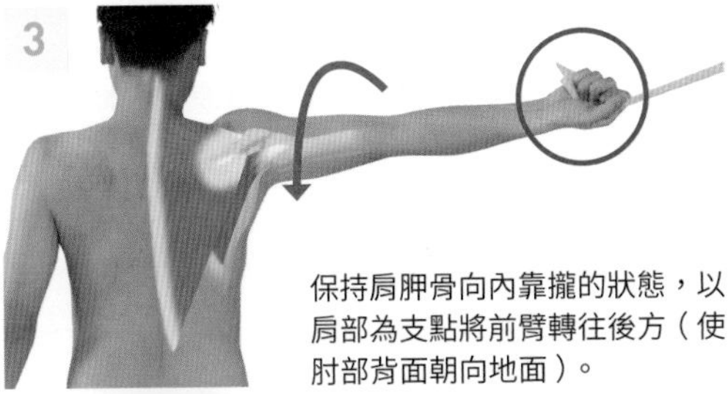

保持肩胛骨向內靠攏的狀態，以肩部為支點將前臂轉往後方（使肘部背面朝向地面）。

4

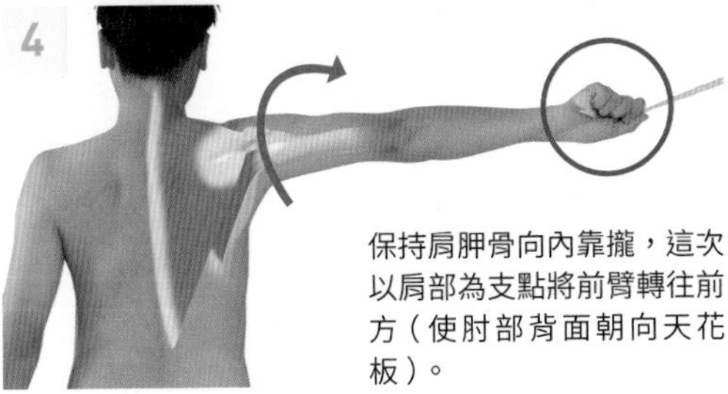

保持肩胛骨向內靠攏，這次以肩部為支點將前臂轉往前方（使肘部背面朝向天花板）。

**Point**

- **請確保前臂朝內或朝外翻轉時，肩胛骨始終向內收攏。**
- **翻轉手臂時不能僅僅翻轉肘部以下，而是必須從肩部開始翻轉，並留意不可讓肘部彎曲，或是讓手臂低於彈力帶的延伸線。**

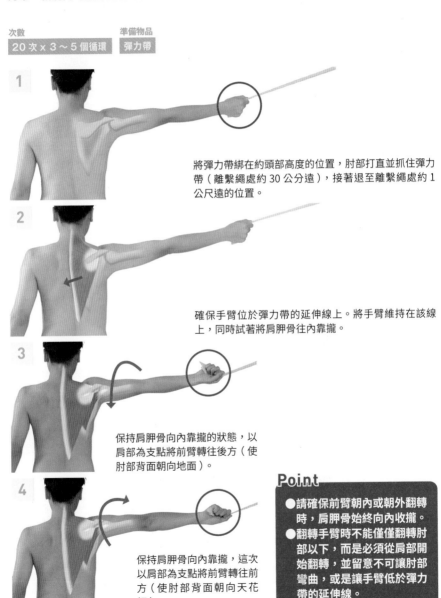

## 棒球各位置的投球要點

### 1 不可低估 接球姿勢帶來的影響

常聽到有人認為「我只是個內野手，只要接球夠快、傳球精準就行了。」

然而，所謂安全且漂亮的傳接球姿勢，不是只有投手才需要的。

請記住，只有養成全身協調的正確傳球姿勢，才能在腳步移動中維持安全且穩定的動作。

### 2 不可能每一球 都以標準的姿勢投球

這聽起來或許矛盾，但並不是所有的球都能以標準的姿勢投出。例如，當臨時需要快傳，或是突然接到球，就有可能需要以手臂投球。

肩膀和肘部所受的傷害大多是重複的負擔所造成。一球就造成傷害的情況非常罕見。

重點在於機率問題，也就是若投出的 10 球裡，有 5、6 球是以危險的姿勢投出，這樣下去遲早會受傷。但要是能把以危險姿勢投出的球數壓低至 10 球裡的 1、2 球，就能夠降低受傷的可能性。

### 3 重點在於事前準備

為了讓選手能有更高的機率以安全姿勢投球，平時就應鼓勵其進行伸展運動、積極健身、精進投球姿勢、預測來球方向並留意步伐協調。

讓選手思考如何能以更好的姿勢投球並進行準備，這才是最重要的。

感謝協助拍攝的町田 Boys 相關人員及選手們，以及逗子少棒隊的富山開先生，由衷致上謝意。

# Part 3

# 軀幹的運動傷害

早稻田大學運動科學學術院／金岡恒治

※ 軀幹受傷的案例，多由慢性運動傷害引起。

軀幹 1

# 軀幹負責將下肢的力量傳遞到上肢

## 在棒球裡，軀幹同樣是重要部位

在打棒球時，由於涉及軀幹的動作較少，通常不會有太多選手留意。然而，**軀幹其實扮演著重要角色，負責將下肢產生的力量傳遞給上肢**。

在本章節，首先會講解軀幹的結構和功能。

接著，會就棒球選手較常發生，並且可能影響運動員生涯的腰痛問題進行詳述，並介紹預防腰痛的注意事項和訓練方法。

## 勉強扭轉腰椎是很危險的

軀幹主要由胸廓、脊椎（胸椎、

### 軀幹的結構

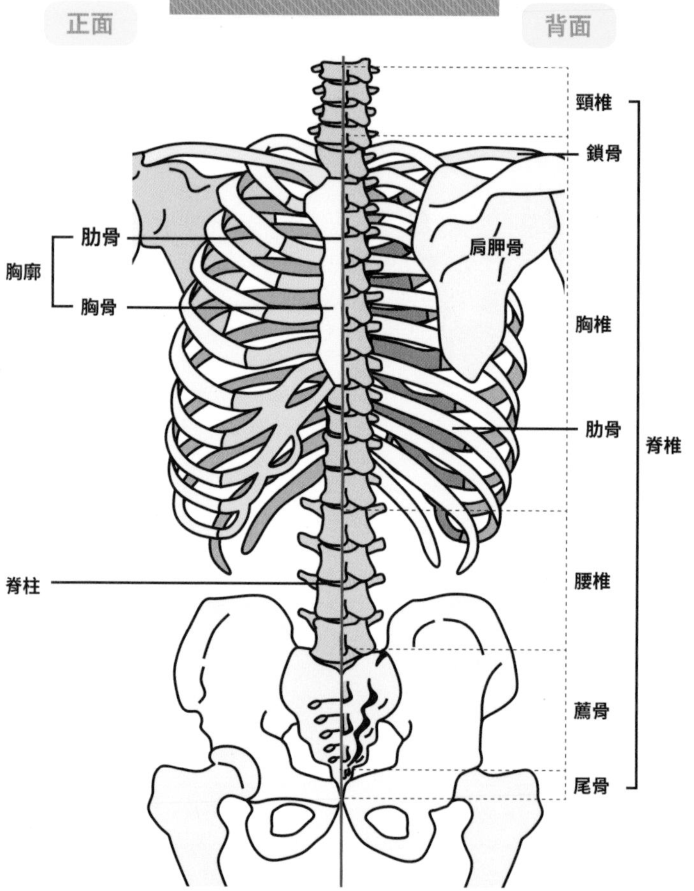

腰椎）、骨盆所組成。在骨盆上方有五個脊椎骨堆疊而成腰椎，其上另外連著十二個胸椎，從胸椎延伸出來的肋骨形成了容納肺與心臟的胸廓。

五個腰椎在正面透過**椎間盤**、背面透過**椎間關節**上下相連，藉此支撐體重。

椎間盤是一種軟骨，其結構由纖維性的纖維環包裹著黏稠的凝膠狀髓核，扮演吸收體重負荷的**「避震器」**角色。

而在背面，從腰椎後方突出的突起（關節突起）彼此上下相連並形成關節（椎間關節），並與從後方看起來宛如「蝴蝶」狀的椎弓相繫。

腰椎的椎間關節由於具有前後方向的關節面，適合進行前屈和後屈運動，但幾乎無法進行旋轉。因此，**重複進行強迫腰椎旋轉的運動，將導致椎弓疲勞性骨折或椎間關節損傷**。

## 椎間盤與椎間關節

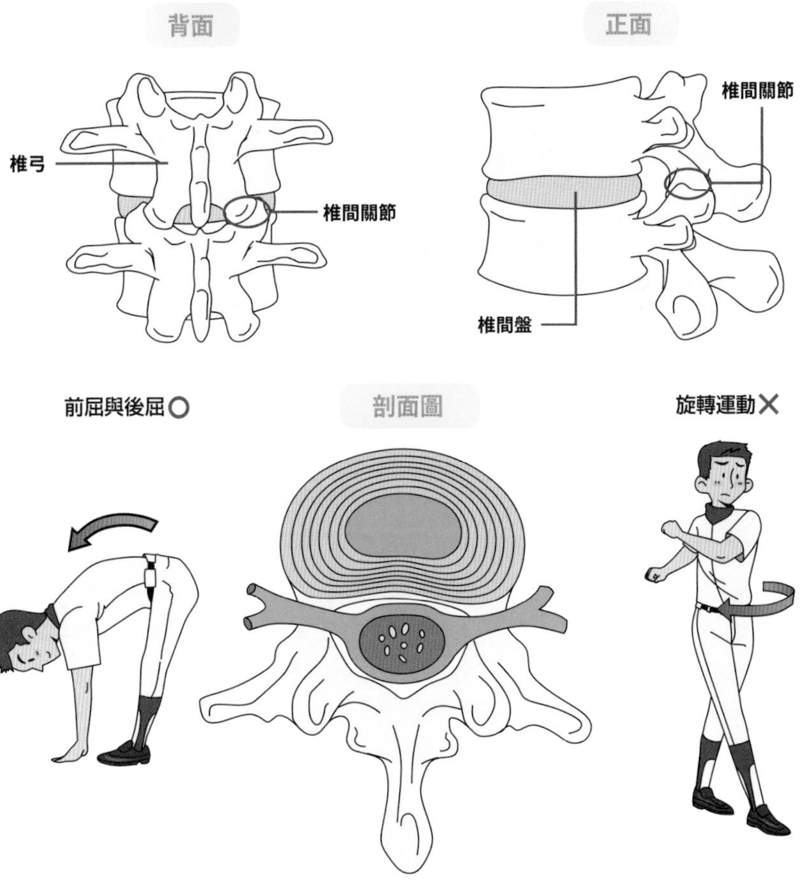

# 核心肌群是負責支撐腰椎的肌肉

## 核心肌群分為淺層肌和深層肌

腰椎就如下圖，由堆疊在骨盆上的脊椎骨組成，結構不穩定，若無支撐就會倒塌。

而負責支撐這串不穩定腰椎的，便是核心肌群。

**核心肌群**包括連接胸廓與骨盆的淺層肌（整體穩定肌群）和連接腰椎各骨頭的深層肌（局部穩定肌群），兩種肌群各司其職。

淺層肌包括腹直肌、腹外斜肌、腹內斜肌和豎脊肌，這些肌肉連向胸廓與骨盆，負責驅動身體的大幅度動作。

### 腰椎與核心肌群的相關性

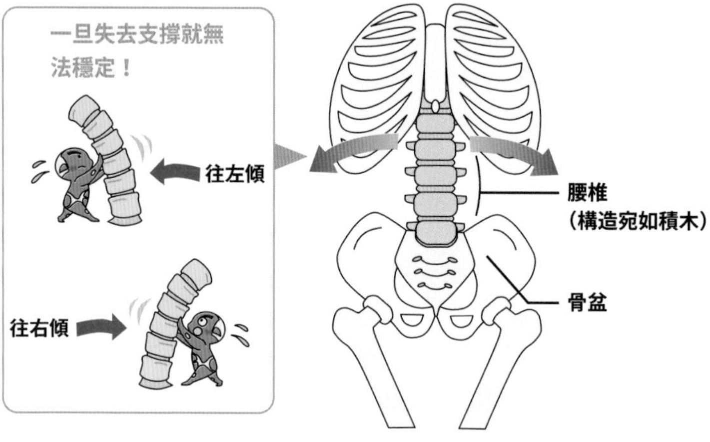


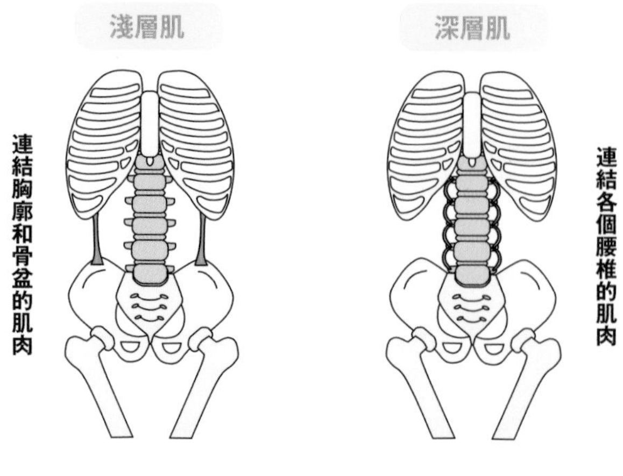

## 藉由深層肌發揮功能，人才能站得直

深層肌是直接附著於腰椎的肌肉，它隨時都在工作，使脊椎保持直立。

深層肌的代表包括腹肌群中的腹橫肌，以及背肌群中的多裂肌。**人之所以能夠站立，靠的都是這些深層肌正常運作**。

好比說，當身體左傾時，右側的深層肌會活動，而當右傾時，則是左側的深層肌會活動，**自然而然地調整姿勢，防止身體失衡**。

特別是在運動時，為了保持身體平衡，這種調整功能會快速運作，從而使人們能夠達成穩定的動作。

而一旦這種平衡無法維持，將會**對腰椎增加額外負擔，並導致椎間盤或椎間關節的傷害**。

### 深層肌的運作

腹橫肌

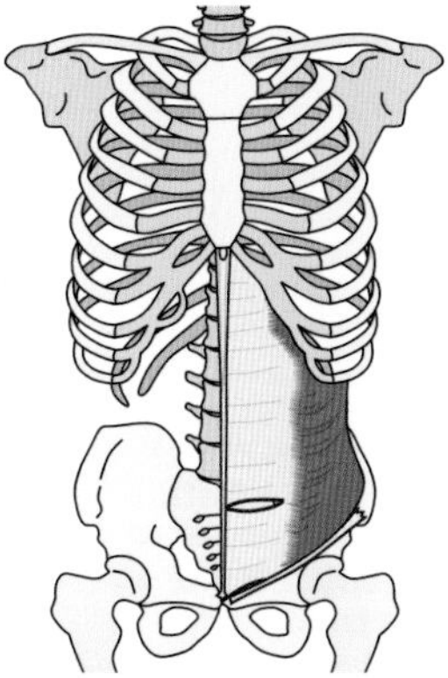

**這是腹肌的一部分，位於淺層肌的腹內斜肌的深處**

多裂肌

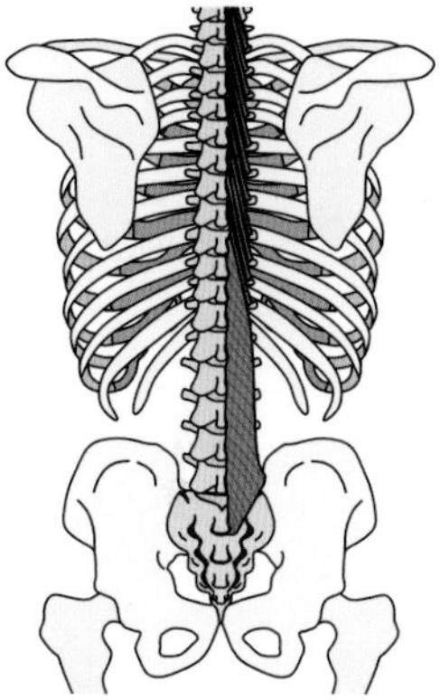

**腰多裂肌是位於腰椎之間的深層肌**

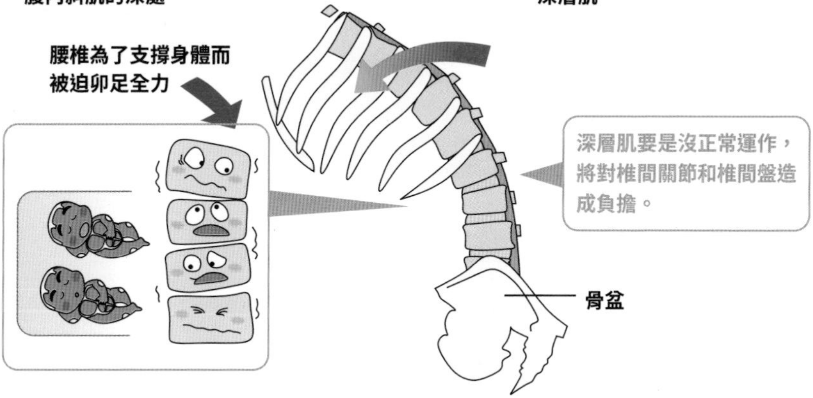
腰椎為了支撐身體而被迫卯足全力
深層肌要是沒正常運作，將對椎間關節和椎間盤造成負擔。
骨盆

軀幹 3

# 為什麼棒球選手容易腰痛？

## 棒球選手的腰痛發病率是無運動者的約三倍

由於運動選手需要反覆進行各種運用軀幹的動作，因此在運動選手中很常見腰痛患者。

下方的圖表為大學入學前進行過的運動與腰痛經歷的調查結果。

從圖中可以看出，棒球的腰痛經歷頻率僅次於排球，排名第二。此外，**棒球選手的腰痛發病率比沒有任何運動經驗的人，要高出三倍以上**。

許多職業棒球選手也深受腰痛所苦，可以說是「職業病」的一種。

### 各類運動的腰痛經歷頻率（大學入學時）

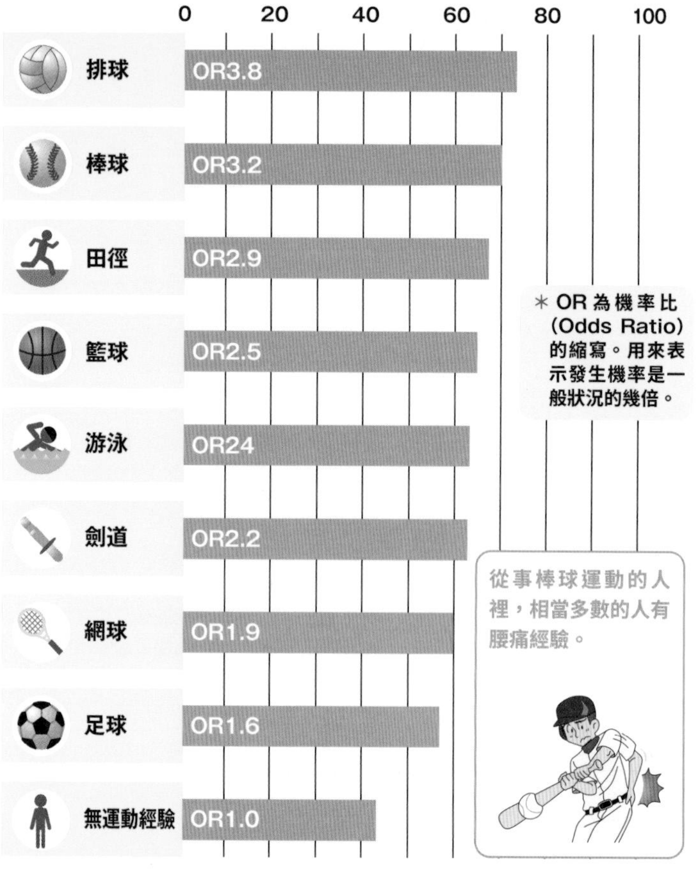

## 棒球選手的椎間盤變性發生率較高

下方的圖表是研究各類運動選手的椎間盤變性發生率。隨著年齡增長，椎間盤內的水分會減少（變性），但在棒球運動裡，約六成選手的椎間盤會出現變性的徵狀。

那麼，當椎間盤的含水量減少時，會產生哪些危害呢？

一如前述，椎間盤是支撐腰椎的軟骨，具有吸收體重負載的**「避震器」**作用。然而，一旦水分減少導致椎間盤的緩衝作用無法充分發揮，就會出現腰痛等症狀。

棒球運動包含各種動作，目前尚不清楚哪些動作會引發腰痛，但無庸置疑的是，**投擲、擊球和守備動作的一再重複，都會對腰部造成負擔。**

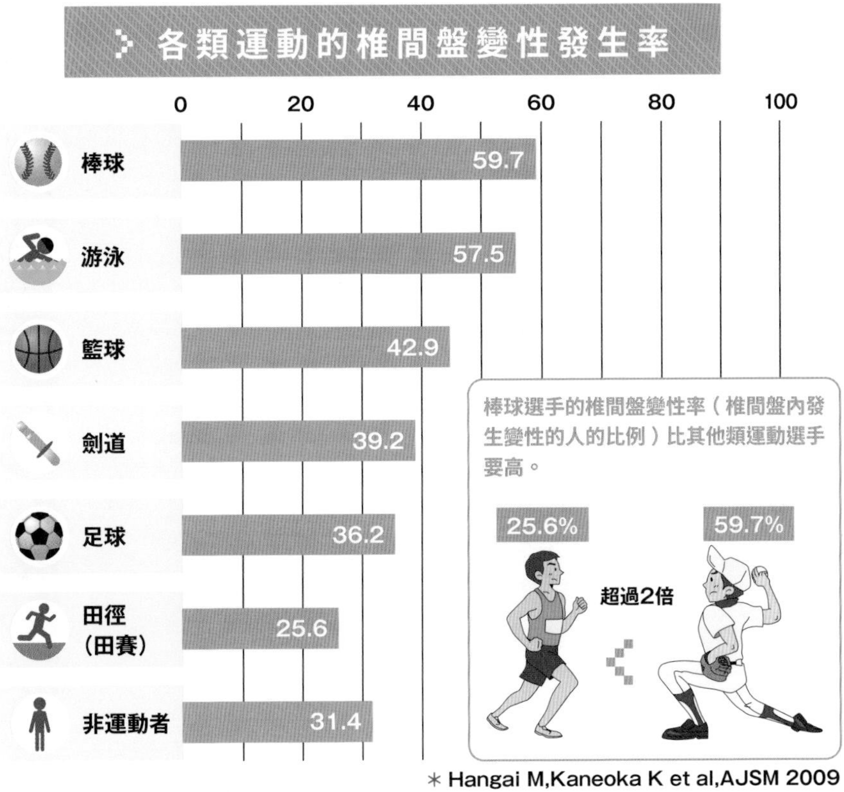


＊Hangai M,Kaneoka K et al,AJSM 2009

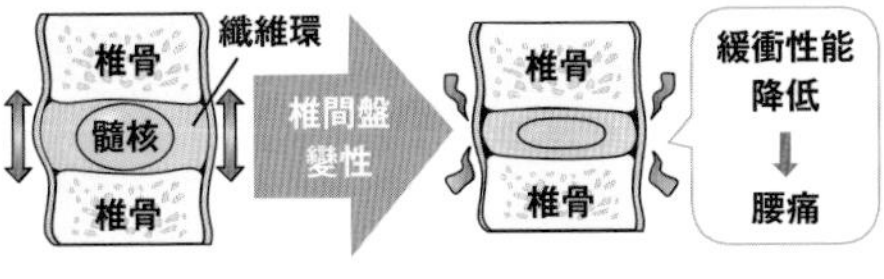


**椎間盤一旦變性退化，其緩衝功能會降低，進而引起腰痛。**

# 小學、國中年齡的棒球選手需當心腰部疲勞性骨折！

## 腰椎椎弓疲勞性骨折（解離症）

### 疲勞性骨折是由於腰部重複的旋轉運動引起

處於成長期的選手在進行打擊等動作時反覆扭轉腰部，將導致腰椎椎弓疲勞性骨折（解離症）。**正值成長期的棒球選手要是患有長期腰痛，原因多半為本篇提到的椎弓疲勞性骨折（解離症）。**

椎弓疲勞性骨折（解離症）一般多發於小學高年級至國中生階段。

發病原因為腰部伸展和旋轉運動的反覆進行，例如揮棒和投球動作造成的身體扭轉，會對腰部骨骼**「椎弓」**部分造成負荷，並在周而復始下，使成長期柔軟的骨骼產生疲勞性骨折。

腰部骨骼在結構上適合進行前彎

### 腰部疲勞性骨折的成因

**由於揮棒打擊和投球時反覆扭轉身體，導致疲勞性骨折發生。特別好發於成長期的選手身上。**

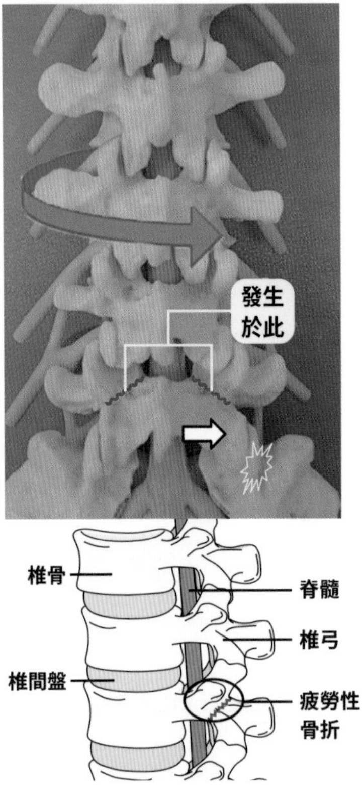

或後仰動作，但不適合進行扭轉（旋轉），而**要是持續進行過度的旋轉運動，就會使骨骼受損**。椎弓疲勞性骨折（解離症）在腰部後仰時會感到疼痛，並且當身體斜向後仰時，骨折側尤其痛苦。

## 症狀分為四階段

椎弓疲勞性骨折（解離症）依嚴重程度分為以下**四個階段**，根據不同的階段，治療方法和應對措施都會有所不同。

### 第Ⅰ階段（前期）

此階段由於身體反覆扭轉，使得骨骼（椎弓）承受負擔，並造成骨骼發炎的症狀。透過**MRI檢查可以在椎弓**及其周邊觀察到發炎所產生的變化。由於以CT或X光檢查無法確認異常，有時院方也難以診斷。腰痛的程度因人而異，有的人可能只感到些許不適，也有些人根本不覺得痛。

## 疲勞性骨折的判別法

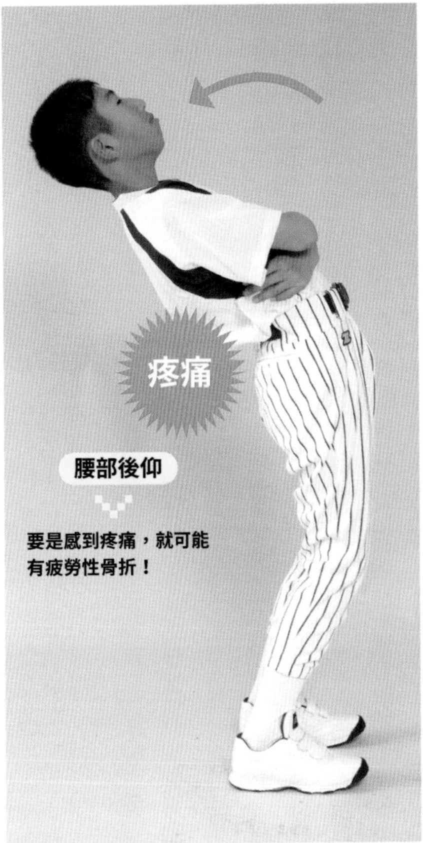
疼痛
腰部後仰
要是感到疼痛，就可能
有疲勞性骨折！

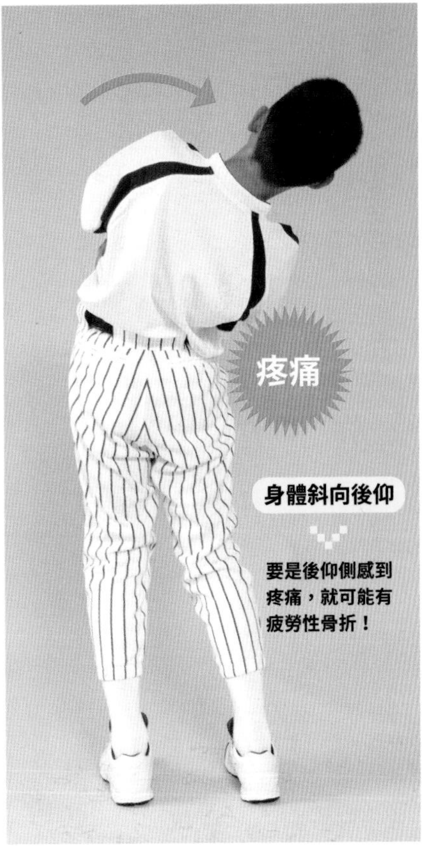
疼痛
身體斜向後仰
要是後仰側感到
疼痛，就可能有
疲勞性骨折！

### 第II階段（初期）

此階段由於發炎導致骨骼逐漸被破壞（吸收），脆弱的骨骼開始發生疲勞性骨折。**除了MRI檢查可觀察到發炎帶來的變化，CT檢查也能看出椎弓出現細小的龜裂**（見左頁照片）。

雖然X光檢查尚未顯示異常，但身體後仰和扭轉動作引起的腰痛，已經開始影響運動能力。

### 第III階段（進行期）

此階段的骨骼龜裂擴大，間隙變寬。在**CT檢查中可以看到因疲勞性骨折導致分離部位擴大**，而在X光檢查中也終於可以看到分離部位。

### 第IV階段（末期）

此階段骨頭分離部位發生缺損，間隙進一步擴大。**X光檢查中也能清楚看到明顯的分離**。到了這個階段，腰痛可能反而減輕，有些選手甚至不再感到痛楚。

疼痛發生與否，以及症狀的程度和進展，會因選手而異。有些選手在分離症的末期依然感受到持續疼痛，也有些選手從一開始直到骨骼分離，都不曾感覺到腰痛。

## 四種階段的療法

### 第I階段（前期）

若身體後仰時感到腰痛，請將此視為疲勞性骨折的前兆，因為即使在醫院檢查中未發現異常，這也可能是早期分離症的徵兆。接下來，別再從事有可能增加腰部負擔的動作，並且務必在疼痛消退前充分休息。

在這個階段，只要妥善休養並採取接下來會提到的腰痛預防措施，不僅可以克服腰痛，**還有助於提升競技表現**。

在腰椎疲勞性骨折的情況下，**學習不會扭轉腰椎的擊球和投球姿勢至關重要**。此外，還應充分進行伸展運動，改善骨盆活動範圍。這部分將在後面進一步詳述。

### 第II階段（初期）

要是強忍著腰痛繼續進行相同運動而沒有採取措施，將會導致椎弓產生龜裂骨折。一旦進入本階段，只要暫停運動，減少對骨骼的負擔，骨骼還是有機會自然修復。**在骨骼進入修復前，應暫停任何會加重腰部負擔的運動**。

在這階段，任何身體的扭轉或後仰，都可能妨礙骨骼修復，建議穿戴護腰（硬式護腰＝參見第122頁照片）以限制活動，等待骨骼自然癒合。

但即使穿戴護腰，期間要是有辦法做下肢拉筋或是核心肌群訓練，還是應盡可能進行。如果骨骼在二至三個月內癒合，就能重新開始運動，但要是柔軟度或軀幹的穩定性欠佳，同樣問題還是有可能再次復發。

此階段的疲勞性骨折在X光下可能

## 腰椎椎弓疲勞性骨折(解離症)的受傷程度與發生機制

**根據 CT 檢查，可以看到在進行期的第III階段所產生的分離部間隙，到了末期的第IV階段，則可見到完全分離的狀態。**

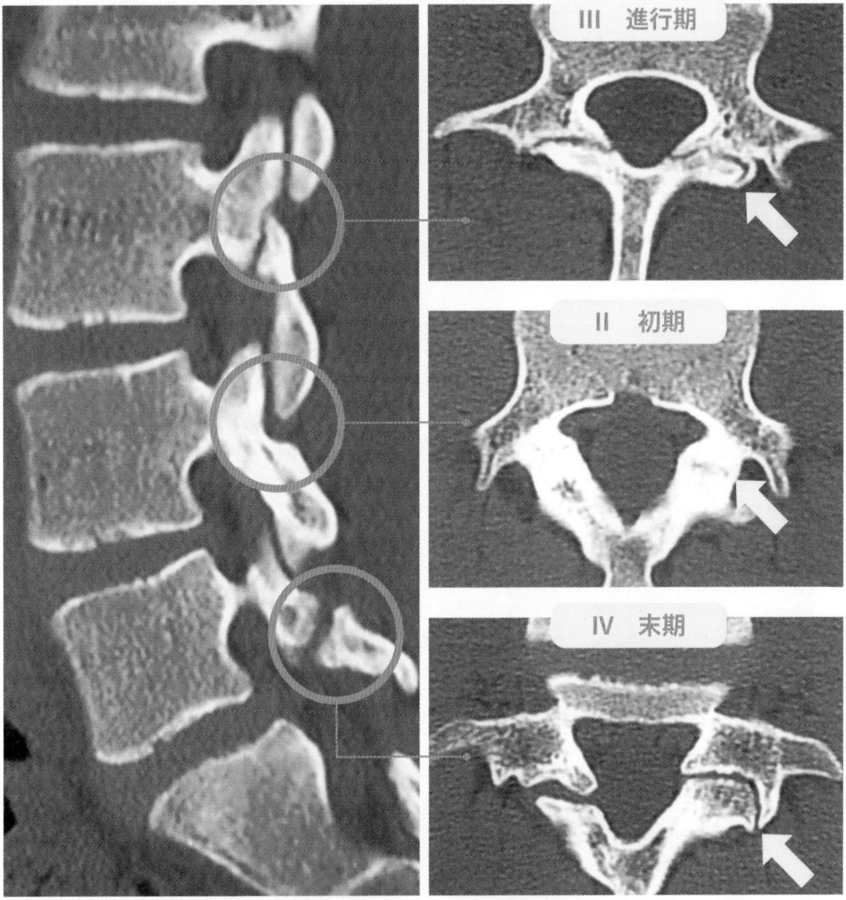

不明顯，因此診斷需要進行CT檢查。請前往設備完善的大醫院接受診察。

可惜的是，由現實面來看，一個少棒選手往往難以接受長時間穿戴護腰或暫停運動的治療建議。

然而，要是不在這一階段徹底根治，等到**運動量增加或天氣轉涼，就可能會反覆出現腰痛**。

**在這個階段，好好休養並根治問題，才能夠長久地享受棒球生涯**。許多棒球選手會為了眼前的比賽而延誤治療，但凡是棒球選手——**特別是少棒選手若考慮到未來的棒球生涯，更應該要勇於選擇休養**。

一流的職業棒球選手會在感受到身體不適時充分休息，這點值得我們效法。

## 第III階段（進行期）

一旦進入這階段，即使暫停運動，骨骼也還是難以修復。

這也就意味著，即使暫停棒球活動

## 穿戴護腰（硬式）

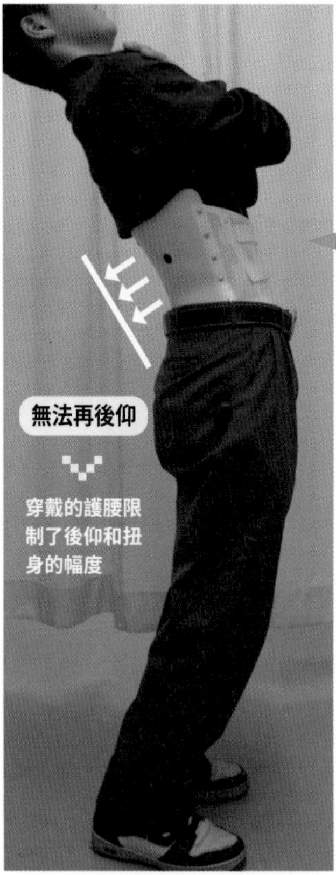
無法再後仰
穿戴的護腰限制了後仰和扭身的幅度

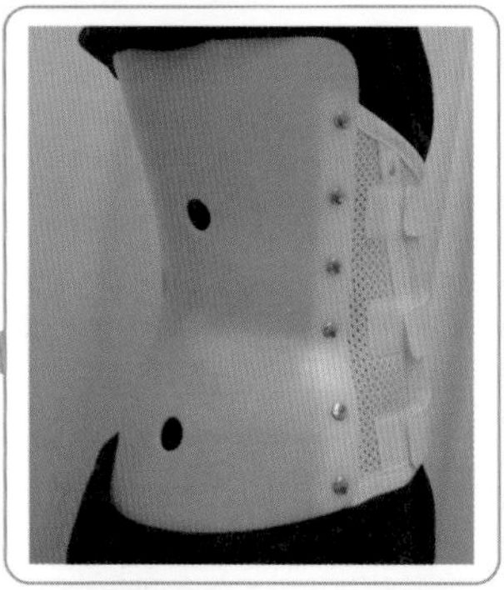

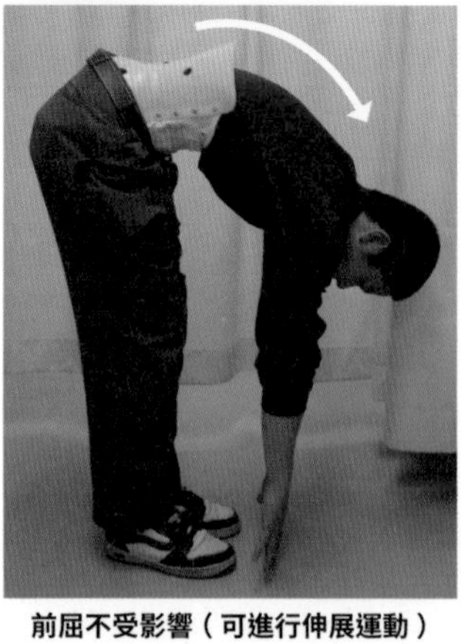

前屈不受影響（可進行伸展運動）

並使用護腰固定，也有很高的機率無法康復如初。因此若進入本階段，就**必須至整形外科進行充分的諮詢，以選擇合適的治療方法**。

### 第IV階段（末期）

骨頭一旦完全分離，就再也無法指望藉由暫停運動來自然修復。然而，即使骨頭完全分離，也不代表會隨時感到疼痛；只是當腰部承受的負荷增加，腰痛也會伴隨而來。

因此本階段的重點在於**採取相應的措施**（例如下肢的拉筋伸展、核心肌群訓練、維持平時與投球的姿勢良好），**以免對分離部增加負擔**。

## 不會對分離部位增加負擔的伸展運動&訓練範例

腿後肌群伸展運動

股四頭肌伸展運動

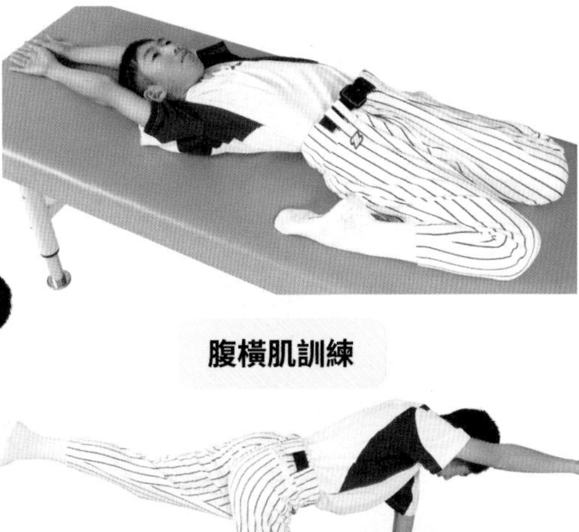

腹橫肌訓練

多裂肌訓練

軀幹 5

# 棒球選手容易患椎間盤突出？

## 椎間盤的含水量會隨年齡增長逐漸減少

「椎間盤突出」是一種常聽到的病名，在這篇簡單說明一下病狀。

椎間盤是一種位於腰椎的骨與骨之間，具有緩衝作用的軟骨。椎間盤含有大量名為**「蛋白聚醣」**的蛋白質，具有保水的功能。年輕人的椎間盤由於含有豐富的蛋白聚醣，所以含有大量水分。

但一如腳踏車的輪胎會漸漸漏氣，椎間盤隨著年齡增長，蛋白聚醣的含量會降低，椎間盤中的水分也會跟著減少。這種變化會發生在每個增齡的人身上，然而**在二十多歲的年輕人裡，有三分之一在經過ＭＲＩ檢查後，驗出有水分減少的問題**。這種水分減少的狀態稱為「**椎間盤變性**」。

椎間盤要是退化扁塌，就可能會突出到外部並壓迫神經，引起腰痛或坐骨神經痛，這種狀態就是「椎間盤突出症」。

## 約六成的棒球選手出現椎間盤變性？

椎間盤變性是隨著年齡增長的正常變化，但過度運動或沉重的體力勞動，都會加速其進行。許多運動員患有腰痛，也**多半是由於椎間盤變性**。

根據研究，**約有六成的大學棒球選手**經ＭＲＩ檢查後發現**存在椎間盤變性**的問題（參見第117頁）。這一比例明顯高於同年齡層的一般變性率，因此可以說「**棒球選手更容易患有椎間盤突出**」。

目前還不清楚棒球動作的哪些動作會對椎間盤造成負擔，但很有可能是打擊、投球和守備動作的重複進行，對腰椎造成負擔。

椎間盤突出一旦造成，就只能到整形外科接受治療，因此平常務必確實地鍛鍊身體，避免對椎間盤增加額外負擔。所謂的鍛鍊基本上應包括拉筋伸展和核心肌群訓練，請務必確實執行後述的訓練方法。

## 椎間盤突出的狀態

**當「椎間盤變性」發生並導致椎間盤的水分減少，椎間盤就有可能突出並壓迫神經，造成疼痛。**

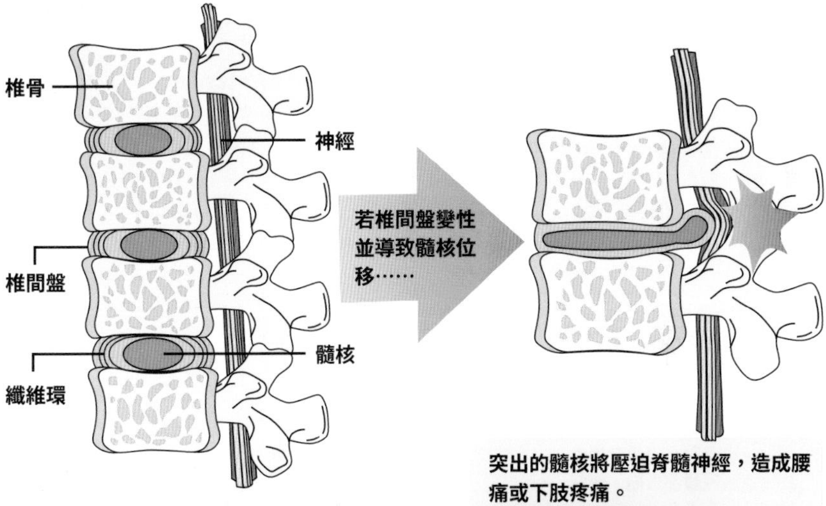


**突出的髓核將壓迫脊髓神經，造成腰痛或下肢疼痛。**

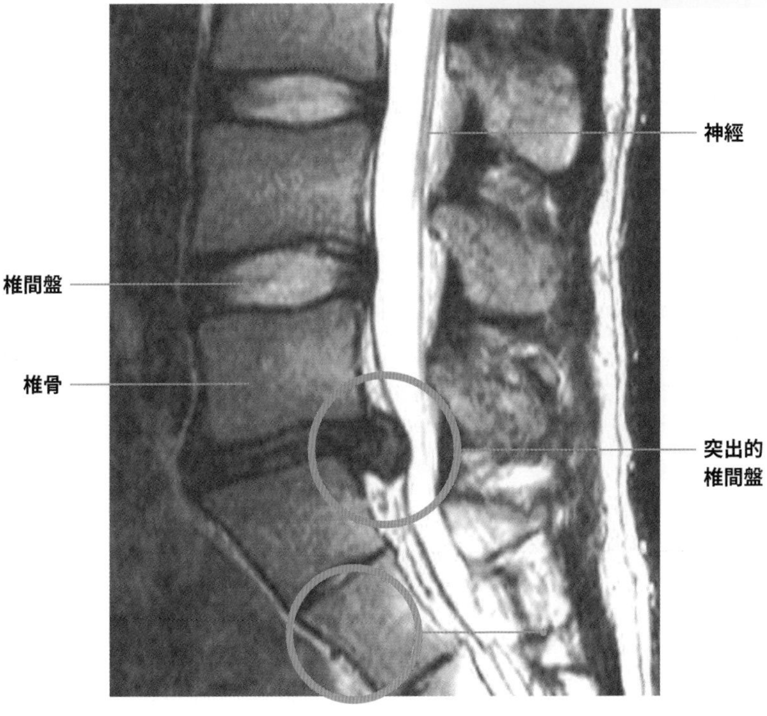

軀幹 6

# 投球姿勢、伸展運動和肌力訓練是預防腰痛的三大法門

## 多數腰痛是原因不明確的「非特異性腰痛」

腰痛的原因相當多元。像椎弓疲勞性骨折或椎間盤突出這類可以透過影像檢查確實診斷出原因的腰痛並不多見，**多數情況下無法鎖定確切原因**。

無法透過影像檢查鎖定原因的腰痛，可能包括腰部關節承受壓力而引起的疼痛（椎間關節障礙）、薦髂關節承受壓力而引起的疼痛（薦髂關節障礙）、肌肉或筋膜引起的疼痛（肌筋膜性腰痛）、腰部骨頭的突出部分相互碰撞造成的疼痛（棘突夾擠）、以及肌肉與骨頭接合處發炎所導致的疼痛（著骨點炎）等。

## 非特異性腰痛的例子

我有腰痛問題……。
X 光檢查沒有發現異常，找不到確切原因。但是只要做些訓練減輕腰部負擔，應該就沒問題了！

| | |
|---|---|
| 腰椎椎間關節障礙 | 椎間關節承受負荷而導致疼痛。 |
| 薦髂關節障礙 | 薦髂關節承受負荷而導致疼痛。 |
| 肌筋膜性腰痛（肌性腰痛） | 由於腰部筋膜或肌肉損傷等原因引起的腰痛。 |
| 棘突夾擠 | 由於腰椎棘突相互碰撞而產生疼痛。 |
| 著骨點炎 | 腰背部等肌肉與骨頭接合處發炎，引起疼痛。 |

只要經過詳細診查，腰痛多半能夠找到原因，但若無法確定腰痛的具體原因，就會將其歸類為非特異性腰痛。即使打棒球導致了這些**非特異性腰痛**，也**可以通過減輕腰部負擔來進行治療和預防**。因此，請務必仔細遵循以下預防性訓練。

## 身體大幅度的扭轉會產生巨大的力道

要預防腰痛，首先必須從**正確的姿勢、伸展運動以及核心肌群訓練**開始著手。

所謂的揮棒和投球，是在雙腳站穩的情況下扭轉身體，並大幅度揮動肩膀和手臂的一連串動作。如果這些動作流暢連貫，就能將巨大的力量傳遞給球或球棒，投出更快速的球，或是更強力的揮棒。因此，身體的扭轉幅度至關重要，而要能夠強而有力的扭身，平時就必須做伸展運動，訓練核心肌群。

## 預防腰痛的3大要素

**要避免腰痛發生，重點在於以正確的姿勢投球和揮棒。而要做到這點，就必須勤做伸展運動和訓練核心肌群。**

軀幹 7

# 骨盆的旋轉和核心肌群的協調是關鍵

## 在髖關節、胸椎、肩胛骨進行扭轉

要想投出更快的球，或是更強勁地揮棒，關鍵在於讓身體大幅度旋轉，但身體的旋轉又是如何發生的？您是否認為，是通過扭轉腰部來實現？

然而實際上，**腰部的骨骼由於結構限制，並不能進行扭轉**。要是強行施加扭力，甚至有可能導致椎弓疲勞性骨折或關節出問題。

那麼，扭轉的力道從何而來？其實，這是來自於**髖關節**、**胸椎**（背部）和**肩胛骨**。

在投球或揮棒時，跨出的前腳（若是右投或右打者，則為左腳）踏穩地面

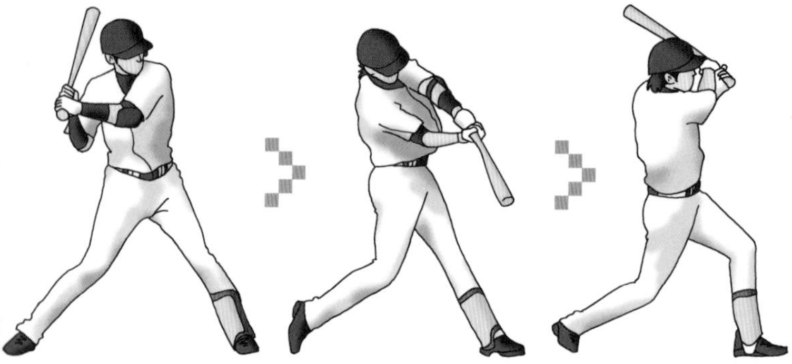

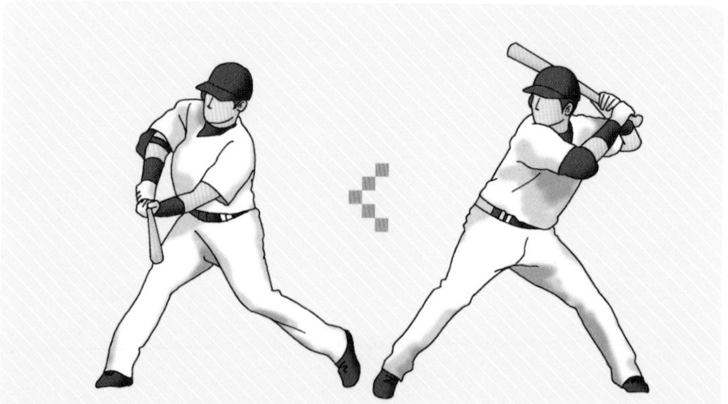

後，體重轉移到左髖關節上，同時以髖關節為中心，帶動骨盆旋轉。

## 由向後轉造成的負擔引起腰痛

骨盆一旦旋轉，承載其上的腰椎也會跟著旋轉，而要是此時核心肌群沒有充分發揮作用，就會**跟不上骨盆的旋轉，使得扭力施加於骨骼**，而這會導致腰痛。身體（軀幹）必須先以扎實的核心肌群奠基，**骨盆的旋轉力道才能夠確實傳遞至胸椎、胸廓、肩胛骨以及上肢**。

此外，投球或打擊的完成動作期，胸椎和肩胛骨都會有大幅度的移動，外觀乍看之下，就像是身體被大力地扭擰。

**要順暢地完成這一連串動作，最重要的是讓髖關節有辦法大幅度旋轉，以及對附著於骨盆的肌肉進行伸展拉筋。**

### 一流職棒選手的揮棒姿勢

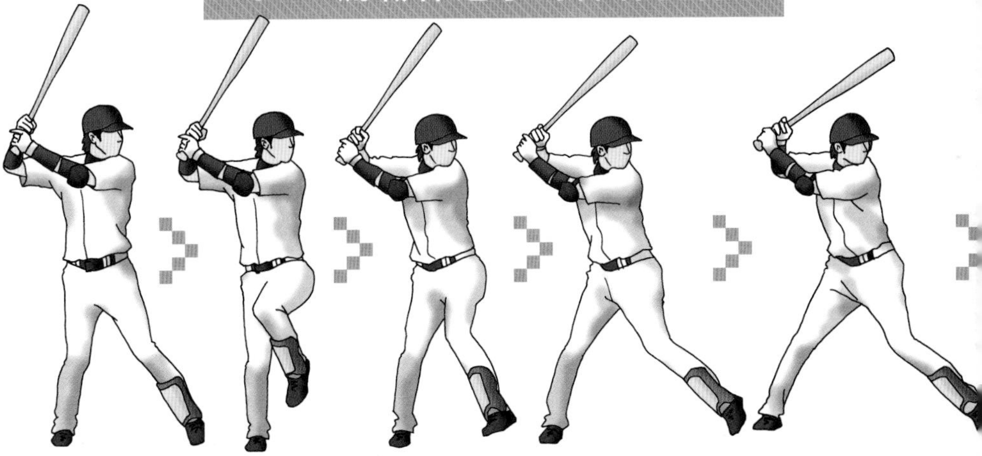

從揮棒動作可以看出，一流選手以髖關節為中心旋轉軀幹，但並沒有扭轉腰部。

## 棒球選手的椎間盤變性發生率較高

腰部的骨骼座落於骨盆之上。承載腰骨的骨盆並非與地面呈水平，而是前傾約三十度角。這叫做**「骨盆傾斜角」（腰薦椎角）**。當這個角度增大，導致骨盆前傾，其上的腰椎彎曲（前彎）幅度也會增加。

反之，要是骨盆後傾，腰椎的前彎會跟著減少。簡單來說，**「腰椎前彎大＝腰部呈後仰的狀態」**，這會對腰部的椎弓和關節造成負擔，引發疲勞性骨折和關節障礙。

想預防腰痛發生，就必須維持**讓骨盆呈後傾的姿勢**。

要讓骨盆保持後傾，就需要**軀幹深層肌肉（核心肌群）**的力量。只要深層肌肉中的腹橫肌能夠穩定運作，就能使骨盆後傾。

而在運動時**保持肚臍向內縮的感**

### 骨盆的傾斜角度

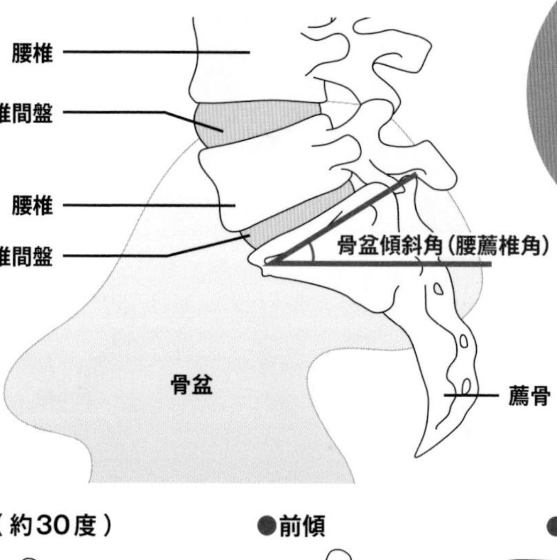


腰薦椎角通常約30度；角度越大，骨盆前傾越多。隨著角度減小，骨盆向後傾斜。

●正常（約30度）　●前傾　●後傾

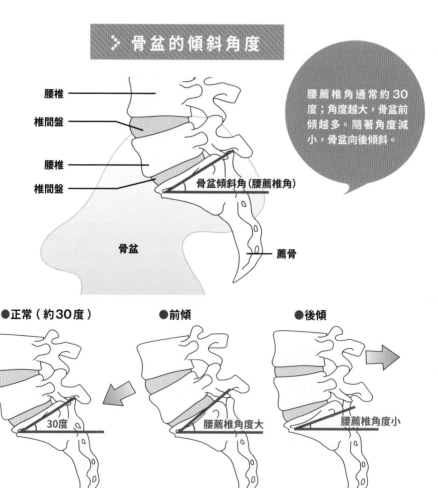

覺，**藉此激發核心肌群**，更是運動時維持良好姿勢的重要一步。

## 使腰部無負擔的正確姿勢

**○ 後傾** **腰椎彎曲幅度減緩，腰部承受的負荷得以減低。**

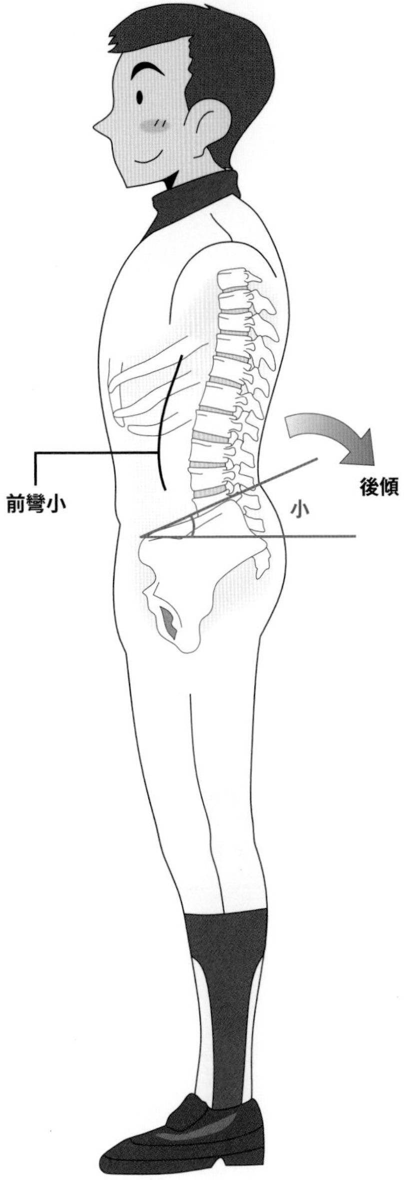


**✕ 前傾** **腰椎彎曲幅度增加，腰部得承受更多的負荷。**

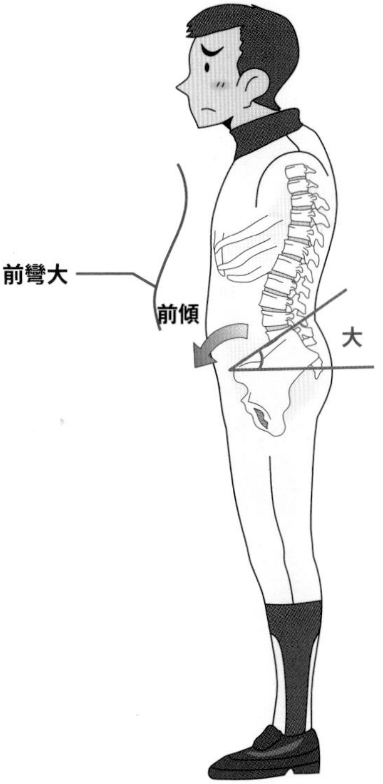

軀幹 8

預防腰痛❷伸展篇

# 不做伸展運動就別打棒球了！

## 了解伸展的重要性

在投球或揮棒練習時全力以赴的選手不是少數，但不幸的是，伸展運動卻多半不受重視。這或許是因為覺得伸展運動乏味無趣，且感覺對提升棒球技能沒有正面助益。然而，要是**不做伸展運動，不僅無法保持良好的姿態**，長時間練習下來還會**讓腰部累積負擔，最終可能導致腰痛**，無法繼續進行心愛的棒球運動。

特別是在小學高年級到國中階段，由於骨骼迅速成長，甚至超越了肌肉和肌腱的生長速度，這會相對造成肌肉和肌腱處於緊繃狀態，可能引發**膝部的成長痛（奧斯戈德氏病）或骨盆的疲勞性骨折**等問題。因此在這個階段，進行充分的伸展運動尤為重要。

## 身體前彎時手指能觸地嗎？

因腰痛前來看診的選手大多**身體僵硬，身體前彎時手指無法觸及地面**。若希望棒球選手能當得長久，身體最起碼要有能夠以手掌觸地的柔軟度。

您是否認為**「身體僵硬的人做再多伸展運動也不可能變得柔軟」**？這其實是錯誤的觀念。只要實踐第134至135頁的伸展運動，身體就能夠比現在更加柔軟靈活。

「折刀式伸展」是八王子運動整形外科開始推行的伸展操。有效的祕訣在於利用股四頭肌的肌力（這些肌肉作用為將膝關節打直）對用來彎曲膝蓋的腿後肌群進行伸展拉筋。當神經嘗試運動股四頭肌時，會抑制作用相反的肌肉（拮抗肌）的神經刺激，如此就能更好地伸展腿後肌群。利用這種以拮抗肌的自動收縮進行的伸展拉筋叫做**「主動伸展」**，其不僅適用於腿後肌群，也能應用於伸展其他部位。

若您曾經做過伸展運動，感到成效不彰而失去動力，只要施行我們的伸展運動並獲得明顯改善，相信接下來一定會願意每天持續進行。讓我們一起開始，**以手掌能觸及地面為目標**吧。

# 股四頭肌與腿後肌群

**股四頭肌** 大腿前側的肌肉　　**腿後肌群** 大腿後側的肌肉

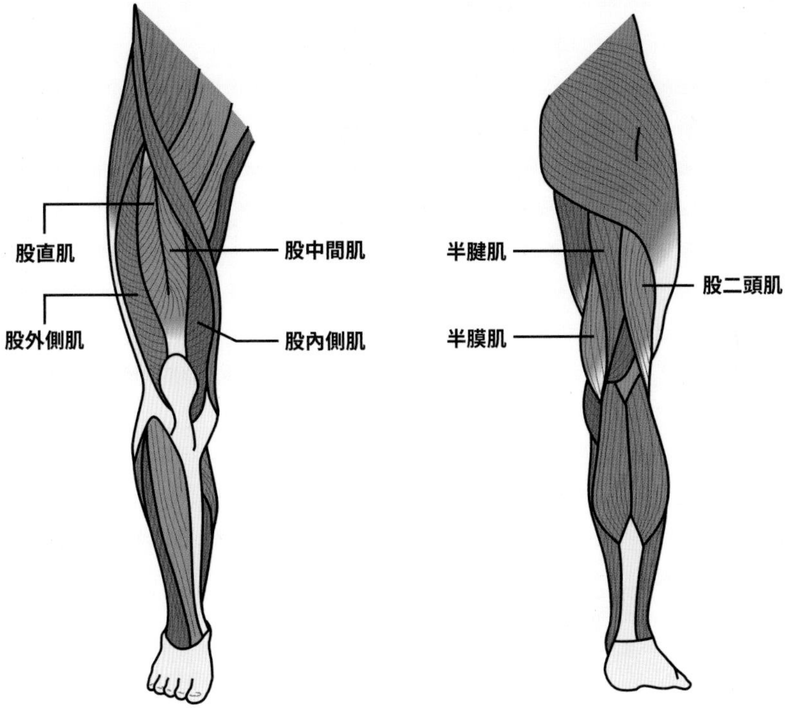


## 折刀式伸展的運作原理

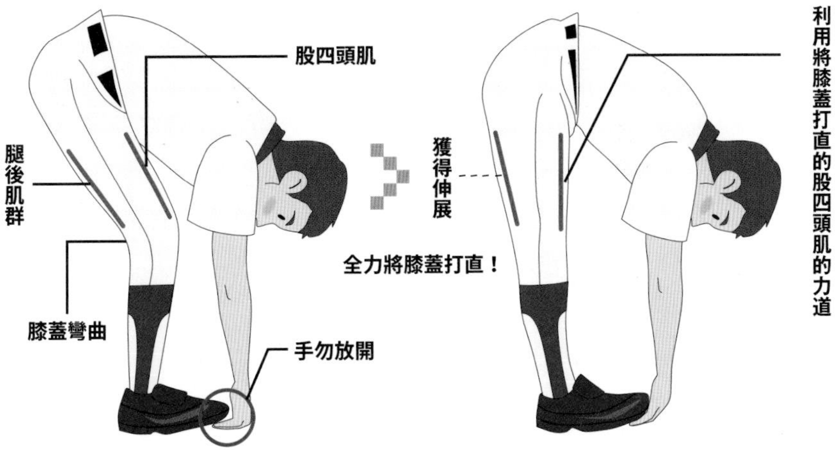

# 腿後肌群伸展［折刀式伸展］

❶
❷

❶雙膝彎曲，手握腳尖，並確保指根的關節觸及地面。
❷保持手不放開，將膝蓋盡可能打直。在這個過程裡，應該感覺到大腿後側肌肉被拉伸。全力拉伸約 10 秒，然後休息 10 秒，重複此循環一共 3 次。

**除了預防腰痛，更助於防止肌肉拉傷！**

❸
❹

❸這次將雙膝彎曲，手握腳跟部分，並確保指根的關節觸及地面。
❹保持手不放開，將膝蓋盡可能打直。在這個過程裡，應該感覺到大腿後側肌肉被拉伸。全力拉伸約 10 秒，然後休息 10 秒，重複此循環一共 3 次。

伸展前
伸展後

就算是身體前彎時手指無法觸地的人，只要執行上述的伸展運動，最終也能達到以手掌觸地的柔軟度。職棒選手鈴木一朗重視暖身運動，維持身體柔軟度的努力是眾所周知的。我們應該以他為學習的榜樣。

## 股四頭肌伸展

❶首先呈跪姿，臀部坐在雙腳之間，使臀部接觸地面。
❷以雙臂支撐身體，慢慢將身體倒向後方。

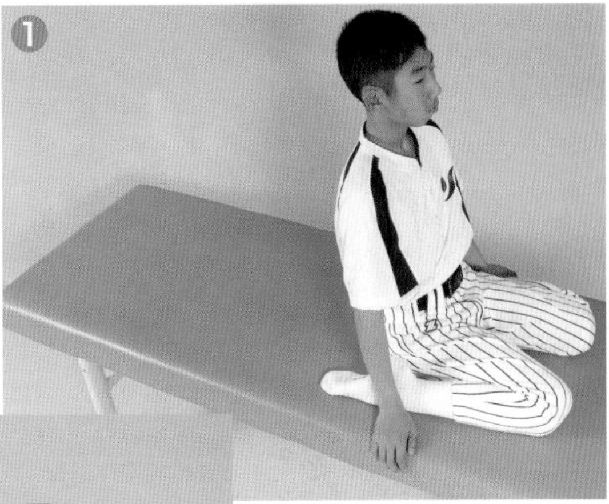


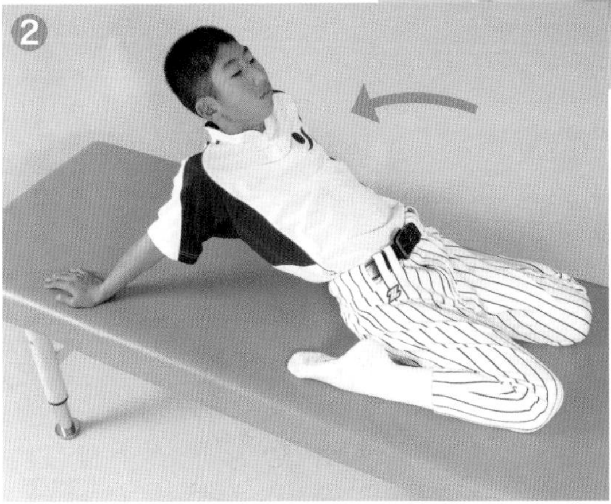


**藉由將身體向後倒，就能有效地拉動大腿前側，對股四頭肌形成伸展的效果！**

❸伸展雙臂，使肩膀接觸地面。要是在過程裡感到疼痛，應在疼痛出現的位置停下，專注於拉伸肌肉。

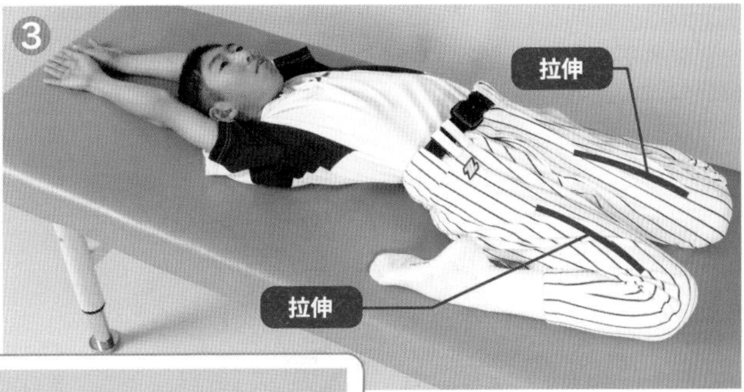

**一流選手能夠將身體後倒至完全貼地。請以此為目標！**

# 「投球」、「打球」都需要軀幹深處的肌力

## 能否使用軀幹深層肌肉（核心肌群）很重要

投球和打擊的動作，以**下肢↓骨盆↓軀幹↓肩胛骨↓上肢**漸次傳遞。因此，要是軀幹不扎實，力量就無法順利傳遞，在中途被吸收，並轉化為腰骨的負擔，成為引發腰痛的原因。

要想穩定軀幹，重點在於**善用軀幹的肌力，穩定骨盆的動作，使力量能順利傳遞至肩胛骨和上肢**。

有些選手天生就能夠穩定軀幹，但也有選手即使接受訓練也難以辦到。因此，首先請進行自我檢查，看看自己是否能夠活用軀幹深層肌肉（核心肌群）。

## 腹橫肌的收縮

### 檢查腹橫肌是否收縮

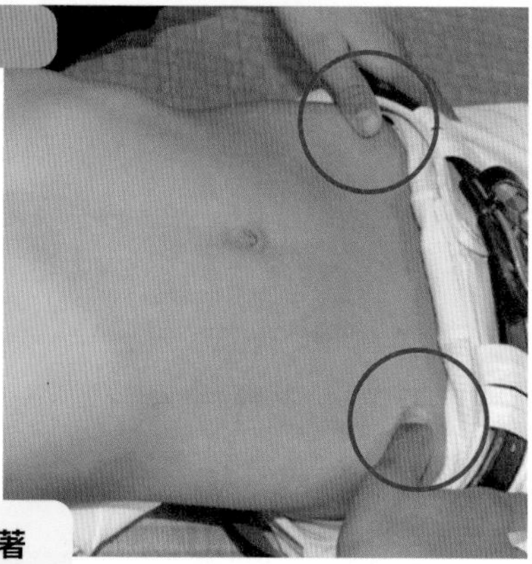

❶呈仰躺姿勢，大拇指抵住位於骨盆前方的骨突再稍微向內的位置。
❷試著施力將肚臍往內縮，檢查大拇指抵住的位置（腹橫肌）是否收縮變硬。

**若感覺不到腹橫肌收縮，意味著還無法善用核心肌群，需進行接下來的訓練。**

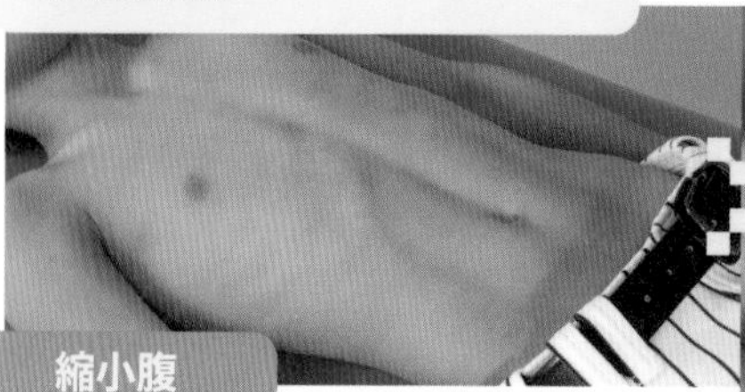

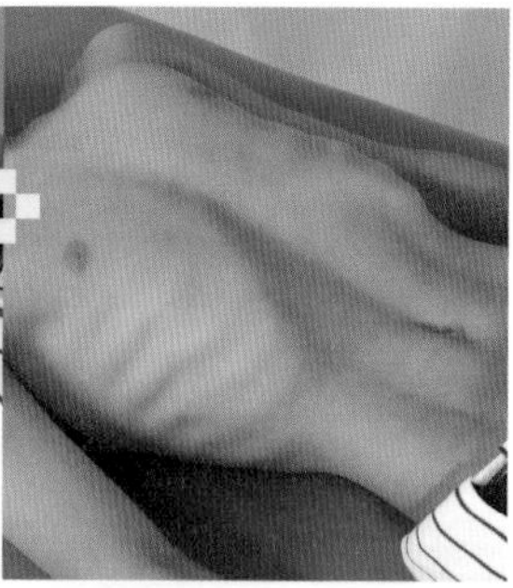

### 縮小腹

❶呈仰躺姿勢，膝蓋微微彎曲。
❷試著將肚臍使勁往內縮到像是要貼地般，同時以大拇指檢查腹橫肌的收縮。
❸維持步驟 2 的狀態，持續施力 20 秒後稍做休息。重複做 3 個循環。

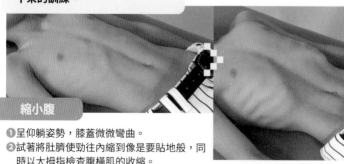

## 腹橫肌的收縮與骨盆的前傾、後傾

首先，檢查**腹橫肌的收縮**。

將大拇指抵住位於骨盆前方的骨突再稍微向內的位置，並在這個狀態下，試著施力將肚臍往內縮，看看大拇指抵住的位置是否變硬。這塊變硬的肌肉即為腹橫肌，是重要的深層肌肉之一。

若在這時感受不到肌肉的收縮，代表對於核心肌群的使用還不夠熟練，需要進行後述的訓練。

將肚臍持續往內縮，直到能夠感受到大拇指抵住位置的肌肉傳來收縮。試著輕咳或收緊肛門，也有助於理解如何引發收縮。

接下來，是關於**骨盆的前傾與後傾**。

在站立姿勢下，試著如下圖所示，讓骨盆前傾或後傾。在**前傾時，背肌和多裂肌會發力；後傾時，主要由腹橫肌發力**。

### 骨盆的前傾、後傾

對於腰部拱起時會感到疼痛的選手，骨盆後傾有助於降低疼痛，因此應該試著學習自如地控制骨盆的動作，在投球或打擊時有意識地讓骨盆後傾。

## 鍛鍊核心肌群！

等到能夠得心應手地運用軀幹的深層肌肉，接下來開始進行肌力訓練。

核心肌群的訓練方式和其他部位的肌力訓練不同，因為它不涉及舉起或移動物品，使得**訓練方法較難理解**。但也因為這樣，目前已經發展出各種訓練方法，而這些方法被大眾稱為核心訓練、核心穩定訓練、骨盆體操之類。

皮拉提斯運動和瑜伽都是針對軀幹深層肌群的運動方法。由於從外部觀察很難判斷腹橫肌是否正常活動，也使得這些體操的指導相對困難。

近年來，已有研究探討各類體操主要運動到哪些肌肉，因此我們將介紹一些效果顯著的運動。**透過這些具有科學**

## 腹橫肌的訓練方法

### 手膝式

❶雙手和雙膝著地，呈四足爬行的姿勢。留意骨盆的傾斜，避免腰部拱起。

❷維持該姿勢，將右臂舉至與地面平行。

❸若身體在步驟 2 的狀態下能夠保持穩定，接著同樣將左下肢舉至水平，維持這樣的姿勢30秒。

＊左右側互換並重複相同動作。

❶

❷

❸

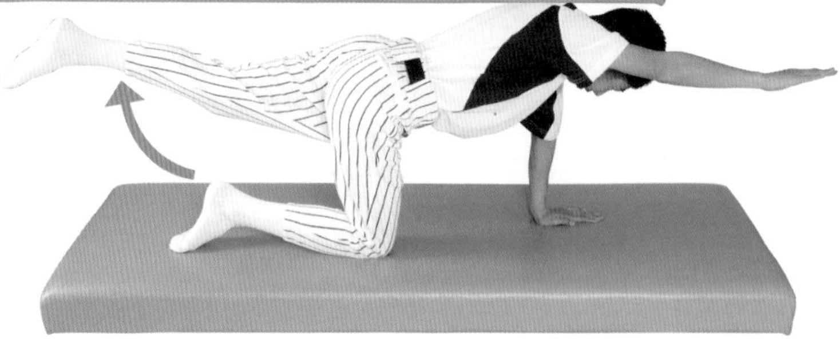

## 側橋式

側躺並以手肘和腳支撐身體，使腳、骨盆、脊椎、頭部處於一直線上。維持這樣的姿勢 30 秒，左右側互換並重複相同動作。若身體右側向下，則能夠運動到右側的腹橫肌。

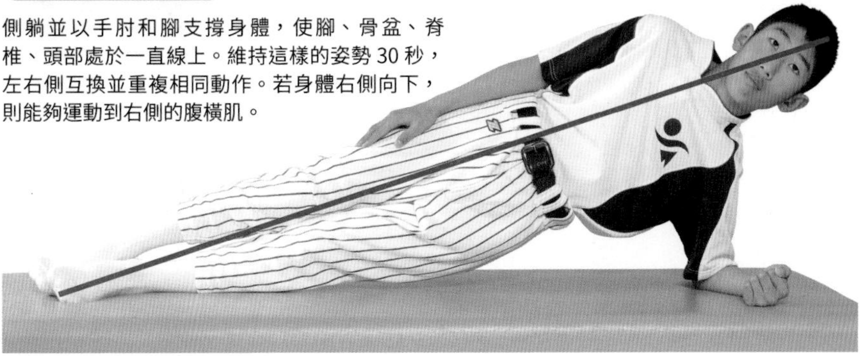

## 前橋式

①

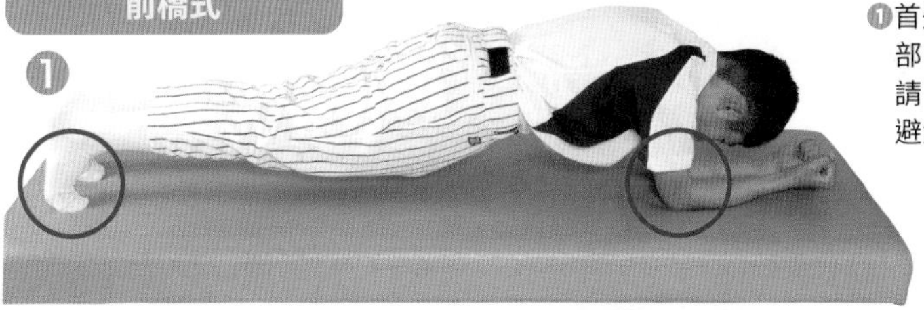

①首先呈俯臥姿勢，以肘部和腳尖撐起身體。請留意骨盆的傾斜，避免腰部拱起。

②

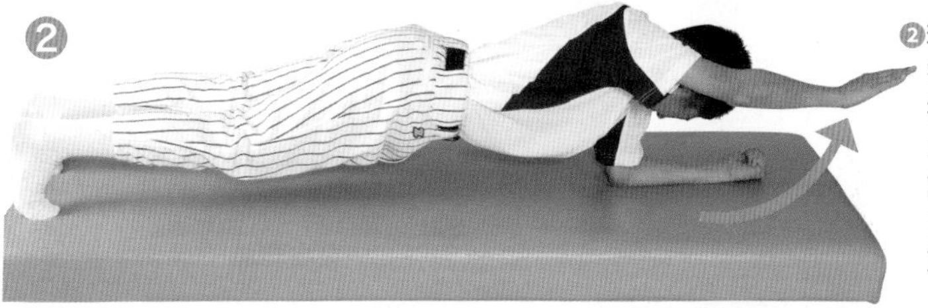

②若身體能在這個姿勢中保持穩定，接著將右臂舉至水平高度。此時請注意勿使骨盆向左或向右過度旋轉。

③

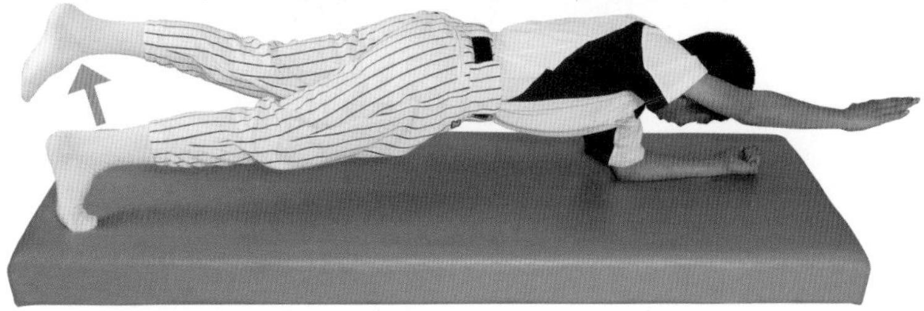

＊維持這個姿態需要相當的肌力。若做的過程裡，骨盆或整體姿勢無法保持穩定，請先確實做好右頁的手膝式，再逐步切換至本訓練。

③若能夠穩定地舉起手臂，接著嘗試將左下肢舉至水平。維持這樣的姿勢 30 秒，接著左右側互換並重複相同動作。

**根據的訓練，就能獲得更確實的效果。**

職業棒球選手在休賽期間會接受專業教練或指導者的各種核心肌群訓練指導，但本書中的方法因其簡便性，任何人都能夠輕鬆實施，歡迎嘗試實踐這些方法，來鍛鍊您的軀幹。

本書介紹的腰痛應對和預防方法，不僅對棒球選手奏效，對於一般人的腰痛，同樣是一種運動療法。若您正為腰痛所苦，不妨嘗試我們提供的方法。

## 多裂肌訓練

### 背橋式

下方敘述❷的姿勢

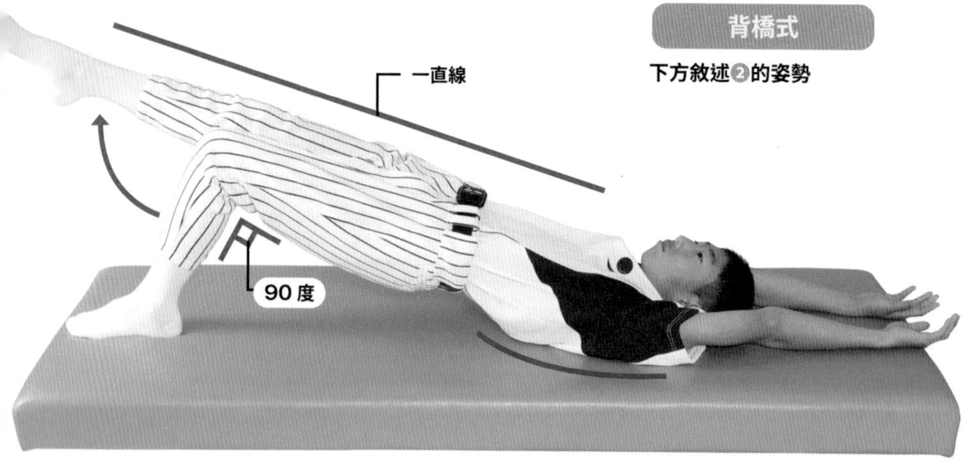


❶呈仰臥姿勢，膝蓋彎曲呈 90 度，以肩胛骨的後背部位和腳部支撐身體。保持背部、髖關節和膝蓋三點呈一直線。

❷要是能毫不費力地完成這動作，則嘗試抬起一隻腳，使腳尖與身體呈一直線。維持這樣的姿態 30 秒，接著左右側互換並重複相同動作。

# Part 4

# 下肢的運動傷害

弘前大學大學院整形外科／石橋恭之

※ 下肢受的傷，外傷佔絕大多數。

下肢 1

# 下半身是棒球運動的根基

## 下肢的肌肉需要有肌力＋柔軟度

下肢指的是從大腿根部一直到腳掌為止的部位，堪稱是身體的地基，是**「打擊」、「投球」、「跑步」**等一切**棒球基本動作的基礎**。

而不僅是棒球，許多運動都是由反覆的「跑步」「跳躍」等動作所組成，因此下肢承受極大的力量，經常會發生肌肉和骨骼的傷害。

關於運動傷害大致可分為**外傷**和**內傷**兩大類。**外傷是指急性的傷害**，如骨折或扭傷；**內傷則是慢性的**，如疲勞性骨折或肌腱的接骨點發炎，也被稱為**「過度使用症候群」**。

此外，下肢在成長期的生長速度，比身體其他部位都來得更快，因此特別**容易出現成長障礙**。

下半身的肌力對於做出快速、有力的動作不可或缺，但保持柔軟度與靈活性也同樣重要。即使肌力充足，如果柔軟度不足，這樣的肌肉也容易出現拉傷等外傷，或是引發關節、腰部的運動傷害。

此外，下半身的狀況不佳，也會對投球姿勢產生負面影響。有不少**肩部和肘部的運動傷害，其實原因是來自下半身**。

## 了解身體構造，以及自己的雙腿特徵

在從事運動前，做足伸展與拉筋是非常重要的，但要是**不先理解關節與肌肉的構造，做了也是事倍功半**。

好比說，股四頭肌（位於大腿前側的肌肉）裡的股直肌是橫跨兩個關節的**雙關節肌**，因此若要充分拉筋，不僅得彎曲膝蓋，還得伸展髖關節。

此外，每個人的下肢形狀都有其特徵。有O型腿的人、X型腿的人，足部有高足弓的人、扁平足的人，形狀各不相同。雖然沒有特定的理想形狀，但據說下肢的形狀和可能形成的運動傷害，彼此具有相關性。

要想預防運動傷害，**選擇符合自己腳型的鞋子**十分重要。在進行長時間跑步或訓練時，換上緩衝性優良且合腳的訓練鞋，就能有效地預防傷害發生。

# 下肢構造

前側　　後側

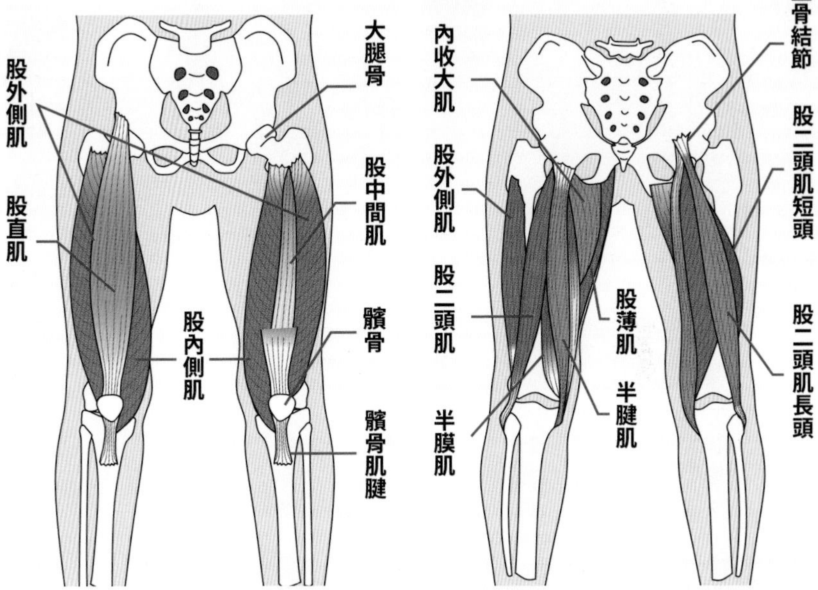
股外側肌
股直肌
大腿骨
股中間肌
股內側肌
髕骨
髕骨肌腱
內收大肌
股外側肌
股二頭肌
半膜肌
股薄肌
半腱肌
坐骨結節
股二頭肌短頭
股二頭肌長頭

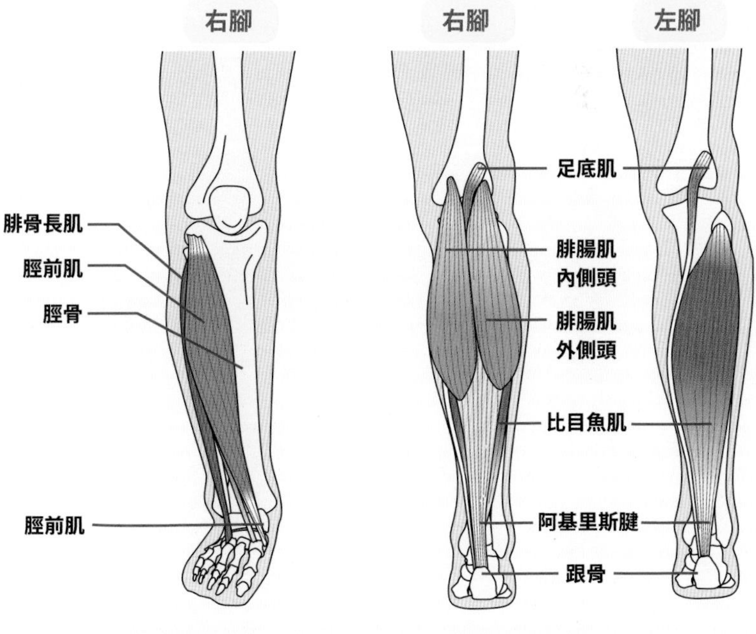
右腳
右腳
左腳
腓骨長肌
脛前肌
脛骨
脛前肌
足底肌
腓腸肌
內側頭
腓腸肌
外側頭
比目魚肌
阿基里斯腱
跟骨

下肢 2

# 髖關節、大腿的傷害

大腿的肌肉（股四頭肌和腿後肌群）是強而有力的肌肉，但要是缺乏柔軟度，就可能導致肌肉拉傷，也可能成為引發腰痛或成長痛的因子。

## 股關節的傷害

相較於膝蓋或腳關節，髖關節受傷的狀況並不常見。然而，若是感到髖關節四周傳來疼痛，也需要留意是否骨盆或大腿骨有疲勞性骨折的情況。

此外，若是十三至十五歲，正值成長期的男孩在短跑等活動中突然感到疼痛，除了肌肉拉傷，更有可能是**肌肉附著點的撕脫性骨折**。而要是疼痛劇烈，就應該立刻就醫。

## 大腿的傷害

大腿的疼痛多半來自肌肉。好比說，運動時遭對手的膝蓋或球擊中所導致的**肌肉挫傷**（俗稱「瘀青」）或**肌肉**

### 肌肉拉傷的MRI

**股四頭肌的肌肉拉傷（上圖箭頭部分）和腿後肌群的肌肉拉傷（下圖箭頭部分）。肌肉拉傷的程度從肌肉內出血（輕症）到嚴重的肌肉斷裂，程度不一。關於復健以及重返運動場的時程，請諮詢專業運動醫生或訓練師的指導。**

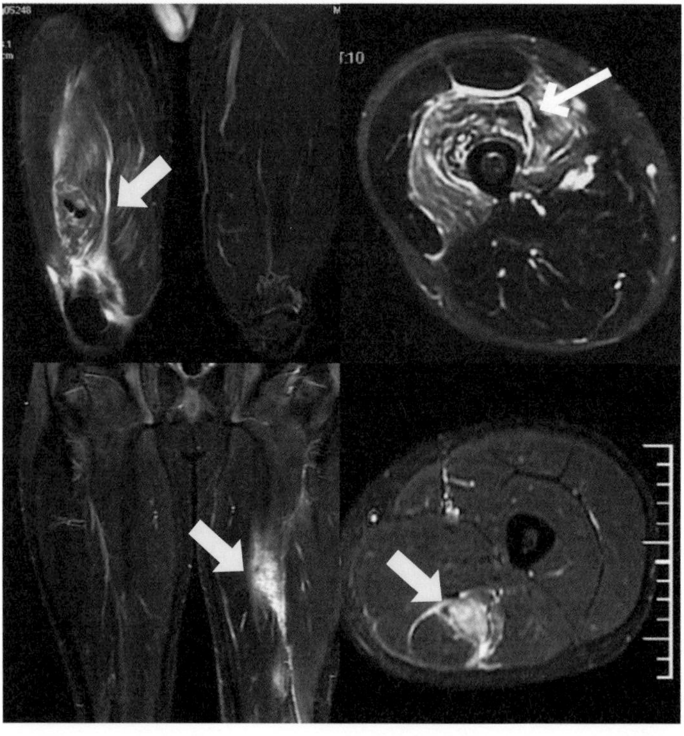

**拉傷**都是相當常見的外傷。

肌肉拉傷是指本人並非故意造成的肌纖維、肌膜等出血或斷裂，最常發生於**腿後肌群**，其次是**股四頭肌**。

肌肉拉傷的嚴重程度，從輕微到少數需要動手術的情況都有，但最近透過MRI檢查可以更精確地了解肌肉拉傷的狀況（見右頁圖片），對於運動員何時能重返賽場，可帶來一定程度的參考依據。

## 一旦發生肌肉拉傷，首先應實施「R、I、C、E」處置

肌肉拉傷的急性期，為了盡量減少肌肉出血，會採取**休息、冰敷、加壓、抬高**患肢等措施。這一系列的處理方法被稱為「R、I、C、E」，是**受傷初期治療的基本原則**。透過休息和冰敷患部，可以抑制出血、腫脹和發炎；加壓則有助於加速恢復；將患肢抬高則能將腫脹降到最低。

## 受傷初期治療的基本原則「R、I、C、E」

**R (Rest) 休息**

停止練習或比賽，讓患部休息。休息有助於抑制腫脹和發炎，並將出血量降至最低。

**I (Icing) 冰敷**

受傷會造成內出血，導致腫脹。及早冰敷患部非常重要。

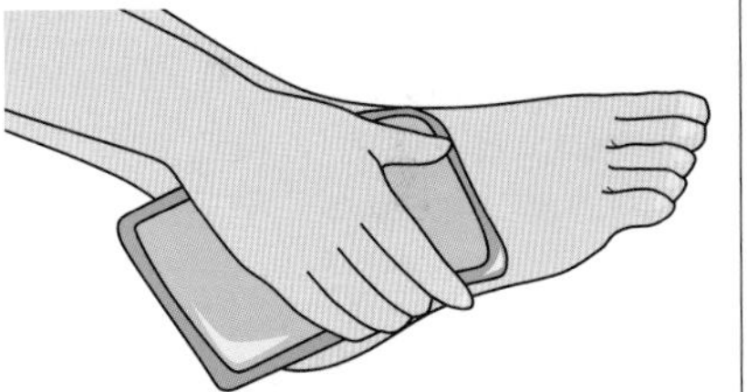

**C (Compression) 加壓**

加壓和休息、冰敷一樣，也有助於抑制內出血和腫脹，加速恢復。必要時，結合加壓和固定能達到更好的效果。

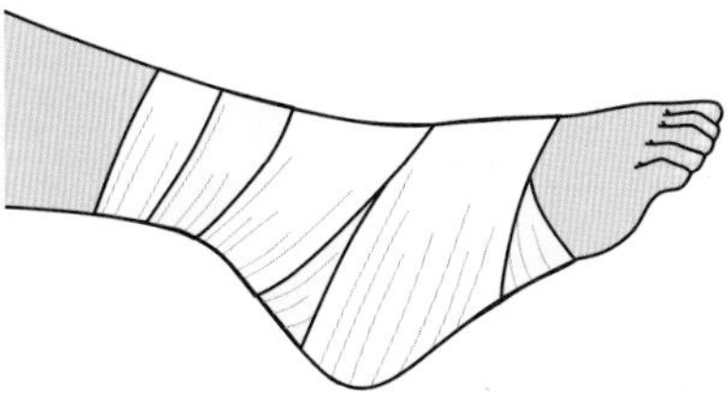

**E (Elevation) 抬高**

將患部抬高至高於心臟的位置，有助於將腫脹程度降至最低。

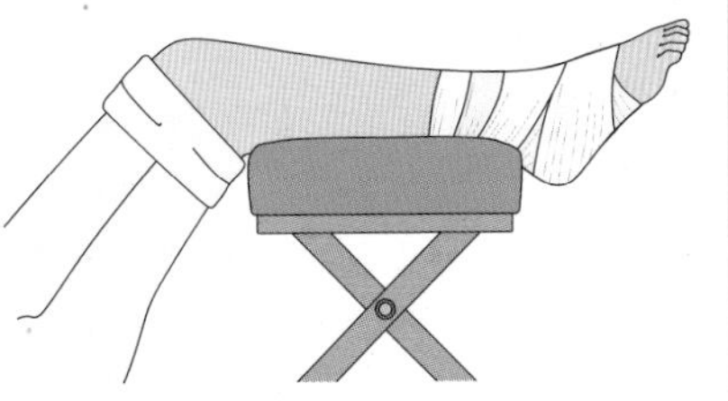

# 股四頭肌、腿後肌群拉傷

## 柔軟度檢查！

抬起拉傷的腿，確認大腿前側肌肉拉傷的恢復情況。

首先，檢查低於60度角的狀況！
60度以下

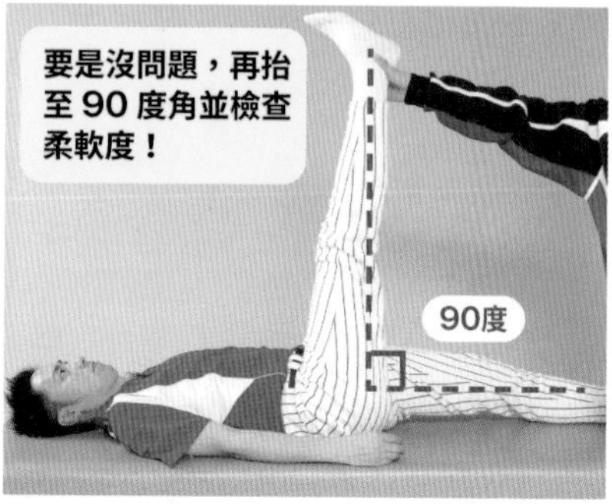
要是沒問題，再抬至90度角並檢查柔軟度！
90度

## 藉由股四頭肌伸展運動恢復柔軟度！

在檢查完肌肉拉傷部位的柔軟度後，逐步進行伸展運動，進行復健。

扶在牆上，抬起單腳維持平衡
拉筋伸展

手扶著牆壁，彎腿並抓住腳尖，盡量讓腳跟靠近臀部，藉此伸展大腿前側。

### 若採取仰躺姿勢

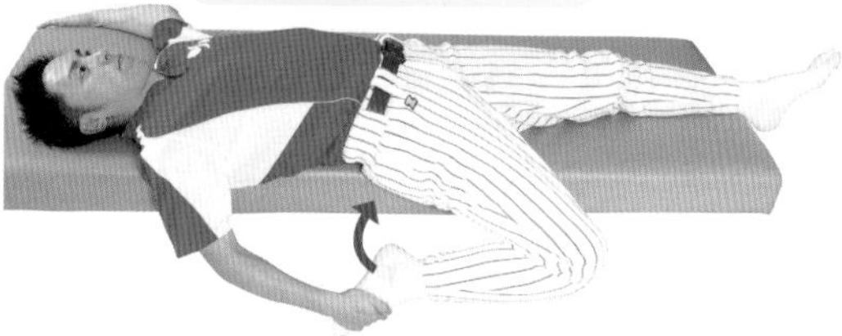

### 若採取趴姿

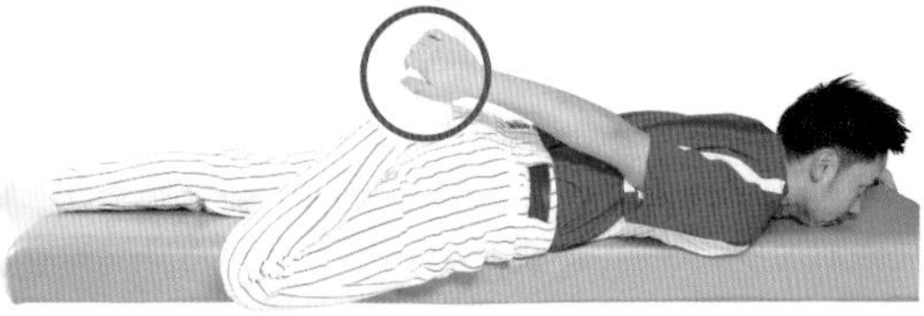

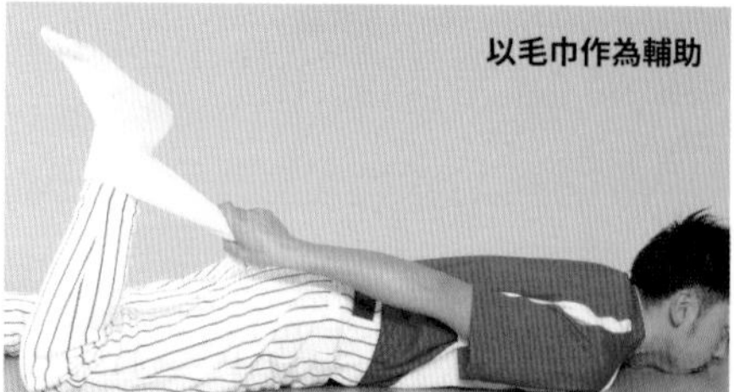
以毛巾作為輔助

## 從肌肉拉傷到復原

在判斷出血停止的大約三天後，就可以逐步開始輕度的肌力訓練和伸展運動。對於輕度肌肉拉傷，只要**拉筋時能夠伸展到和健康的另一隻腿一樣且毫無疼痛**，就可以開始進行輕度運動。

**曾經拉傷過的肌肉，柔軟度會有所下降**，因此當運動導致肌肉緊繃時，就可能感到不適。這種情況下請不要勉強，稍作休息並進行伸展運動，努力恢復肌肉的柔軟度。等到跑步和衝刺都沒有不適感，再回歸團隊進行整體訓練。如果肌肉有部分斷裂，最好尋求運動醫學專家的指導。

肌肉拉傷常見的錯誤是將疼痛消失誤認為痊癒了，在患部肌力和柔軟度尚未完全恢復的情況下就重返賽場，導致再次受傷。

## 肌肉拉傷（輕度）從受傷至復原的復健計劃範例表

| 經過時間＼計劃 | 醫療護理 | 醫療復健 | 運動復健 |
|---|---|---|---|
| 受傷當天 | 休息、冰敷 | | 其餘部位的肌力訓練 |
| 3天後 | 彈性繃帶<br>護具<br>貼布 | 同等強度的收縮自主運動、同等強度的收縮主動／被動運動<br>運動前溫熱療法（熱敷袋、超短波、水療池）<br>運動後冷卻療法 | |
| 5天後 | | 抗阻力運動<br>主動伸展<br>被動伸展 | 患部的肌力訓練 |
| 7天後 | | | 慢跑<br>快走<br>加速跑<br>開始競技技術練習 |
| 12天後 | | | 衝刺<br>長跑訓練 |
| 14天後 | | | 重返賽場 |

# 膝蓋的傷害

**膝蓋是全身上下承受最大負荷的關節，在運動上也是極其重要的部位。而由於半月板、韌帶等部位結構複雜，讓膝蓋也成為運動外傷和慢性運動傷害頻發的關節之一。**

## 膝關節是運動傷害的溫床

從股四頭肌延伸至膝蓋骨和髕骨肌腱的部位（統稱為「膝伸展機制」），由於在運動時會受到強烈牽拉，不管**對兒童還是成人都是容易出毛病的部位**。同一個部位一旦反覆受力，就會在肌腱、韌帶和軟骨等組織上形成肉眼難以察覺的小傷口或引發炎症，逐漸引起疼痛。

膝關節的傷害容易在股四頭肌和腿後肌群等大腿肌肉僵硬時發生，因為這會對腱、骨和軟骨造成過度負擔。練習前後確實做到拉筋伸展固然重要，但**對於處在成長期的孩子來說，養成每天做伸展運動的習慣**更為關鍵。

## 兒童中最常見的「奧斯戈德氏病」

奧斯戈德氏病（正式名稱為「奧斯戈德・施拉特病」）會在**脛骨粗隆**（膝蓋前的粗糙隆起部位）引起疼痛。這種病多發於成長期的男孩（十至十四歲），是一種廣為人知的成長痛與運動傷害。

奧斯戈德氏病是由於股四頭肌的牽拉力，導致成長中的脛骨粗隆的軟骨部分受損。初期症狀僅有運動時膝前的疼痛，但隨著時間經過，會逐漸演變為

### 膝蓋的構造

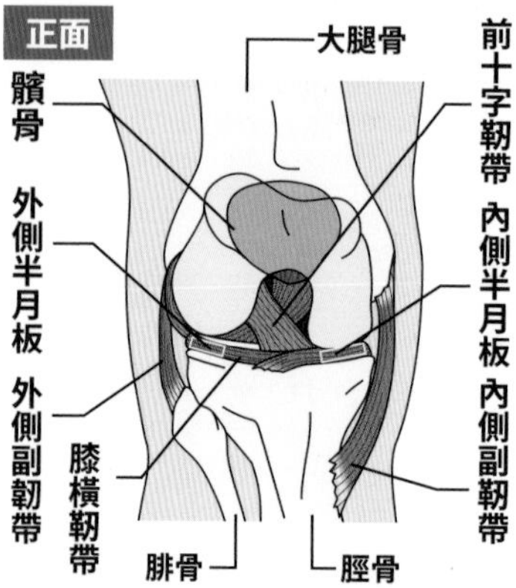


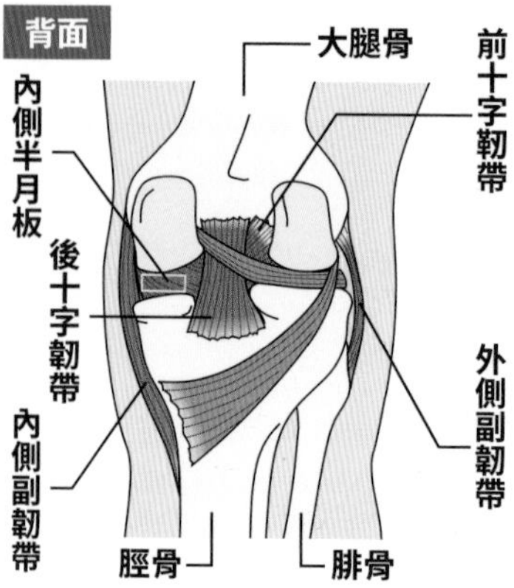

# 奧斯戈德氏病的X光照和診斷法

**成長期的孩子應經常檢查脛骨粗隆部位是否有疼痛！**

## 自我診斷法

**以手壓迫膝前的突起部位，即「脛骨粗隆」，檢查是否有疼痛感。**

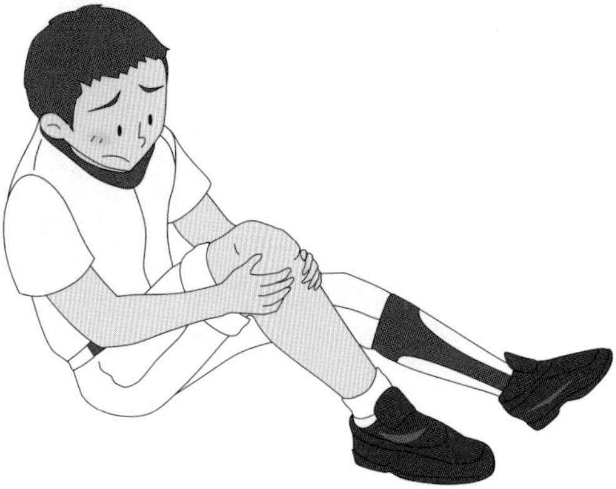

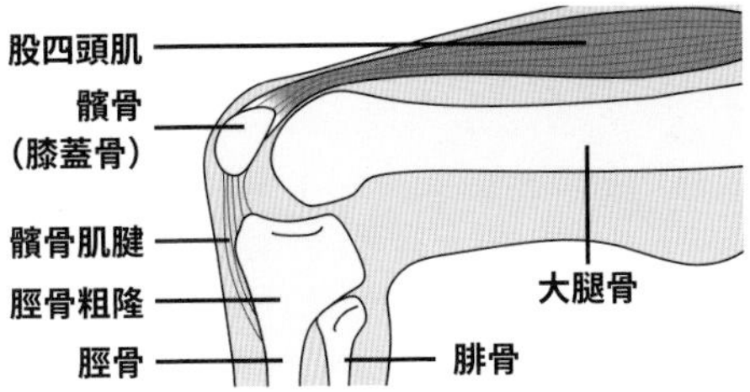


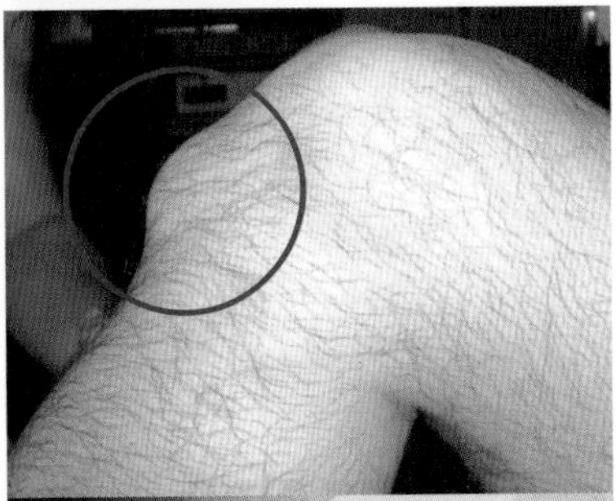

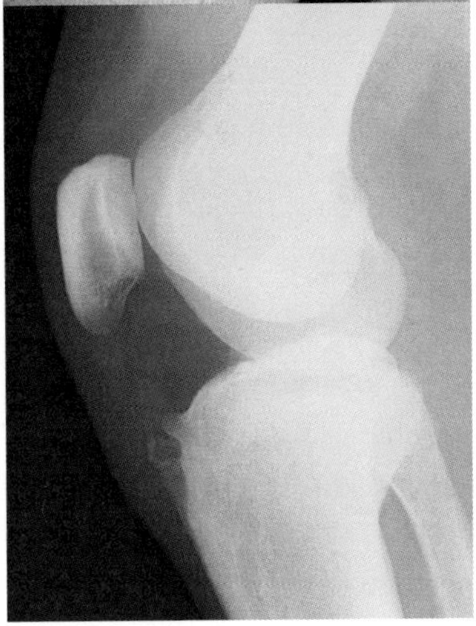

腫脹和發熱感，有時甚至會使孩童無法跪坐。一般情況下，疼痛會隨著孩童成長停止而逐漸緩解，但若持續疼痛，就可能需要動手術進行治療。當疼痛較為劇烈時，應避免進行跳躍、短跑、深蹲等運動，並進行適度的伸展運動。練習結束後立即進行冰敷（約十五到二十分鐘）以及穿戴膝關節韌帶專用護膝，也是有效的應對措施。

奧斯戈德氏病的發病與孩童的成長密切相關，並且就跟投手肘類似，需要**由成長期的孩子自行檢查是否出現疼痛**。

此外，造成成長期孩子膝蓋痛的原因還包括**髕骨裂**等問題，而大腿肌肉的僵化，是造成問題的其中一個重要因素。

## 好發於高中生以上年齡的跳躍膝

跳躍膝（髕骨肌腱炎）是**常見於高中生以上運動員的一種髕骨肌腱附著部疼痛**。這種傷害多見於排球之類需要跳躍的運動選手身上，但棒球選手也經常出現。由於疼痛通常僅在運動時出現，不僅會導致運動表現低落，並且選手容易拖到症狀慢性化後才就醫。

對於跳躍膝，**練習後立即進行冰敷是有效的**。此外，由於肌肉缺乏柔軟度會導致疼痛惡化，因此**練習前應充分進行暖身和股四頭肌的伸展運動**。

此外，還有一種會導致膝外側疼痛的運動傷害，名叫**髂脛束症候群**。有O型腿傾向的人在堅硬路面上長距離跑步時容易形成這種傷害，應透過調整跑步鞋，或是勤做髂脛束的拉筋伸展，藉此進行預防。

## 膝關節的扭傷：半月板損傷與韌帶損傷

在跳躍著地失敗或比賽中與其他選手發生碰撞時，可能會導致膝關節扭傷。在這類膝關節扭傷中，常會伴隨半月板損傷或韌帶損傷。

## 跳躍膝的MRI照和診斷法

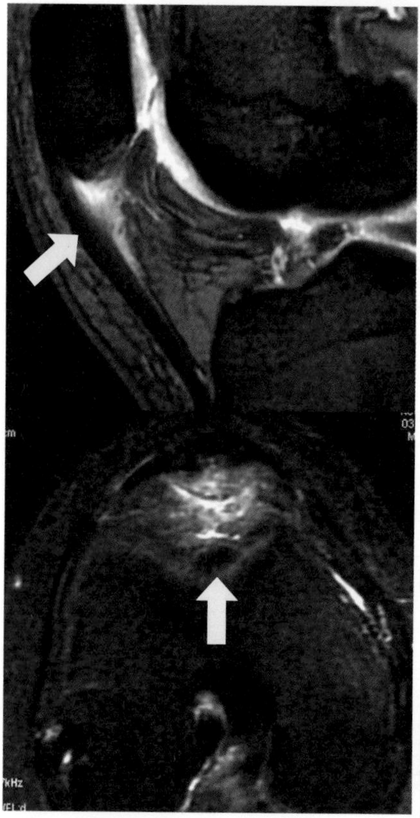

髕骨肌腱發腫變白（箭頭部分）

### 自我檢測法

**有跳躍膝的選手股四頭肌會變緊，趴著並彎曲膝蓋時，腳跟也不會碰到臀部，即便碰到了，臀部也會升起。**

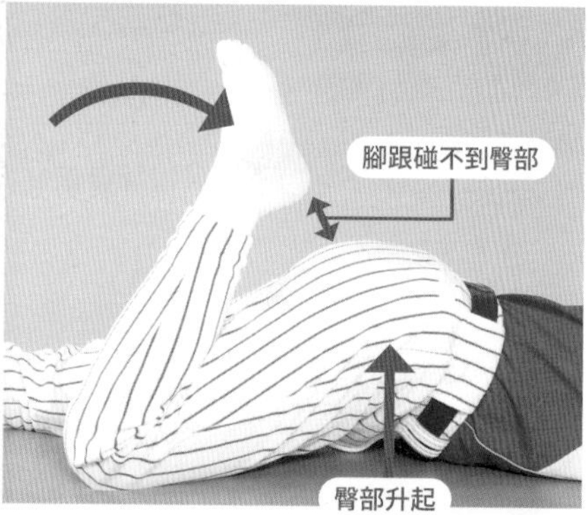


**檢查腳跟及臀部之間有幾根手指的距離！**

**更嚴重**

**手指１～２根 → 手指５根以上**

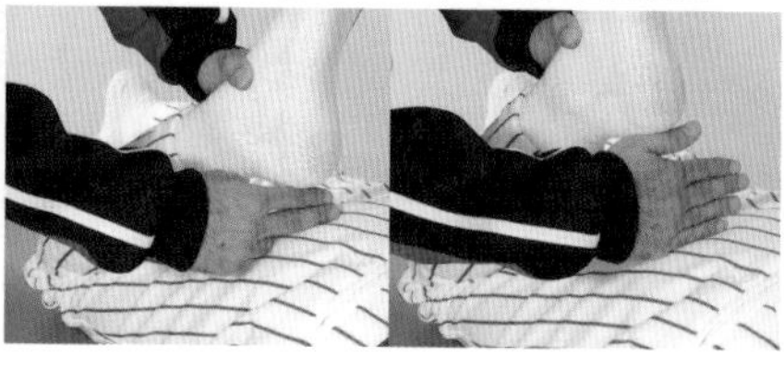

**半月板在膝關節裡具有緩衝的作用**，但一旦受損，就會在運動時感到疼痛，或是在屈伸時感到卡卡的感覺，有時甚至會導致膝關節卡死無法活動（**鎖膝症狀**）。

半月板損傷需通過ＭＲＩ檢查進行診斷，根據損傷的嚴重程度，有時需要動手術進行治療。目前較為普遍的是採用內視鏡（關節鏡）的手術。

膝關節韌帶損傷中最常見的是膝內部的**前十字韌帶損傷**。包括棒球選手在內的許多運動員，都曾因這種傷害而接受手術治療。前十字韌帶一旦斷裂，幾乎不可能痊癒，在運動時會感覺膝蓋突然軟腳無力，如果不加以治療，還會連帶引發半月板損傷或軟骨損傷，導致膝關節逐漸惡化。因此對於這種傷害，一般建議進行韌帶重建手術。

除了上述情況外，膝蓋韌帶損傷還有其他幾種類型，所以要是感到膝蓋不穩定，應及時就醫尋求專業治療。

## 前十字韌帶斷裂過程

**前十字韌帶一旦斷裂，會導致脛骨向前位移。這種情況需接受專業醫生診斷。**

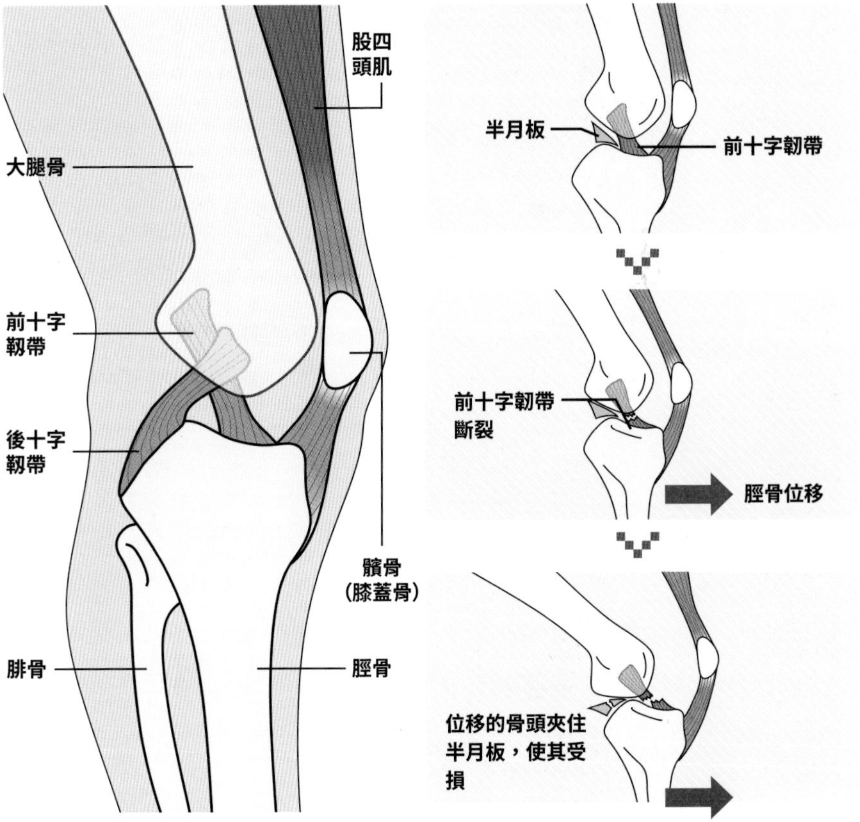

下肢 4

# 小腿、腳部的傷害

**腳痛雖然不像肩部和肘部傷害那樣威脅棒球選手的運動生涯，但還是會對球場上的表現造成負面影響，因此預防傷害發生非常重要。**

## 運動員身上常見的內脛壓力症候群

內脛壓力症候群（過勞性脛部痛）是一種由於進行跑步或跳躍訓練而導致**小腿內側疼痛的症狀**。

此症狀以X光檢查一般不會顯示異常，且和疲勞性骨折相似，不運動時幾乎不會感到疼痛。有扁平足傾向的運動員更容易罹患此症，而使用**足弓墊**將鞋墊的足弓部分墊高，是有效的預防方法。

此外，不正確的跑步姿勢也可能引發內脛壓力症候群。若碰上該情況，必須**矯正運動員的跑步姿勢**。

## 內脛壓力症候群的好發部位

**若失去正常的足弓，無法吸收來自地面的衝擊，就會導致脛骨下方出現疼痛，造成所謂的「內脛壓力症候群」。**

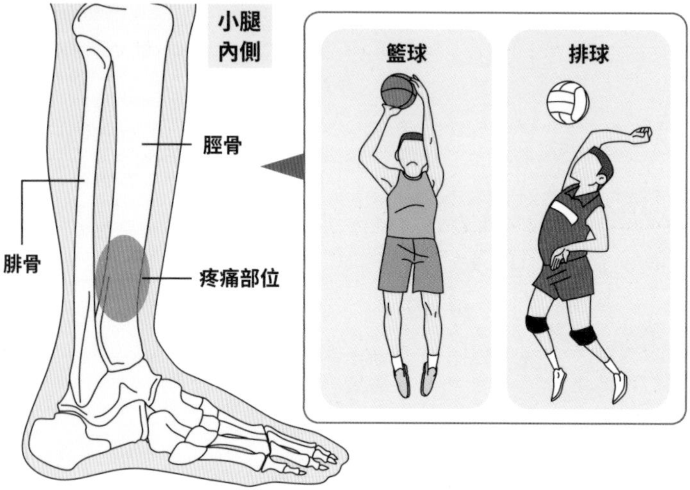


足弓的存在非常重要

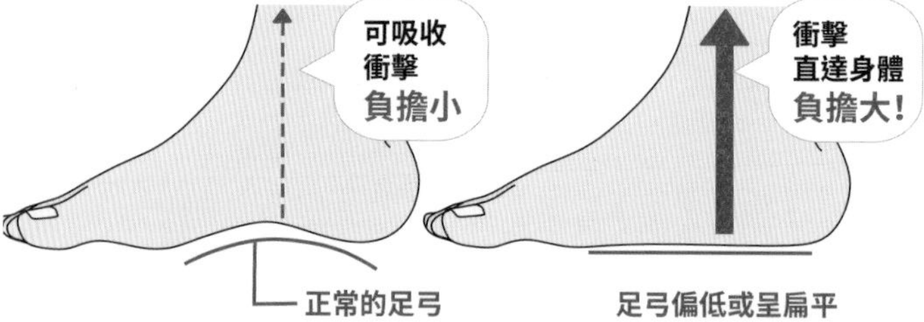

## 金屬疲勞狀態的疲勞性骨折

疲勞性骨折是由於跑步等運動使**骨骼的同一部位反覆受力，逐漸形成的骨折**，狀態就類似於金屬疲勞。若扣掉腰部的疲勞性骨折，**小腿（脛骨）和腳掌（蹠骨）**是最常發生疲勞性骨折的部位。在症狀初期，X光檢查可能無法發現異常，因此若疼痛持續不止，則需要再次進行X光檢查。

疲勞性骨折的疼痛會在受傷的腳進行跳躍等動作時出現。若是在賽季初或正式比賽前對選手過度增加訓練量，就會大幅提升疲勞性骨折的發生率。

為了預防疲勞性骨折，**制定並執行有計劃的訓練方案非常重要**，並且也應暫停有可能引發疲勞性骨折的運動（**如過度跑步**），改進行其他部位的訓練。

## 疲勞性骨折的好發部位

**疲勞性骨折特別容易發生在脛骨和蹠骨，好發率遠高於其他部位。**

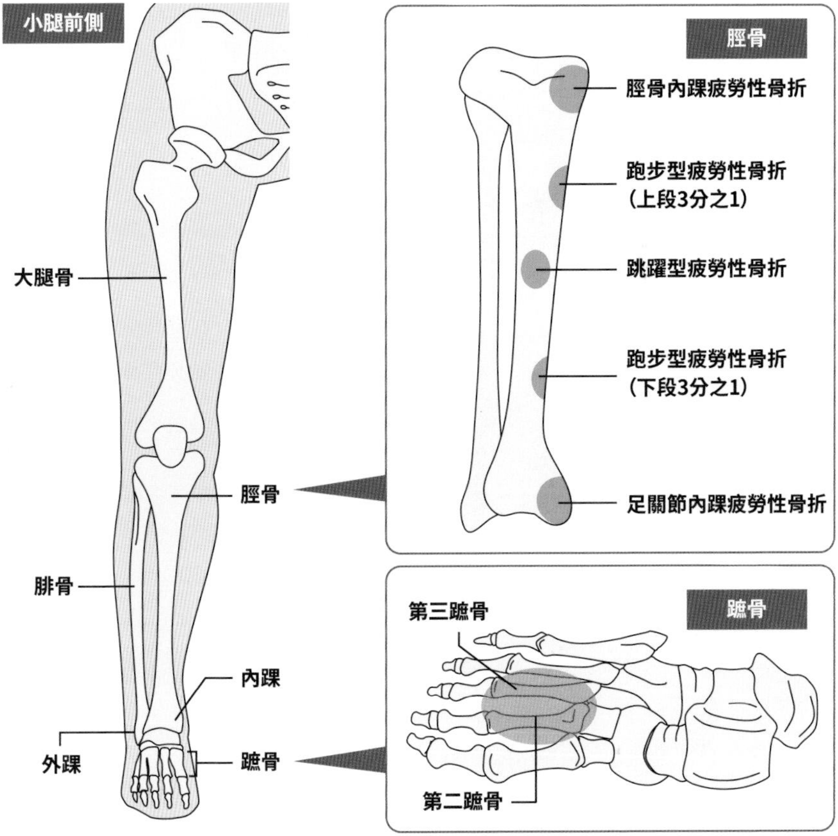

# 踝關節外側的韌帶與外側副韌帶損傷

## 踝關節外側

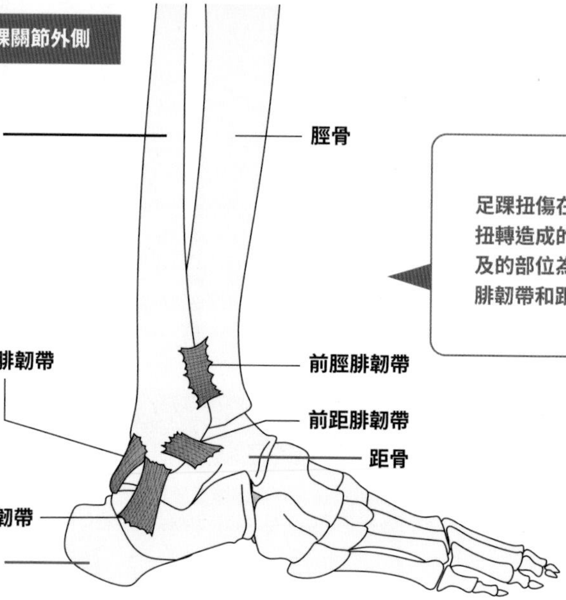


足踝扭傷在結構上大多為向內扭轉造成的內翻扭傷，較常傷及的部位為踝關節外側的前距腓韌帶和跟腓韌帶。

若向內扭擰

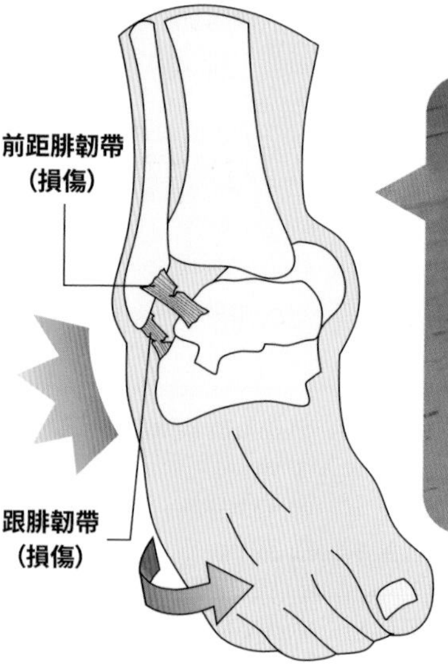


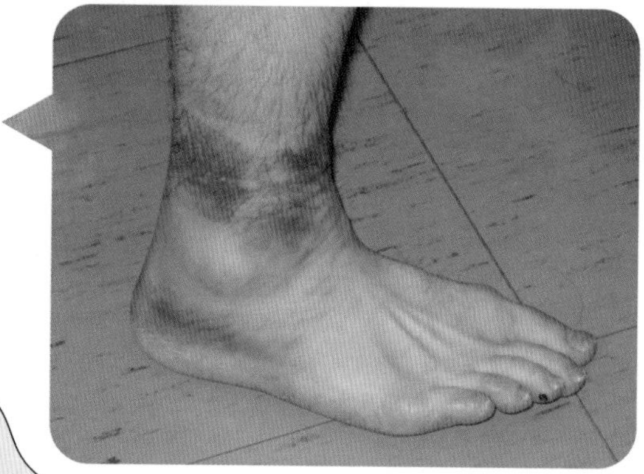

## 運動場上常見的踝關節扭傷

踝關節扭傷是指**踝關節周圍韌帶的損傷**，是各種運動中最常見的運動傷害之一。這種傷害通常發生在跳躍落地、踩壘失誤等情況，因踝關節向內側扭轉而造成。

一般來說，踝關節扭傷由於對外側韌帶造成損傷，將會連帶引起疼痛和腫脹，隨後出現內出血。

扭傷一旦發生，就該停下來休息並立刻冰敷，接著使用彈性繃帶等進行壓迫和抬高（R、I、C、E處置↓參閱第145頁）。如果扭傷的初期處理不當，容易形成習慣性扭傷，因此初期最理想的處置，是使用踝關節護具等對患部進行固定。

等到傷害痊癒，為防止扭傷重複發生，還應該進行**預防復發的訓練**。

## 外側副韌帶損傷的預防復發訓練

### 腓骨肌訓練

**為防止腳踝內翻，應進行腓骨肌的肌力訓練，藉此預防足內翻扭傷。**

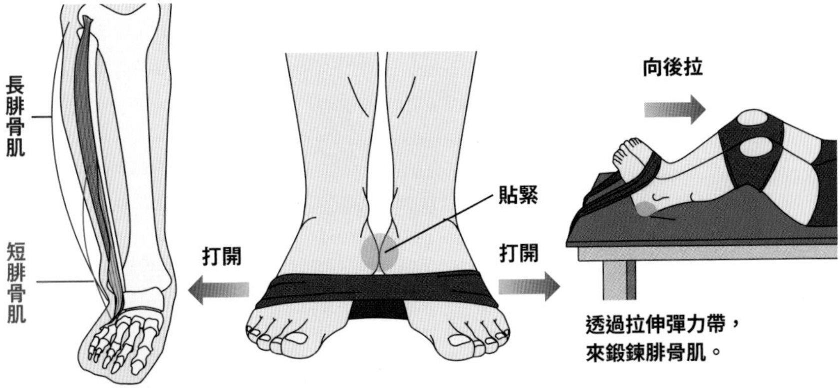


### 踝關節周遭神經和肌肉協調訓練

**透過站在平衡板上訓練平衡感，找回腳踝的感覺。**

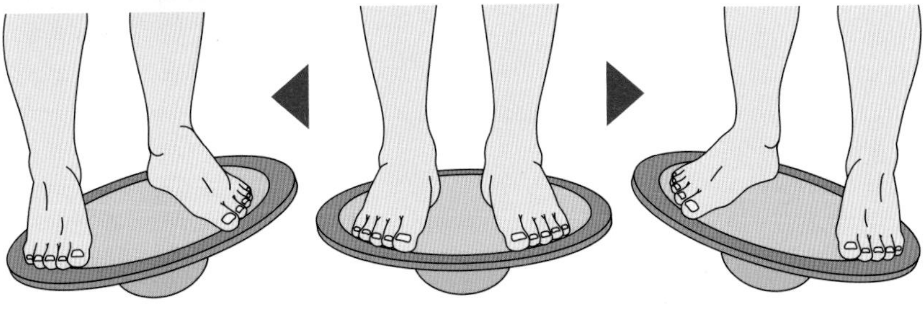

# 給選手們的叮嚀

八王子運動整形外科 間瀨泰克

## 養傷期間反而是進步的機會！

運動員一旦受了外傷，或是身體出毛病，有些選手會一味地後悔「早知道當初就不那樣做了」、「要是沒受這個傷就好了」，無法正視現實。另一方面，有些選手會利用養病期間，學習過去無暇顧及的體能調整和營養管理，或者看錄下的影片，研究是什麼動作對身體造成損傷。

能從創傷裡重新站起來並再度活躍於運動場上的，毫無疑問是後者。競技水準越高、經驗越豐富的選手，身上多少會有些舊傷或毛病，但頂尖選手都有自己一套周全的護理方法，以及接納一切、正面思考的精神力。

與其一直後悔受傷或出現慢性運動傷害，不如轉念想想「還好只是這點程度的傷」「要將它治好，變得比以前更厲害」「危機正是最大的轉機」，以積極的態度思考問題。

## 學會與身體對話！

身體狀況每天都會有所不同，留意這一點是非常重要的。現在我的身體哪裡不舒服？我該做什麼來改善？最理想的狀態是能夠根據當下的身體狀況，調整出最適合自己的運動方式。飲食（營養）亦是如此，不應該只是被動地吃下擺在面前的食物，而是要時刻與身體對話，主動了解身體現在需要什麼，這樣才能成為頂尖選手。

## 改變被動的思維！

每當受傷或身體出毛病時，不能抱持「看了醫生就會好」的心態，而是必須自己找出受傷的原因，找出問題所在。這需要誠實地面對自己的弱點，以及帶著堅強的心，付出努力來克服它們。

棒球是一項心理因素比重特別高的運動，面對所有事不能只是立於被動，而是該積極應對並努力克服。這種堅強的態度非常重要，也是為了讓選手面對逆境能夠越挫越勇的某種修行。最終能夠治癒自身傷痛的只有選手自己，這一點還請銘記在心。

# Part 5

# 正確的投球姿勢與矯正方法

豐田紀念醫院復健科／坂田淳、內田智也

# 投球姿勢

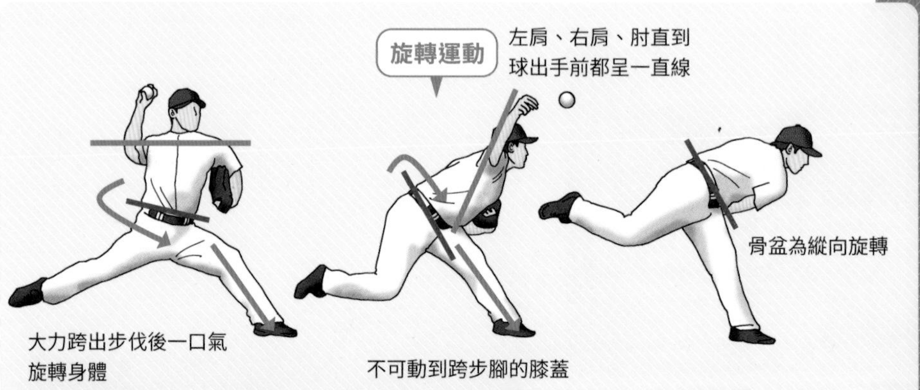
旋轉運動
左肩、右肩、肘直到
球出手前都呈一直線
骨盆為縱向旋轉
大力跨出步伐後一口氣
旋轉身體
不可動到跨步腳的膝蓋

## 旋轉運動應「短且快速」

### 大力跨出步伐 + 骨盆旋轉軸 vs 上半身旋轉軸 vs 手臂軌徑一致

**透過大力跨出的步伐，從地面獲得反作用力，就能夠將水平運動迅速轉換為旋轉運動。在此過程中，只要保持骨盆、上半身的旋轉軸與手臂的軌徑一致，投球時就能確保肩、肘、腰部的安全。**

手臂軌徑
雙肩的肩線
＝上半身旋轉軸
腰帶位置
＝骨盆旋轉軸

雙肩的肩線和
手臂軌徑一致
全身的柔韌度
（= 靈活性）非常重要
跨步腳的穩定度也很重要

**踏出的跨步腳折膝**
**➡骨盆橫向旋轉，上半身縱向旋轉**

姿勢 1

# 看圖學習 理想的

水平運動
雙臂均衡地
舉起
在跨步著地前盡量
別動到手套
身體站直
軸心腳直到最後都
穩踏地面

## 水平運動應「長且用力」

### 讓單腳站立能夠穩定＋髖關節往投球方向伸展

若軸心腳的單腳站姿穩定，且髖關節充分朝投球方向伸展，就能將巨大的能量朝投球方向傳遞。這裡需要注意的是，即使軸心腳能夠使勁蹬地，若跨步腳無法承受這股衝擊，將導致動作失衡。因此在投球時請適度調節，抓到適合自己身材的跨步距離。

軸心腳伸展不足⇒上半身主導

軸心腳充分伸展⇒下半身主導

若軸心腳不穩定，就難以由下半身主導動作，止不住身體的旋轉並導致身體過早張開。身體過早張開的投球會造成球速和控制力不足，並且由於力道由上半身主導，還會增加肩膀和肘部的負擔。

# 球進步的基礎

穩定性
stability

3

軸心腳搭上台架，抬高骨盆，並使另一隻腳也抬至離地。以上方腿的內收肌支撐身體，慢慢將骨盆放下（以軸心腳在上的姿勢進行 10 次）

4

軸心腳搭上台架並抬高骨盆，運動下方的腳使其前後擺動。保持上半身、骨盆和腿都在同一直線上，藉此鍛鍊身體軀幹（以軸心腳在上的姿勢進行 10 次）

3

維持坐姿並將雙腿前後張開，雙手舉向前方。維持舉手向前的動作，將身體扭向另一側（來回 10 次）

4

張開雙腿至投球時的跨步幅度，並將骨盆抬高。舉起投球側的手接觸後腦杓，接著盡可能伸向前方，過程以骨盆轉動身體，並保持骨盆不著地（10 次）

# 姿勢 2 靈活性和穩定性是

## 靈活性 mobility

1

將雙腳跨向前後，高舉起訓練槓，身體向側面傾倒。將體重前傾，伸展髖關節根部（10 秒）

2

雙腳打開至肩寬的 2 倍，舉起槓片（1～2 公斤）向下觸碰地板（10 次）。接下來，讓槓片維持觸地並左右移動，過程保持背部不拱起，藉此伸展內收肌（10 個循環）

### 軸心腳訓練

1

手肘夾住球，手腕套上彈力帶並左右撐開，將彈力帶繃緊。肘部伸向前方，同時將球舉到臉部上方（10 秒）

2

四肢著地，背部打直。將骨盆縮向跨步腳方向的後方，藉此伸展臀部（10秒）

### 跨步腳訓練

## 與跨步腳動作學習訓練

旋轉動作　投球動作

7

將手靠在牆上，跨步腳伸向側面。接著，扭轉身體朝向牆壁，同時將軸心腳徹底打直，雙手使勁推牆（10 次）

8

將彈力帶套在骨盆上，以單腳站立。接著，將後腳盡可能打直，以另一隻腳跨出步伐，將骨盆拉向前方（10 次）

7

將重物（3～5 公斤）高舉過頭，同時前腳使勁踏向地面，扭轉身體將重物往下放（10 次）

8

以雙手將訓練槓高舉過頭，跨步腳使勁踏地，同時扭轉身體，將訓練槓往下放（10 次）

姿勢 3

# 提升棒球技術的軸心腳

垂直動作　　水平動作

**5**

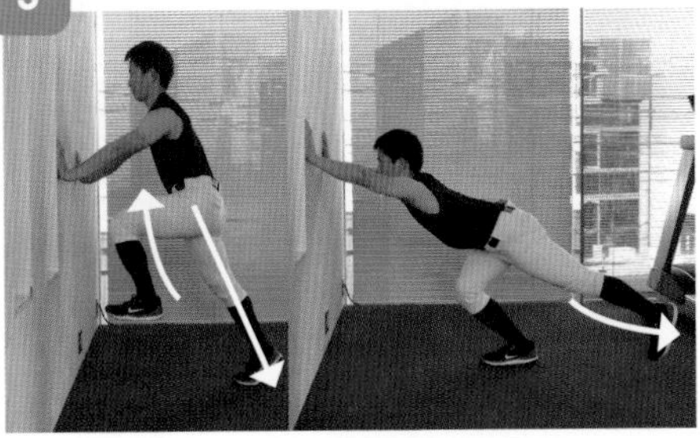

將手靠在牆上，跨步腳竭盡所能地向後拉，使力量凝聚在軸心腳的臀部。接著，跨步腳的膝蓋頂向牆壁的同時，軸心腳側用力踏地（10 次）

**6**

將手靠在牆上，抬起跨步腳並放低腰部，只以軸心腳支撐身體。接著，保持軀幹打直，以軸心腳蹬地，將骨盆推向牆壁（10 次）

## 軸心腳訓練

**5**

手臂打直並舉起重物（3～5 公斤），在單膝跪地姿勢下，前腳使勁踏向地面並抬起跪膝（10 次）

**6**

前腳使勁踏向地面，同時將舉在胸前的重物（3～5 公斤）揮向正下方（10 次）

## 跨步腳訓練

姿勢

4

# 姿勢異常的檢查流程圖

**無論是尋找問題還是矯正問題，最終都脫離不了這 5 種因素。這些因素經過交互作用，使姿勢變得更加複雜，最終形成某種姿勢異常。**
**從下一篇開始，將詳細講解各種動作姿勢異常的形成模式，並介紹其矯正方法。**

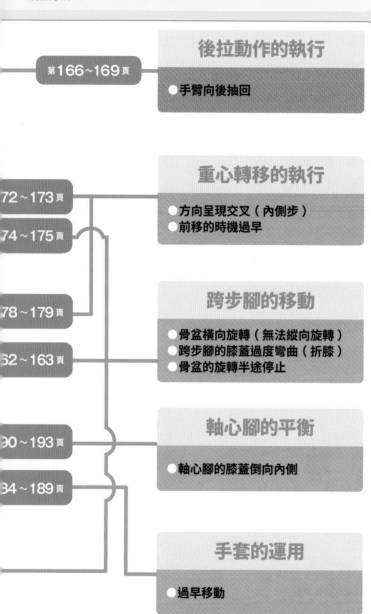

第166~169頁

## 後拉動作的執行

- 手臂向後抽回

72~173頁
74~175頁
78~179頁
)2~163頁
90~193頁
34~189頁

## 重心轉移的執行

- 方向呈現交叉（內側步）
- 前移的時機過早

## 跨步腳的移動

- 骨盆橫向旋轉（無法縱向旋轉）
- 跨步腳的膝蓋過度彎曲（折膝）
- 骨盆的旋轉半途停止

## 軸心腳的平衡

- 軸心腳的膝蓋倒向內側

## 手套的運用

- 過早移動

**不良的投球姿勢，必然伴隨著異常狀況，而若追溯這些異常的原因，可以歸結為「後拉動作的執行」、「重心轉移的執行」、「軸心腳的平衡」、「手套的運用」、「跨步腳的運足」這5方面。**

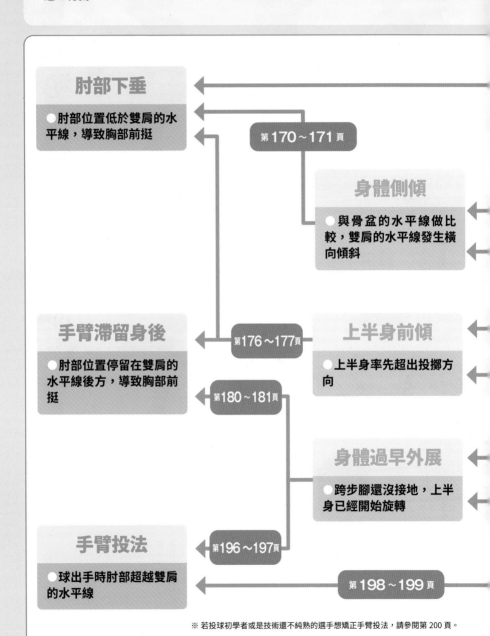

### 肘部下垂

●肘部位置低於雙肩的水平線，導致胸部前挺

第170～171頁

### 身體側傾

●與骨盆的水平線做比較，雙肩的水平線發生橫向傾斜

### 手臂滯留身後

●肘部位置停留在雙肩的水平線後方，導致胸部前挺

第176～177頁

### 上半身前傾

●上半身率先超出投擲方向

第180～181頁

### 身體過早外展

●跨步腳還沒接地，上半身已經開始旋轉

### 手臂投法

●球出手時肘部超越雙肩的水平線

第196～197頁

第198～199頁

※ 若投球初學者或是技術還不純熟的選手想矯正手臂投法，請參閱第200頁。

在跨步腳著地前，肘部已經上升到雙肩水平線，並且胸部充分展開。

維持胸部外展的狀態丟出球。

Check Point ❶
肘部是否低於雙肩水平線

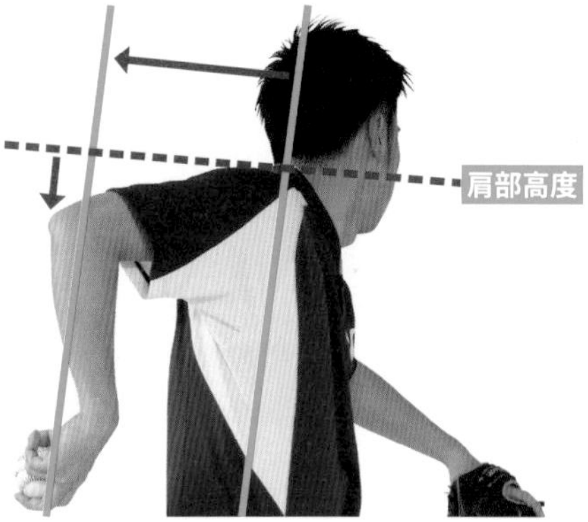


由於身體結構限制，若肘部過度後拉，會導致肩膀無法返回肩線高度。手臂過度後拉會導致肘部無法充分抬起，形成「低肘」的姿勢。

❶（＋❷）＋❸ 手臂後拉動作矯正方法 請見第 168~169 頁

姿勢 5

# 低肘投球姿勢的檢查法

## 狀況❶ 手臂過度後拉

安全的投球姿勢（側視圖）

在跨步的同時，雙肘平均地抬起。

低肘投法（側視圖）

Check Point ❷
雙肘的抬起高度是否不平均

Check Point ❸
在投球的後拉階段，
肘部是否過度後拉至肩線後方

# 後拉動作的矯正方法

姿勢 6

> 訓練前先做檢查！

**要是肩膀僵硬，在訓練 1 裡肘部無法抬起**

若是
垂放的手指
無法觸及地面
> 前往第 103 頁

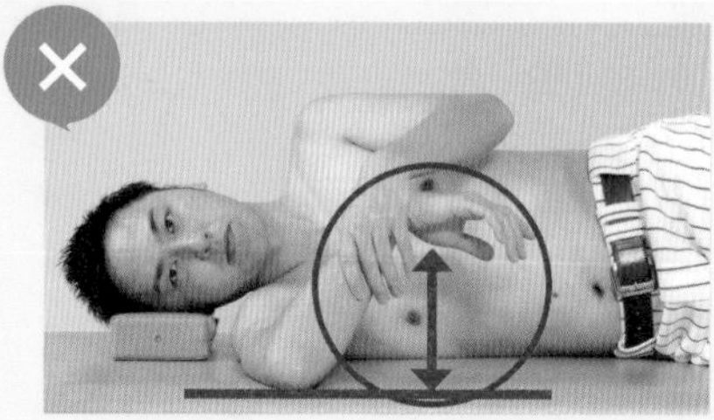

## 1 手臂擺動訓練

**肘部抬放**
重複10次×3個循環

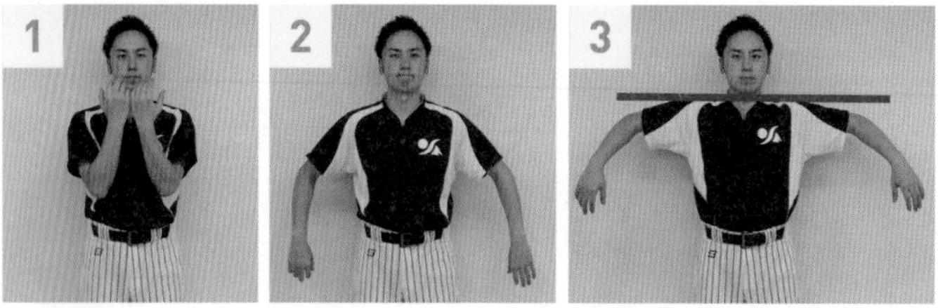

1 站在牆邊，雙手在前方合攏。

2 雙臂從手肘開始對稱地向上抬升。

3 將手肘抬升至肩線的高度。

**Point**
做動作時腰桿打直，胸膛挺起！

## 2 單腳平衡＋抬臂運動

**單腳保持平衡，同時抬放手肘**
重複10次×3個循環

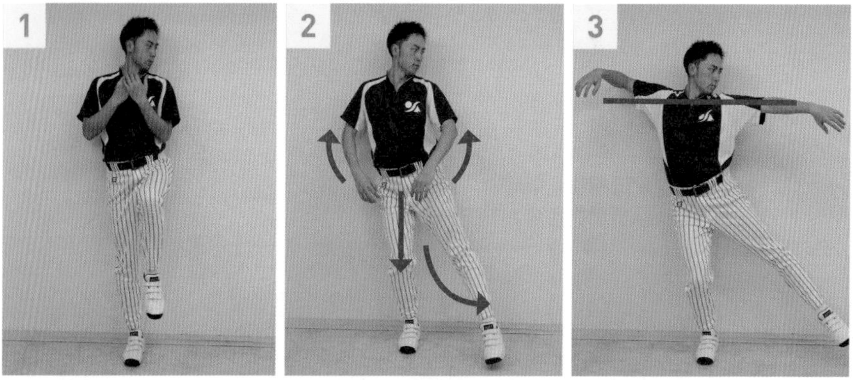

1 站在牆邊單腳站立，雙手在前方合攏。

2 放低腰部，雙臂從手肘開始對稱地向上抬升。
同時將跨步腳向前伸展。

3 手肘抬升至肩線的高度，保持平衡（維持 3 秒）。

※ 若覺得從步驟 3 → 2 → 1 往回做有困難，做到第 3 步步驟時腳可以著地。

## 3 靠牆練投

保持肩胛骨向內收攏的狀態
並扭轉身體
重複10次×3個循環

**站在牆邊，進行練投訓練。一開始先慢慢做，等確定不會碰到牆壁，再逐漸加快練投速度。**

與牆壁的間隔距離大約為，軸心腳的腳跟和牆壁間可容納一隻鞋子的寬度。

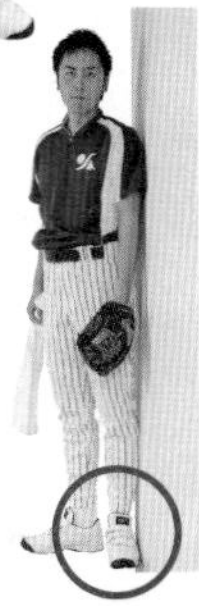

※只要騰出這樣的間距，身體就不至於碰到牆壁。

**Point**

**請練投練到即使用力揮臂，也不會碰到牆壁的程度！**

### 手臂過度後拉的姿勢與身體的外展

**投球進入後拉動作時手臂過度向後的選手裡，有些為了抑制身體過早外展，持手套的手會指向三壘方向（右撇子的情況），形成對角線的姿勢。這樣做雖然可以抑制身體過早外展，卻會導致持球的手過度滯留後方。**

**對於這種姿勢的選手，若只是要求他們手套朝前，或是只提醒手臂過度後拉，有可能導致身體外展。在這種情況下，得同步修正身體外展的姿勢。**

身體外展的投球姿勢矯正方法 前往第182~183頁

體重轉移至跨步腳上，肩線和骨盆線保持在接近平行的狀態，扭轉上半身。

體重完全落在筆直伸出的跨步腳上。

Check Point ❶
肘部是否低於雙肩的肩線
Check Point ❷
雙肩的肩線和骨盆線比起來是否過度傾斜
Check Point ❸
是否立刻將手套下移了
Check Point ❹
跨步腳是否向外傾斜

❶＋❷＋❸
（＋❹）

若骨盆橫向旋轉→造成骨盆橫向旋轉的原因，多半是由於跨步腳不穩定，導致跨步腳折膝或向外傾斜。

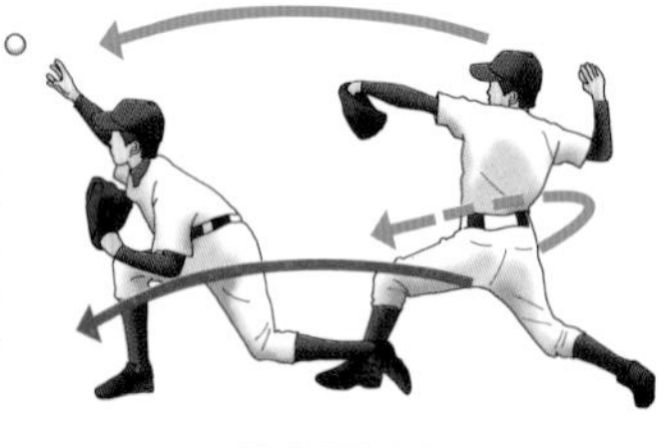

跨步腳折膝

矯正骨盆橫向旋轉

前往第
174~175 頁

姿勢 7

# 低肘投球姿勢的檢查法

## 狀況❷ 身體側傾

安全的投球姿勢（前視圖）

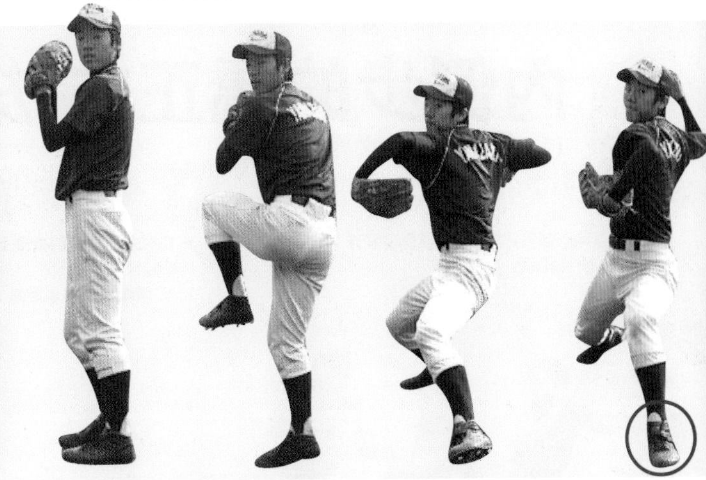

單腳站立，
跨步腳出腳時直指投球方向。

低肘投球姿勢（前視圖）

Check Point ❻
是否姿勢呈後仰
Check Point ❺
是否形成內側步
Check Point ❼
跨出步伐時骨盆是否
向前挺出

**一旦身體側傾，會導致肘部相對下垂。**
**造成身體側傾有許多原因，但大致上可分為兩種：**
**跨步方向未朝向投球方向，或投球時骨盆維持橫向旋轉，**
**導致只有上半身側傾。**

❶＋❷＋❺（＋❻ or ❼）

若形成內側步→內側步，投球方向和跨步方向會出現偏差，而上半身為了轉往投球方向，導致身體側傾。

會形成內側步多半是由於骨盆過度前挺，或是上半身姿勢呈後仰，請同時進行檢查。

矯正跨步腳的方向

前往第 172~173 頁

# 內側步的矯正方法

## 1 橫向單腳跳

**在軸心腳掌寬的直線上內進行單腳跳**
5公尺×做10次
※ **跳躍時不追求跳高，以跳得遠為目標。**

## 2 單腳跳練投

**以軸心腳做2次單腳跳並假裝投球**
10～30次

2 次單腳跳盡可能跳遠。

第 3 跳的同時做出投球動作
檢查跳躍的落點是否落在軸心
腳掌寬的直線上。

## 內側步與身體外展

有習慣性內側步的選手，有些為了抑制身體過早外展，會故意朝三壘方向跨步。這樣做雖然能抑制身體外展，卻會導致身體側傾，或是讓身體旋轉過早結束。
面對這類投球姿勢的選手，要是只糾正他們的出腳方式，有可能會害他們身體更加外展。
若碰上這種情況，得一併對身體外展的投球姿勢進行矯正。

身體外展的投球姿勢矯正方法 ＞ 前往第182~183頁

此外，即使選手嘗試透過內側步，或者手套舉在對角線位置來抑制外展，但上半身往往已經在腳踏地以前就開始旋轉（因為要是上半身不外展，投出的球將會飛往三壘方向……）。
要避免投球時身體過早外展，除了跨步腳著地時上半身不應敞開，另一個重點是跨步腳著地的當下，上半身也不應旋轉。
要達成這點，以下半身來控制身體的外展是非常重要的。

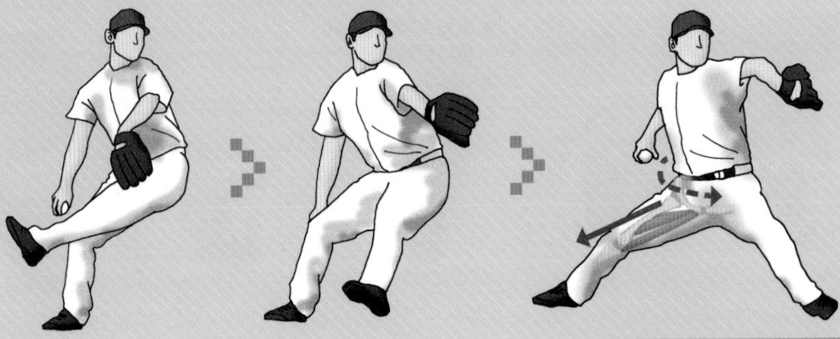

＞ 詳情請見第192頁

姿勢 9

# 跨步腳使用方式的矯正方法

> 訓練前先做檢查！

**髖關節要是僵硬，在訓練1裡的重心轉移將無法流暢**

若
雙手向下
觸不到地

前往第 22~23 頁

## 1 跨步腳訓練

**骨盆開闔運動**
重複10次×3個循環

1 手放腰上，軸心腳踩在牆上，以單腳站立。

2 以跨步腳的髖關節為中心，盡可能張開骨盆。

3~5 將骨盆與上半身一同扭向跨步腳的方向。

**Point** 注意跨步腳的膝蓋不可晃動！

## 2 跨步腳訓練＋挺胸

**做骨盆開闔運動時，維持挺胸姿勢**
重複10次×3個循環

手搭到後腦兩側，維持挺胸姿勢並開闔骨盆。

## 3 以跨步腳為訓練重點的練投

**保持跨步腳平衡，同時假裝投球**
重複10次×3個循環

手搭到後腦兩側並維持挺胸姿勢，張開骨盆。

戴手套的手伸向前方。

隨時留意以跨步腳為中心，對著地面假裝投球。

## 4 前後跳練投

**邊進行前後跳，邊假裝投球**
連做10次×3～5個循環
**※ 維持節奏感，速度越快越好。**

① 以軸心腳單腳站立，進行練投。

② 等揮臂結束，跨步腳向後蹬，迅速回到軸心腳單腳站立的姿勢。

③ 立刻再次練投，再後蹬並回到單腳站立。

**Point**

**跨步腳勿過度前傾，而是扎實地從地面獲得反作用力，迅速蹬回後方。**

**跨步著地時，肘部已上升到肩線位置，且骨盆未過度前挺。**

**維持挺胸的姿勢丟出球。**

Check Point ❶
**挺胸的時候，肘部是否低於雙肩線**

Check Point ❹
**球出手的過程裡，**
**跨步腳的膝蓋是否彎曲（折膝）**

**重心要是過早前移，或者跨步腳過度彎曲，下半身將會牽動上半身，使得上半身前傾，手臂卻滯留在身後，導致手肘下垂，或是手臂過度後拉。**


❶＋❷＋❸ 重心轉移時機矯正方法 前往第 178~179 頁

❶＋❷＋❹ 折膝矯正方法 前往第 162~163 頁 跨步腳訓練

姿勢 10

# 低肘投球姿勢的檢查法

## 狀況❸ 上半身過度前傾

安全的投球姿勢（側視圖）

單腳站穩，重心留在軸心腳上，
同時踏出跨步腳。

低肘投球（側視圖）

Check Point ❷
上半身是否過度前挺
Check Point ❸
骨盆（重心）是否過早前移

安全的投球姿勢（前視圖）

左右肩和腰帶連成的三角形應該要是等腰三角形。

低肘投球（前視圖）

若上半身過度前傾，連成的三角形會變形扭曲。

# 重心轉移矯正方法

> 訓練前先做檢查！

**軀幹要是無力，在訓練 1 裡的重心轉移將無法流暢**

四肢撐地並將球放在背上，若同側手腳無法同時舉起

前往第 24 頁

若對象為小學、國中生

## 1 跨腿＋重心轉移

**放低重心並扭轉身體**
重複10次×3個循環

手搭到後腦兩側，維持挺胸姿勢並放低重心。

體重施加於軸心腳，接著向前轉移體重，同時扭轉骨盆。

保持挺胸，將體重完全轉移到跨步腳上。

※ 隨時保持肩胛骨向內收，姿勢維持挺胸，手肘不伸向前方。

### Point

**留意重心轉移**

體重施加於軸心腳時，軸心腳：跨步腳為 8：2，面向正前方時為 4：6，完全轉身時為 2：8

## 2 跨腿練投

**壓低重心並假裝投球**
30～50次
※ 一開始請慢慢做

維持重心壓低的姿勢，迅速做出一連串的投球姿勢。

## 若對象為高中生以上

### 1 揮棍訓練

**邊揮棍**
**邊訓練跨步**
重複10次×3個循環

詳情請見第 162 頁

### 2 踢腿訓練

**以骨盆**
**拉動彈力帶**
重複10次×3個循環

詳情請見第 162 頁

### 3 前後跳練投

**前後跳並練習投球姿勢**
連做10次×3～5個循環
**※ 維持節奏感，速度越快越好。**

詳情請見第 175 頁

體重確實轉移至跨步腳，同時上半身在肩線與腰帶形成近似等腰三角形的狀態下扭轉。

體重筆直落在跨步腳上。

Check Point ❶
挺胸時，手臂是否滯留身後

Check Point ❹
上半身是否前挺

Check Point ❶
挺胸時，手臂是否滯留身後

狀況❷

❶＋（❷）＋❹　上半身前挺，導致手臂滯留身後

上半身前挺矯正方法
前往第
176~177 頁

姿勢 11

# 手臂滯留身後的投球姿勢檢查法

## 狀況❶ 身體過早外展
## 狀況❷ 上半身過度前傾

安全的投球姿勢（前視圖）

手臂雖然後拉，但跨步腳在落地前，
身體的外展獲得妥善控制。

手臂過度後拉（前視圖）

Check Point ❷
在後拉動作裡，手臂是
否後拉過度
Check Point ❸
胸膛外展是否過早

手臂過度後拉（前視圖）

狀況❶

| | | |
|---|---|---|
| ❶＋（❷）＋❸ 身體過早外展，導致手臂滯留身後 | ＞ | 身體外展矯正方法 前往第 182～183 頁 |

**在跨步著地前，上半身不外展，肩膀保持內收，直到跨步著地後才迅速旋轉。**　　**體重筆直落在跨步腳上。**

### Check Point ❶ 的可能狀況

**●軸心腳過早打直　●軸心腳未彎曲，導致重心無法放低**
**●軸心腳的小腿過度前傾，導致上半身後仰等**

**狀況❶**

❶＋❷　手套太早拉回，會讓上半身跟隨手套動作而提前旋轉，造成身體外展。

> 手套揮動的矯正方法 前往第 184~189 頁

**狀況❷**

❶＋❸　軸心腳膝蓋內轉或是過度打直，都會導致骨盆過早旋轉。過早旋轉的骨盆會牽動上半身，導致身體提前外展。

> 軸心腳重心矯正方法 前往第 190~193 頁

姿勢 12

# 身體外展過早的檢查法

狀況❶ 手套揮動過早

狀況❷ 軸心腳重心不穩

安全的投球姿勢（側視圖）

以單腳直立，並且跨步時骨盆不敞開，
手套也保持不動。

身體外展（側視圖）

Check Point ❶
跨步腳在著地時，上半身是否大幅度旋轉
Check Point ❷
手套是否太早揮動

安全的投球姿勢（側視圖）

身體外展（側視圖）

Check Point ❸
軸心腳的膝蓋是否向內轉，導致骨盆過早旋轉

# 手套揮動的矯正方法

姿勢 13

## 關於手套的揮動與運用

投球時，戴手套的手如何揮動，每個選手都有自己一套運用方式。
要透過揮動手套來制動，重點在於揮動的方向和時機。
關於揮動的方向，大致可分為２種：
一種是像範例❶、❷那樣，將手套對著投球方向。
另一種則是像範例❸、❹，以手肘對著投球方向。
至於揮動的時機，持手套的手在跨步腳落地前，應盡量保持不動。
等腳步落地後才迅速揮動手套，就能抑制身體的外展，投出更犀利精確的球。

### 手套對著投球方向

範例❶

範例❷

### 手肘對著投球方向

範例❸

範例❹

## 揮動手套的時間點：
## 4 位選手在腳步著地前都沒揮動手套。

①

②

③

④

## 1 肩胛骨與軀幹訓練

**保持肩胛骨向內收攏並扭轉身體**
重複10次×3個循環

1

坐在椅子上，手搭到後腦兩側並挺胸。

2

維持挺胸姿勢，身體向右扭轉（右投）。

3

維持挺胸姿勢，身體向左扭轉。

※ 隨時保持肩胛骨向內收，並且扭轉上半身時，手肘不可以伸至前方。

## 2 後拉動作練習

**肩胛骨向內收攏，**
**以戴手套的那隻手扭轉身體**
重複10次×3個循環

### 扭轉身體時會動用到的肌肉

向右扭轉時，有運動到右側腹肌和左側內收肌（大腿內側肌）才是正確的施力方式。

### 正確訓練的要點

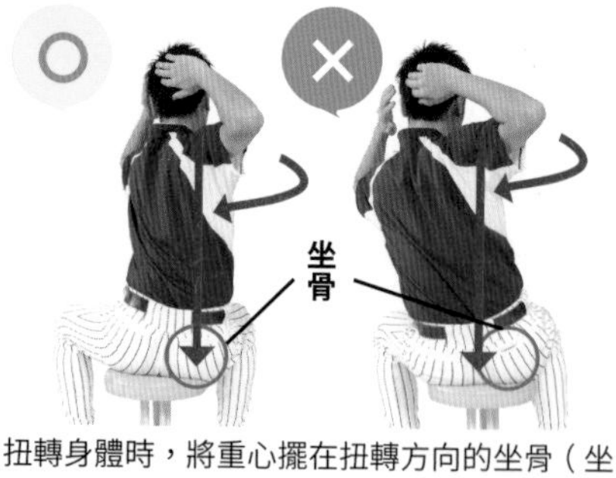


扭轉身體時，將重心擺在扭轉方向的坐骨（坐下時會接觸椅子的骨頭）上，能讓腹肌和內收肌更能有效地施力。

**Point**

**一邊做一邊留意，扭身時動用到哪些肌肉！**

**對訓練熟悉後，挺胸並將手從前方向後拉回。**

手搭到腦袋兩側，扭轉身體。

戴手套的那隻手筆直伸往投球方向。

伸出的手臂一邊往回拉，並在最後扭轉身體。

※ 步驟 3 身體轉回正面時，手大約拉回到正好能接觸身體的位置。

**手伸向前方，前臂從下方繞回身後。**

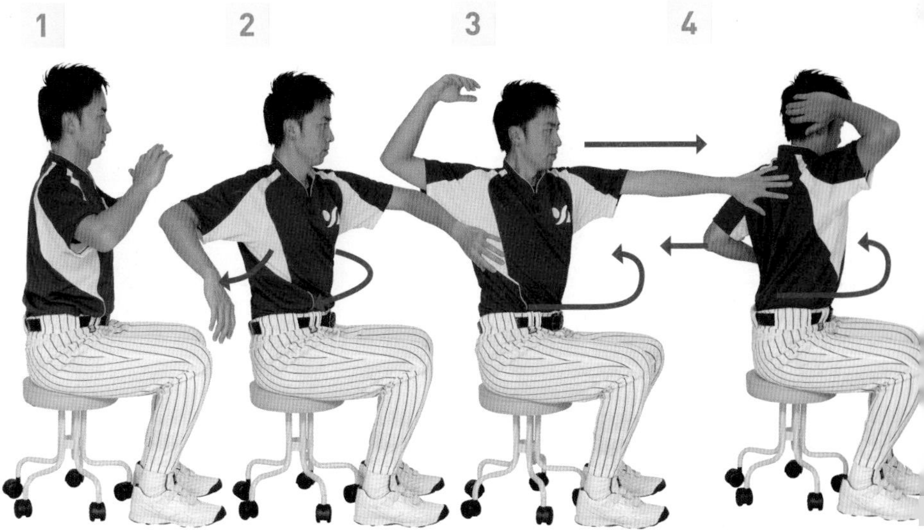


等到熟悉動作，試著讓手從下方也能夠將手肘抬到相同位置。

## 3 坐式練投

**以坐姿進行練投**
30～50次

1

2

3

4

持棒球手套和毛巾，在胸前合十。

手從下方繞後，抬起手擺出投球的動作（手套拇指朝下）。

手套像是划水般撥向一旁，同時身體開始扭轉。

5

6

7

8

手套漸漸向下歸位。

挺起胸膛，並在身體轉向正面時，手套貼著身子。

將投球的動作揮臂到底。

**Point**

**讓揮動手套與扭轉身體的時間點彼此對上！**

## 4 跨腿練投

壓低重心進行練投
30～50次
※ 一開始請慢慢做

1

持棒球手套和毛巾在胸前合十，身體站立。

2

3

壓低重心，將體重轉移到軸心腳上，同時舉起雙手。

4

將體重完全擺在軸心腳上，並抬起跨步腳。此時雙臂的肘部應抬至與肩線同高。

5

跨步腳著地前不移動手套。

6

踏步腳著地後，迅速將手套抽回，同時扭轉骨盆，將身體重心轉往前方。

7

持續扭轉身體，手肘伸往球出手點。

8

揮臂到底後，抬起軸心腳。

### Point

**讓揮動手套與腳底著地的時間點彼此對上！**

### Advance

壓低重心進行練投
30～50次

維持重心壓低的狀態，迅速執行一連串的練投動作。

# 軸心腳重心矯正方法

## 1 軀幹訓練（腹橫肌、腹內外斜肌）

**抬起骨盆並維持10秒**
重複10次×2～3個循環(僅以軸心腳支撐)

1

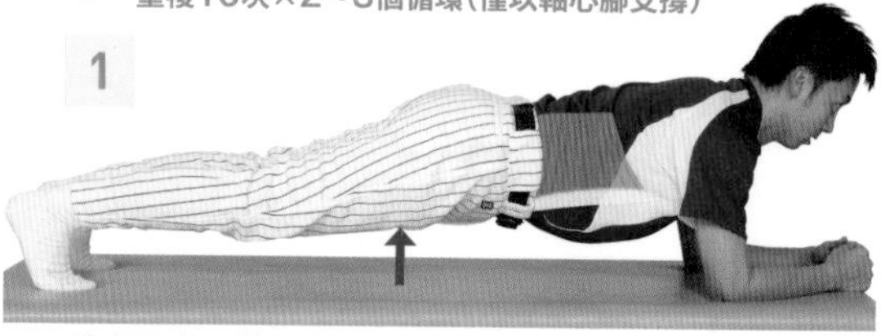

腹部用力，將骨盆抬至與肩膀同高。
※ 過程請感受負責撐起的腹肌和髖關節前側的施力。

2

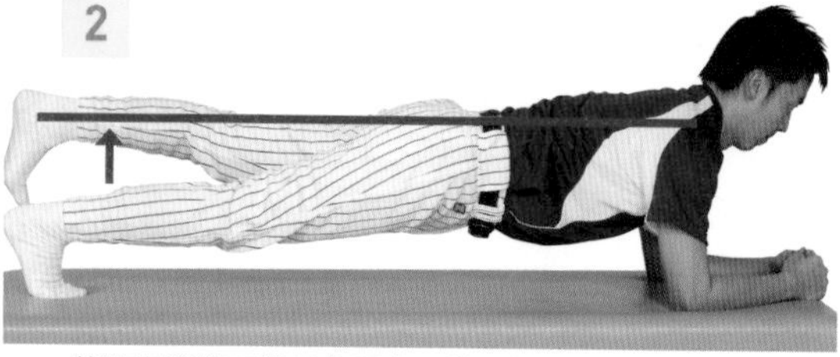

將跨步腳抬至與骨盆同高，僅以軸心腳支撐並維持動作。

> 訓練前先做檢查！

**姿勢不佳的話，在訓練 2 3 就無法順利站起**

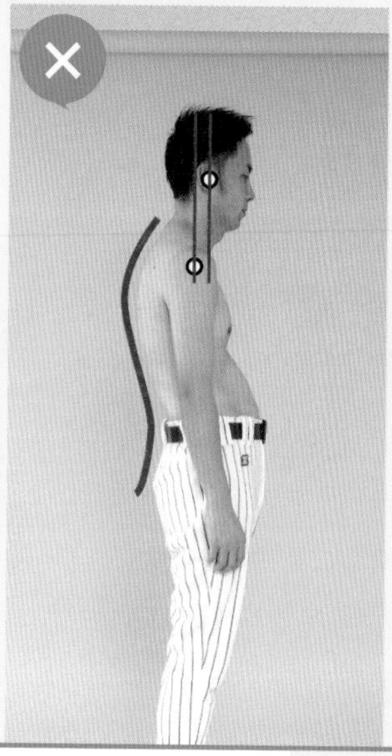

不好的姿勢
• 耳朵（頭）位於肩膀前方
• 駝背
若有這樣的狀況

前往第 102 頁

## 2 從椅子單腳起身

**以單腳起立**
重複10次×3個循環

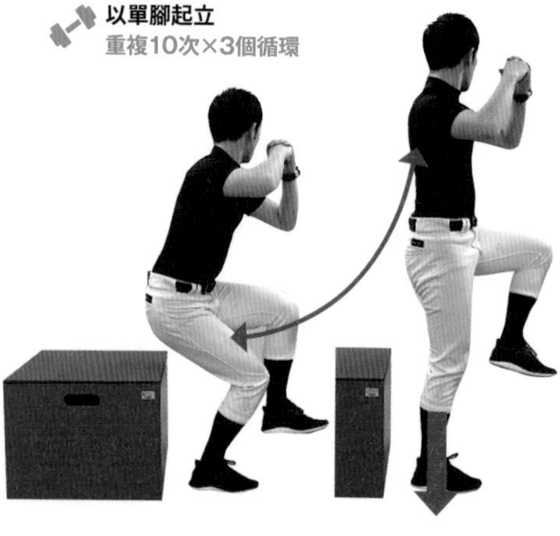

坐在椅子上，單腳懸空，另一隻腳踏穩地面後，從椅子上垂直起身。
接著坐回椅子上，不可發出聲響。

**Point**

請確實地以軸心腳的髖關節來改變重心。

## 維持軸心腳平衡的重要肌肉❶

### 臀大肌(臀部肌肉)

**要想單腳站立並保持平衡，臀大肌佔有最重要的地位。透過這塊肌肉，我們才有辦法在軸心腳上儲存力量。要是姿勢不良，無法有效運用髖關節，力量就會集中在大腿前側，使得臀大肌無法使力。**

## 維持軸心腳平衡的重要肌肉❷

### 內收肌(大腿內側肌)

**內收肌群是連接髖關節與膝蓋，位於大腿內側的肌肉，功能為負責閉合髖關節。在跨步投球時，透過內收肌群施力，就能夠防止骨盆過度打開，是控制骨盆開閉的重要肌肉。**

## 3 單腳平衡 & 伸展

**以單腳蹲並伸展腿部**
重複10次×3個循環

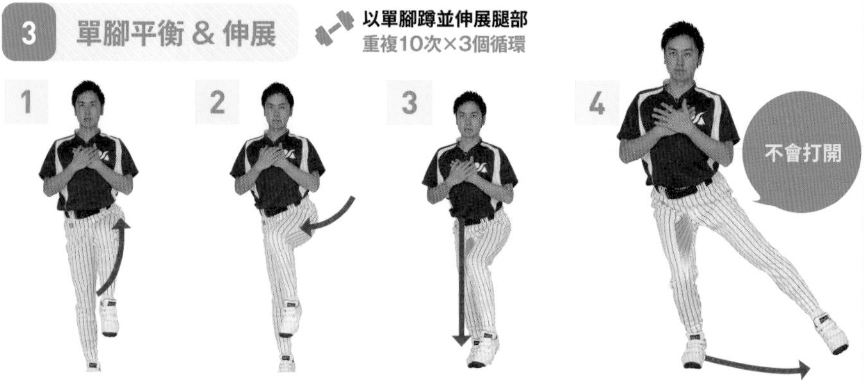


1 在胸前合起雙手並單腳站立。

2 以軸心腳為中心轉動骨盆。

3–4 彎曲膝蓋放低重心，同時從腳跟開始發力向側邊伸展跨步腳。

## 4 單腳平衡 & 彈力帶

**使用彈力帶練習跨步**
30～50次

1 以彈力帶或毛巾綁在大腿內側，單腳站立並保持平衡。

2 注意力集中於大腿內側肌，從腳跟開始伸出跨步腳。

3–4 盡可能將重心留在軸心腳上，跨步腳的臀部面向投球方向並繼續伸腿。

5 跨步腳著地。

**Point**

**在進行重心轉移時，注意力集中於內收肌群！**

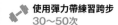

## 5 單腳平衡 & 伸展 & 練投

**步驟 1、2 為回正動作，3 為練投**
**重複10次×3個循環**

重複步驟 1 ～ 5 的伸展動作 2 次。

進入第 3 輪時，盡可能將重心留在軸心腳上，同時開始練投。

腳一著地，迅速縮回手套並旋轉骨盆，完成練投的揮臂動作。

**若從正面來看……**

骨盆在腳著地前一刻都沒有打開。

等腳一著地，骨盆才快速旋轉。

**Point**

**直到腳著地為止，使骨盆維持閉合狀態！**

## 各種身體外展的情況與矯正方法的盲點

**身體外展經常被視為問題，但它本身並不是問題所在。身體外展會導致手臂投法，手臂過度後拉等各種危險的投球姿勢，這才是問題所在。因此該矯正的不只是「外展」這個動作本身，而是該根據結果來判斷問題出在哪裡。**

### 狀況❶ 身體外展 ⇒ 內側步 ⇒ 手臂投法

※試圖以內側步來抑制身體外展→骨盆旋轉過早結束→造成選手以手臂投法投球。

### 狀況❷ 身體外展 ⇒ 手套舉在對角線 ⇒ 手臂過度後拉

※為了抑制身體外展而將手套舉在對角線位置→持球的手也過度後拉→為了將球筆直投出，對角線上的手套過早揮動→導致身體外展→手臂更加滯留身後→導致球出手位置後移。

**此外，要是只矯正手套揮動或跨步，雖然可能暫時看似抑制了外展的動作，但卻可能助長其他有問題的投球姿勢。以下介紹一些例子。**

如上述的矯正投球姿勢，對某些選手反而可能增加肩部或肘部問題，因此在矯正投球姿勢時，必須特別當心。

肘部始終保持在肩線之上，
上半身保持挺胸。

身體直到最後都維持旋轉，
手臂也充分揮出。

Check Point ❶
肘部是否超出雙肩的肩線

Check Point ❸
手套是否飄移

❶＋❷ 身體過早外展，會導致身體的旋轉在球出手點附近提前結束，手臂大幅前揮，形成手臂投球的姿勢。

身體外展的矯正方法
前往第 182～183 頁

❶＋❸ 持手套的手臂飄移，使得腋下空曠，造成選手僅以持球的手臂投球，形成手臂投法。

手套揮動的矯正方法
前往第 184～189 頁

姿勢 15

# 手臂投球的檢查法

狀況❶ 身體過早外展

狀況❷ 未有效運用手套

安全的投球姿勢（側視圖）

重心落在軸心腳上，同時跨步腳跨向前方。腳著地的當下，上半身並未轉向正面。

手臂投法（側視圖）

Check Point ❷
身體是否提早外展

安全的投球姿勢（前視圖）

手臂投法（前視圖）

**肘部始終保持在肩線之上，上半身保持挺胸。**

**身體直到最後都維持旋轉，手臂也充分揮出。**

Check Point ❷
上半身是否過早挺起
Check Point ❶
球出手後是否只剩手臂還在動作
R.TOZAWA
Check Point ❹
骨盆旋轉是否過早停止
Check Point ❸
膝蓋在球出手前是否已經打直

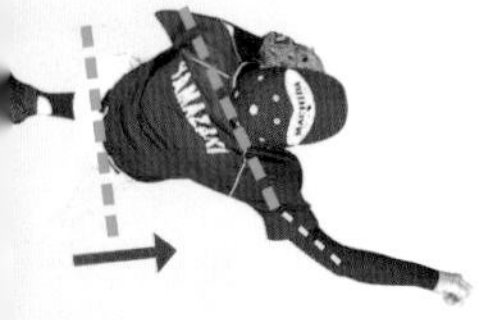

**從上方看可以看到，在手臂投球的動作中，骨盆的旋轉從第二張照片開始就幾乎停止了。**
**由於骨盆的旋轉提前停止，所以在球出手瞬間上半身的旋轉也停止了（第３～４張圖），球出手後變成僅用手臂投球（第４～５張圖）。**

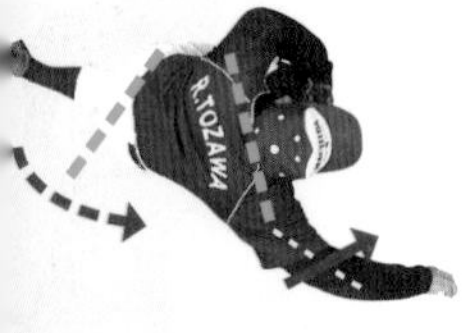

❶＋❷　上半身過早挺起，導致最後只能以手臂控球，形成手臂投法。

❶＋❸　踏步腳過早打直，造成臀部後縮，形成手臂投法。

❶＋❹　骨盆的旋轉過早停止，形成手臂投法。

跨步腳使用方式的矯正方法
前往第
174~175頁

球出手點
的矯正方法
前往第
200~201頁

姿勢 16

# 手臂投球的檢查法

## 狀況❸ 軀幹旋轉在中途停止

安全的投球姿勢（側視圖）

重心落在軸心腳上，同時跨步腳跨向前方。
腳著地的當下，上半身並未轉向正面。

手臂投法（側視圖）

安全的投球姿勢（俯視圖）

手臂投法（俯視圖）

# 球出手點的矯正方法

姿勢 17

**面對難以對付的手臂投法……**
**就算試著抑制身體外展，或是保持骨盆持續旋轉到最後，有時也不見得能矯正得過來，特別是技術還不成熟的選手，更容易出現此類情況。若碰上這種狀況，就得從投球時的身體基本運作，到投球時的出手點之類基礎開始指導。**

## 1 肩胛骨與肱三頭肌訓練

**保持肩胛骨內收，彎曲以及打直肘部**
重複10次×3個循環

維持肩胛骨內收，手持 1~2 公斤的重物，彎曲以及打直肘部。

※ 過程請將肘部維持在固定高度。

## 2 肩胛骨與軀幹訓練

**保持肩胛骨內收並扭轉身體**
重複10次×3個循環

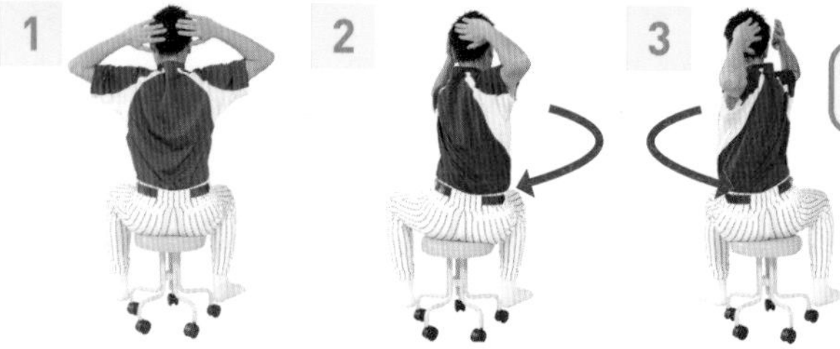


詳情請見第 186 頁

## 3 從後拉動作到球出手

**維持肩胛骨內收，轉動身體直到投球**
重複10次×3個循環

戴上手套並手持棒球，手搭至後腦杓並扭轉身體。

將戴手套的手打直，做出準備投球的後拉動作。

縮回手套並扭轉身體（直到身體面向前方前，肘部都必須保持彎曲）。

繼續揮臂並進一步扭轉身體，同時將肘部打直。

## 4 球出手點的練習

投擲羽毛球
50次

1 戴上手套並手持羽毛球，手搭至後腦杓。

2 扭轉身體，做出準備投球的後拉動作。

3–4 戴上手套並手持棒球，手搭至後腦杓並扭轉身體。縮回手套並扭轉身體（直到身體面向前方前，肘部都必須保持彎曲）。

5–6 朝向放球點，瞬間伸直手肘投擲羽毛球，並將手臂完全揮出。

**Point**

**要是投擲的出手點正確，羽毛球將會斜向飛出！**

以坐姿投出的羽毛球和站立時不同，由於身體得不到充分扭轉，因此會飛往斜角方向。

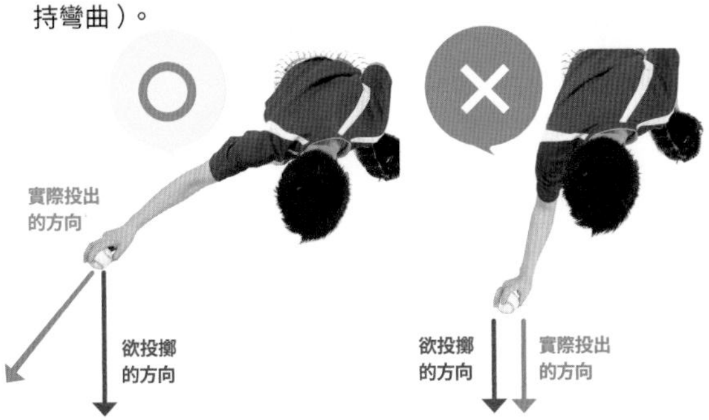


### 站起來，以相同要領投擲羽毛球

接下來，以正確的出手點擲出羽毛球，將會見到其筆直飛出。

**Point**

**別忘了在出手點將肘部打直！**

# 姿勢 18 各位置容易出現的投球姿勢問題

即使平時練投或練習接球、傳球都姿勢良好，可一旦接下滾地球，試圖傳球回本壘或二壘，投球姿勢就會立刻走樣……這樣的選手不在少數。

這都是因為，這類投球在執行動作前，都會先有一段跑步接球，或是從蹲姿起身的動作。

但是，只要傳接球的姿勢已經打好基礎，接下來僅需多加留意，一定能夠改善這類情況下的投球姿勢。

接下來將介紹一些選手容易碰上的問題，以及針對這些問題做修正的訓練方法。

Check Point ❷
是否能一瞬間以軸心腳
支撐體重

**Advance**

以軸心腳停1秒鐘後做出練投動作
重複10次×3個循環

6
7
8

1～5：從離球 2、3 步遠的距離踏出步伐，維持步驟 5 的姿勢 1 秒鐘。
6～8：接著直接揮臂到底。

**Point**

在實際接滾地球時，也要盡量抑制上下移動，建立能夠短暫以軸心腳單腳站立的瞬間！

姿勢 19

# 內野手容易出現的投球姿勢問題與矯正

Check Point ❶
重心是否起伏過大

❶❷重心的起伏過大，未能以軸心腳支撐自身體重⇒導致上半身前傾或形成手臂投球的姿勢。

## 1 內野手的跨步練習

以軸心腳停下身體3秒鐘
重複10次×3個循環

1、2：棒球擺在地上，踏出一步將其撿起。
3、4：重心轉移至前方並跨步。
5：以軸心腳單腳站立，做出投球時的後拉動作維持 3 秒鐘。

Check Point ❷
戴手套的手臂肘部是否高過肩線
Check Point ❸
球出手前的跨步腳膝蓋是否打直

❷手肘未能抬至肩線高度⇒形成身體外展的投球姿勢。
❸跨步腳過度伸直⇒導致手臂投球的姿勢。

**Advance** 以軸心腳停1秒鐘後做出練投動作
重複10次×3個循環

5
6
7
8

迅速進入步驟 4 的姿勢，維持 1 秒鐘。
5～8：接著直接揮臂到底，確保體重施加於跨步腳上。

**Point**

在實際傳球時，也要能夠短暫地以軸心腳單腳站立，同時戴手套的手臂肘部抬至與肩線同高！

姿勢 20

# 捕手容易出現的投球姿勢問題與矯正

**Check Point ❶**
**是否能一瞬間以軸心腳支撐體重**

**❶軸心腳未能支撐自身體重⇒導致上半身前傾或形成手臂投球的姿勢。**

## 1 捕手的跨步練習

以軸心腳停3秒鐘後做出練投動作
重複10次×3個循環

**1～3：以捕手的蹲姿向前跨一步。**
**4：以軸心腳單腳站立，做出投球時的後拉動作維持 3 秒鐘。**

姿勢 21

# 外野手長傳本壘或遠投時 容易出現的投球姿勢問題與矯正

Check Point ❶
接球時上半身是否過度前傾

Check Point ❹
手套是否有舉高

Check Point ❸
是否能一瞬間以軸心腳支撐體重

Check Point ❷
切換至側身的速度是否夠快

Check Point ❺
骨盆與肩線是否平行，
並且朝向投球方向

❶僅上半身前屈
⇒上半身前傾
❷側身切換過慢
⇒身體提前外展
❸重心未落在軸心腳上
⇒上半身前傾
❹手套位置過低
⇒身體外展、側傾
❺骨盆與肩線不平行
⇒手臂投球

**Point**

**高舉手套，抬起跨步腳側的大腿（骨盆）並揮臂投出！**

## 長傳姿勢練習

單腳跳×3次
跳躍並做出練投動作×30次

**1：以單腳站立。**
**2～6：向前跳躍２次（跨步腳側的大腿抬起）。**
**7～10：第３次跳躍著地後，將手套（或持手套側的手肘）高舉。**
**11、12：順勢揮臂做出投球動作。**

# 冬天的訓練該做什麼？

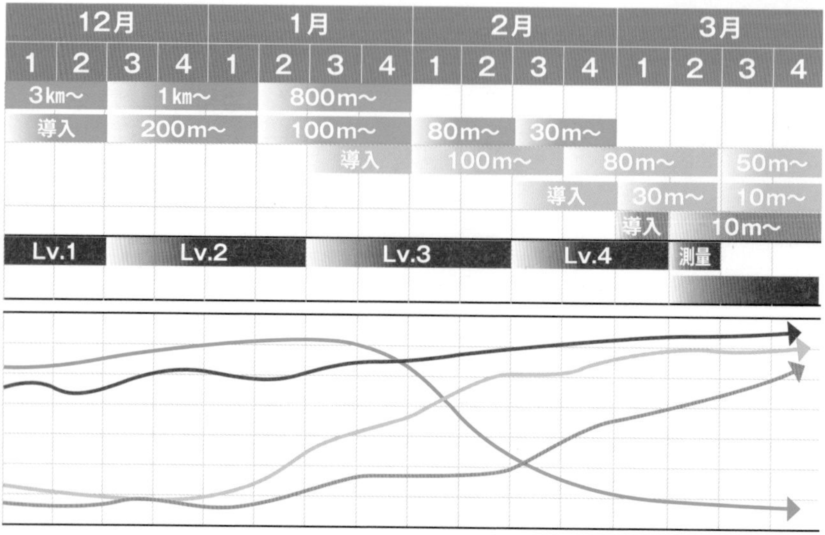


針對高中及以上水準的棒球隊伍，以下介紹適合冬季進行，可增進勝利機會的訓練。

棒球比賽由於不需要長跑，因此直到賽季開始前不需要特別進行長跑訓練。然而，為了應付漫長的賽季和炎熱的夏季，培養基礎體能和恢復能力也相當重要，而跑步則是適合鍛鍊這些能力的訓練方式。

首先，訓練以提升基礎體能為目標，從固定配速的耐力跑做起頭。訓練與其增加距離，不如縮短距離並加快配速，同時加入間歇訓練。間歇訓練是指全力衝刺一段距離後，再慢跑返回起點，以此方式重複進行。這種訓練由於會在運動中調整呼吸，有助於提升恢復力，縮短距離也會縮短恢復時間，使訓練更具挑戰性。

速度訓練適合在新年後氣溫回升時，逐步增加訓練強度和訓練量。訓練最重要的是讓選手能夠充分休息，每次都全力衝刺。

敏捷性訓練必須在擁有速度基礎的狀態下進行，因此最重要的是選手必須先在短距離衝刺取得成績後才能進行訓練。這類訓練的適當時機可以安排在訓練後期，甚至練習賽開始後才進行也沒問題。

肌力訓練應該每隔三週提升負荷，以獲得肥大化的肌肉和精準

| | | | 頻率（週） | 11月 1 | 11月 2 | 11月 3 | 11月 4 |
|---|---|---|---|---|---|---|---|
| 持久力 | 長距離 | 800m～5km | 1～2 | 導入 | 導入 | | |
| | 間歇性 | 30～400m | 2～3 | | | | |
| 速度 | 中距離 | 50～200m | 1～2 | | | | |
| | 短距離 | 10～50m | 2～3 | | | | |
| | 敏捷性 | 10～20m | 1～2 | | | | |
| 肌力 | 中距離 | 50～200m | 3～4 | 學習 | 學習 | 測量 | |
| | 短距離 | 10～50m | 1～2 | | | | |

動作為目標。若力量訓練旨在提升速度，則訓練時機就和敏捷性訓練相同，可在練習賽開始後才安排進行。

無論進行哪種訓練，開始的第一週都應以掌握身體動作和控制負荷量為主，並定期測量完成時間、重量等數據。

這裡列舉的訓練內容僅為範例，實際訓練內容會因隊伍和選手個人的目標而有所不同。此外，雖然棒球界普遍認為冬天是鍛鍊身體的時期，但理想情況下，應在控制訓練量的同時，於賽季期間也持續進行。另外，上述訓練內容主要針對高中、大學以上，身體發育已成熟的選手。小學和國中生的冬季訓練則與這完全不同。我們常看到有些人手持碼錶，指導小學生進行長跑以鍛鍊體力，但小學生更需要發展的是運動神經，而非耐力。選手年紀越小，越需要進行多元化的訓練，而非適用於成人的單調訓練內容。關於這方面，需要教練多多花費心思，設計出包含各種元素的訓練內容。請記住，對成人來說越辛苦的訓練，對孩子來說往往是更好的訓練。帶著這樣的理念來執教，相信更能夠事半功倍。

## 結語

# 運動員的長期培育與體育的相關性

坂田　淳

### 何謂 Long-Term Athlete Development（LTAD）

從加拿大開始推動的ＬＴＡＤ可翻譯為「運動員長期發展模式」，是受到全球關注的競技者培育模型之一。左圖從左下角的幼兒到右上角的高齡者，顯示了如何長期間發展體育和運動。

六歲以下的兒童應從積極活動開始。在日常生活裡，讓他們在遊戲中體驗到運動的樂趣是很重要的。建議每天進行約三小時的運動，刺激其空間感、物體操作和平衡感。具體來說，可以在平地、斜坡、泥土或草地、沙地、雪地或水中、空中等各種環境裡，使用各種材質和形狀的玩具，進行會改變其視線的遊戲。然而除了遊戲，讓孩童了解到身體可能承受的危險，並在不會造成嚴重傷害的情況下挑戰遊戲，也是同樣重要的。

七到九歲的孩子，應透過遊戲，在歡樂中學習各種運動的基本動作（如跑、打、接、投、跳……等），奠定未來從事運動的基礎。建議讓他們體驗多種運動，並著重於方向轉換、平衡感與基礎協調性的練習，同時還能使用各種球類，或是進行利用自身體重的訓練，並培養自信心和競爭意識。

十到十二歲是各種運動能力迅速發展的時期。建議在體驗多種運動的同時，進行培養專項的協調性、軀幹穩定性以及靈活度訓練。練習與比賽的比例一般建議以七比三為佳。小學階段是培育身體素養的時期，因此多元化的運動經驗非常重要，為孩童未來發展更進階、更複雜的運動技巧奠定基礎。

在國中階段，學生們開始學習特定運動（如棒球）的技巧，並掌握各個守備位置，為將來從事以勝利為目標的競技體育打下堅實的基礎。此時的孩子進行有氧運動的能力和肌肉力量明顯發展，全身速度也隨之提升。

然而，由於體格變化較大，有些學生可能提前發育，身體如高中生般高大且力量強；而有些學生則骨骼尚未發育完全，身形仍像小學生。因此，監測孩子們的身高變化非常重要。對於身材高大的選手，應引導他們注重技巧而非單純仰賴力量；對於身材較小的選手，則要確保他們有足夠的機會參與，因為這對他們的未來發展極為重要。正值青春期的他們，由於手腳變長，身體可能會變得僵硬，力量突然增加也可能導致平衡感失調，使得技巧暫時下降。因此，進行伸展拉筋和核心肌群訓練，適應新的身體狀態，是這個階段的當務之急。

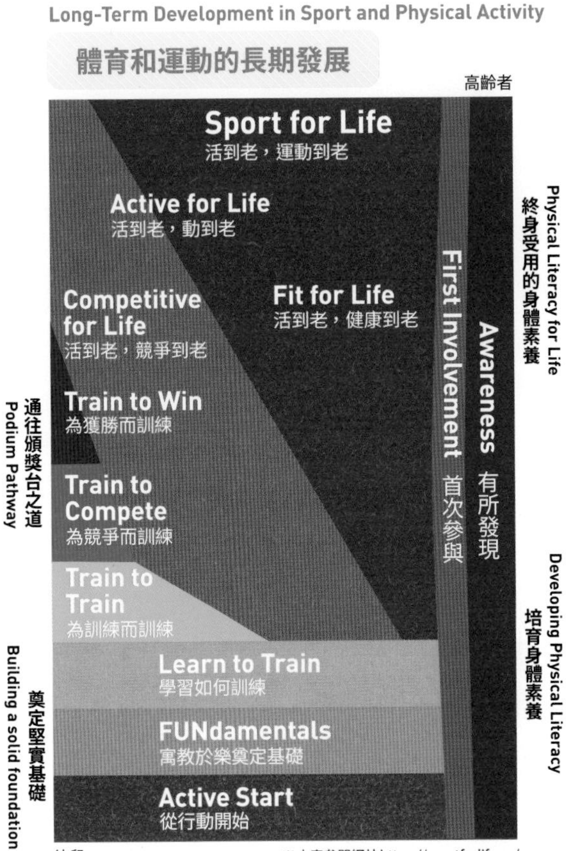

※本表參閱網站https://sportforlife.ca/

　升上高中後，以勝利為目標的競技運動正式展開。此時的他們，將專注於提升特定運動所需的運動能力和技巧，之前打下的牢固基礎，將在接下來發揮作用。不管是在生理、戰術和心理層面，都將全面學習專業技巧。

　然而另一方面，競技運動並非一輩子的事。能站上頒獎台的選手僅是少數。更重要的是透過運動培養出的挑戰競爭意識，而非僅僅追求勝利的結果。除此之外，多數人對運動抱持的態度，是為了獲得健康，為了與人交流，屬於終身性的運動，而這在任何年齡層都可以開始。運動本質上是一種遊戲，享受的是活動帶來的樂趣，絕不是痛苦。願大家都能抱持這樣的健康心態來參與運動。

**日文版STAFF**

協　　助　渡邊雅也、岩城久雄（八王子運動整形外科）
動作示範　町田Boys／金岡優志／松澤寬太（物理治療師）
攝　　影　株式會社Nobby Tech／天野憲仁（日本文藝社）／坂田淳
插　　圖　橫濱市運動醫學中心（骨骼圖）
　　　　　岡田真一／室井明浩（studio EYE'S）
版型設計　四方田努（sakana studio）

YAKYU KATA HIJI KOSHI NO KITAEKATA TO NAOSHIKATA


國家圖書館出版品預行編目（CIP）資料

全圖解棒球選手科學化訓練指南：肩、肘、腰、下肢鍛鍊術，矯正姿勢X提升技巧X預防傷害 / 間瀨泰克，坂田淳著；吳天立譯. -- 初版. -- 臺北市：臺灣東販股份有限公司, 2024.07
216面；14.8×21公分
ISBN 978-626-379-460-3(平裝)

1.CST: 棒球 2.CST: 運動傷害 3.CST: 運動醫學 4.CST: 運動生理學

528.955　　113007719

# 全圖解 棒球選手科學化訓練指南

## 肩、肘、腰、下肢鍛鍊術，矯正姿勢X提升技巧X預防傷害

2024年7月1日初版第一刷發行

作　　者　間瀨泰克、坂田淳
編　　者　運動醫學醫療法人社團　八王子運動整形外科
譯　　者　吳天立
編　　輯　黃筠婷
美術編輯　林泠
發 行 人　若森稔雄
發 行 所　台灣東販股份有限公司
　　　　　＜地址＞台北市南京東路4段130號2F-1
　　　　　＜電話＞(02)2577-8878
　　　　　＜傳真＞(02)2577-8896
　　　　　＜網址＞http://www.tohan.com.tw
郵撥帳號　1405049-4
法律顧問　蕭雄淋律師
總 經 銷　聯合發行股份有限公司
　　　　　＜電話＞(02)2917-8022



TOHAN